ROLATIQUE

par Picrochole

PARIS
IMPRIMERIE PAUL DUPONT
4, RUE DU BOULOI, 4
1896

Le Sénégal drôlatique

LE
Sénégal drôlatique

PAR

PICROCHOLE

> On ne peut se mettre dans l'esprit
> que Dieu, qui est un être sage,
> ait mit une âme, surtout une
> âme bonne, dans un corps tout
> noir.
> MONTESQUIEU.

PARIS
IMPRIMERIE PAUL DUPONT
4, RUE DU BOULOI, 4
—
1896

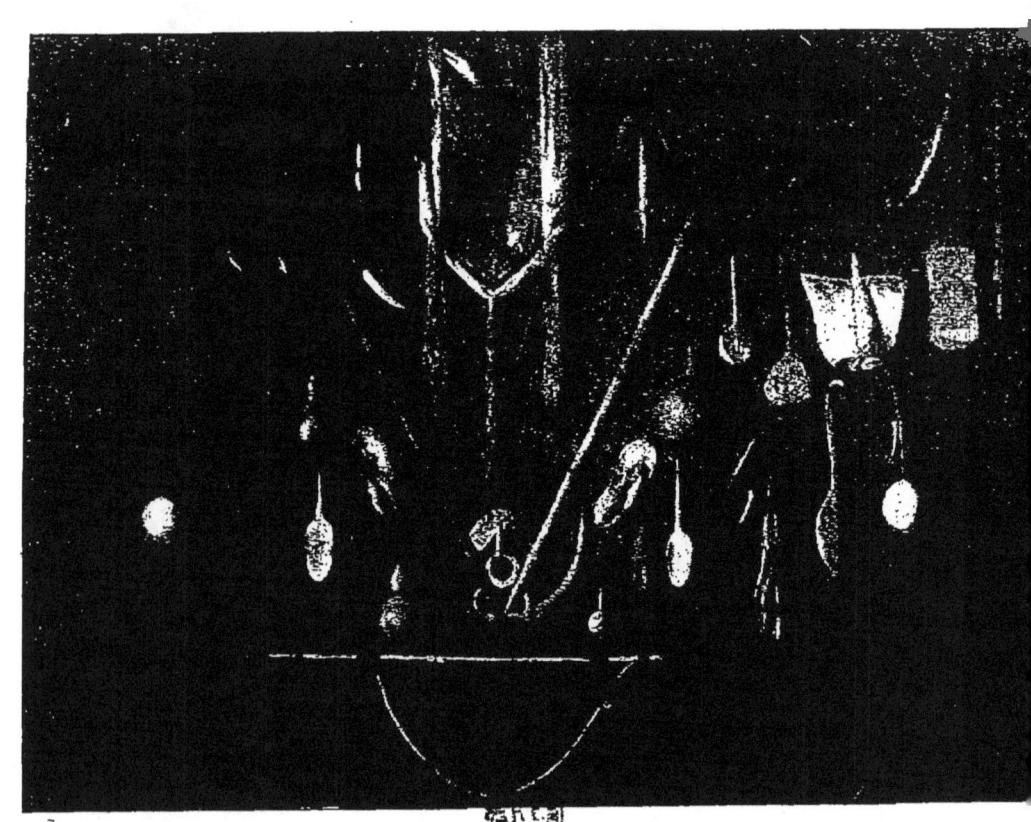

Diverses curiosités du pays.

Au Lecteur

Après avoir écrit à grand'peine un nombre illimité de préfaces, histoire de faire comme tant d'autres; après avoir sué d'ahan à les polir et à les repolir, nous avons fini par nous convaincre — à la onze ou douzième — qu'elles étaient toutes plus baroques, plus vides de sens les unes que les autres.

Qu'auriez-vous fait à notre place?

— ...?

C'est aussi notre pensée. Au surplus, d'une manière générale, nous ne saisissons pas bien l'utilité de la préface, raison peut-être qui nous poussait à vouloir en fabriquer une à tout prix. Si un ouvrage a du suc, de la substance, s'il est surtout de digestion facile, on n'a nul besoin de le surcharger de ce vain ornement; et s'il est, au contraire, de complexion chétive, pauvre d'idées, faible d'esprit, s'il n'y a rien, en un mot, ce ne sont point quelques propos louangeurs en dédicace qui le feront juger autrement qu'il ne le mérite.

Nous basant donc sur ce principe, notre tâche de préfacier — si tant est... — se simplifie notablement, et il ne nous reste plus qu'à dire, empruntant les paroles de Cervantès : « Libre de ton opinion, lecteur, souverain maître de ton avis, tu peux me juger à ton gré. Le bien ou le mal que tu diras de moi ne te vaudra ni châtiment ni récompense. »

P.

P.-S. — Peut-être trouvera-t-on que nous faisons, dans le cours de cet ouvrage, un abus immodéré de notes, dont le moindre défaut est d'attirer sans cesse l'attention du lecteur et, à la longue, de le fatiguer. Comme nous n'avons pas de peine à confesser que notre goût a été un peu trop vif pour ces sortes de compléments indirects, nous dirons simplement à ceux qui feront cette remarque judicieuse : sautez-les.

LE SÉNÉGAL

(PRÉCIS ÉCOURTÉ)

CHAPITRE PREMIER

Le Sénégal, ou plutôt la Sénégambie, qui tire son nom du Sénégal et de la Gambie qui l'arrosent, s'étend du nord au sud depuis le Sahara jusqu'à la côte de Sierra-Leone; et de l'est à l'ouest depuis l'océan Atlantique jusqu'à la Nigritie centrale ou Soudan. Il est ou elle est comprise entre le 10° et le 20° degré de longitude ouest et entre le 10° et le 16° degré de latitude nord. Sa population est d'environ 17,000,000 d'habitants et sa superficie de 1,385,700 kilomètres carrés.

Cette vaste région, qui comprend quatre parties distinctes, — le Sénégal proprement dit où coule le fleuve portant ce nom, la côte d'Arguin, de sinistre mémoire (1), les rivières du Sud et le Soudan français, — peut également se diviser en quatre groupes principaux, savoir : les États ouoloffs, les États maures, les États peulhs et les États mandingues (2).

RACES, POPULATION. — Les Ouoloffs ou Yolofs, qui

---

(1) Le banc d'Arguin est situé à environ 40 lieues de la côte. On sait que la *Méduse* fit naufrage sur cet écueil en 1816.
(2) Tous ces États eux-mêmes se subdivisent à l'infini.

appartiennent à la race éthiopique, occupent les territoires du Saloum, du Sine, du Ferlo, du Baol, du Oualo et du Yolof propre. On trouve les Peulhs à Fouta Torro, Fouta Diallon, Bondou, etc. Quant aux Maures, ils habitent le long de la côte d'Arguin, où ils forment de grandes tribus dont les principales sont les Trarzas, les Braknas et les Douaich. Enfin, les Mandingues résident dans la contrée qui porte ce nom, entre Bammako et Kangaba, et possèdent tous les États de Kong (1).

La race nègre, elle, peut se diviser comme suit :

1° Les Ouoloffs;
2° Les Dhiolas;
3° Les Bambaras;
4° Les Sérères.

Les races de couleurs intermédiaires entre la race blanche et la race noire sont, les mulâtres exceptés :

1° La race berbère ou arabe;
2° La race peulhe d'où sortent, prétend-on, les Toucouleurs et les Laobés.

Viennent ensuite d'autres peuplades qui se rattachent plus ou moins directement à celles déjà précitées, savoir : les Mandingues ou Soninkés, dans le Haut-Fleuve et le Niger; les Soussous, dans la Mellacorée; les Bagas et les Nalous, dans le Nunez et le Pongo; les Biafares, au Rio-Grande; les Kassonkés, dans le haut Sénégal; les Félous, dans la Casamance; les Sénoufes, dans les États de Tiéba, etc., etc.

La plupart de ces peuples pratiquent l'esclavage sur une vaste échelle et ont à eux un dialecte particulier, excepté les Toucouleurs et les Laobés qui parlent le

---

(1) Nous citons ici les pays d'origine, mais il ne suit pas de là que les indigènes y soient à demeure. C'est ainsi, par exemple que les Peulhs et les Maures, sans parler des Toucouleurs, émigrent en masse de chez eux et vont former des petites colonies dans les pays ouoloffs, et *vice versa*.

même idiome que le Peulh, qui est bien le plus doux et le plus harmonieux de tous (1).

Sauf les Bagas, qui sont fétichistes, les Sérères, qui sont plus ou moins idolâtres, et surtout ivrognes invétérés, et les Laobés, qui ne croient ni à Dieu ni à diable et qui ont également le culte de la dive bouteille, tous les autres peuples sont convertis à l'islamisme et professent cette religion avec plus ou moins de conviction et de ferveur.

Nous ne nous occuperons, dans le cours de cet ouvrage, que des premiers, c'est-à-dire des Ouoloffs, qui sont les plus répandus dans la Sénégambie, et qu'on retrouve dans les possessions anglaises et jusqu'au Congo (2).

FLEUVES, CHUTES, LACS, MARIGOTS. — Des nombreux fleuves, qui du reste prennent tous naissance au même point, nous ne citerons que le Sénégal ci-devant nommé qui prend sa source dans les massifs du Fouta Diallon (bassin du Niger), et dont le cours, d'abord embarrassé par de nombreuses cataractes, baigne en descendant vers Saint-Louis une foule d'îles et de marigots, et finalement va se jeter dans l'océan Atlantique par une large embouchure. Le cours de ce fleuve est de 1,700 kilomètres, d'autres disent 1,800. On prétendait jadis qu'il roulait de l'or.

Les chutes les plus importantes, situées à environ 1,100 kilomètres de la capitale, sont celles du Félou, séparées par d'immenses roches, et celles de Gouina, qui ont une largeur de près de 400 mètres. On parle également des chutes de Boussa (Bas-Niger).

---

(1) Leur langage, dit le général Faidherbe avec raison, a quelque rapport avec l'italien.
(2) Dans ces parages l'Angleterre possède la Gambie et quelques autres comptoirs ; et le Portugal a en propriété les îles Bissagos et différents établissements sur le Rio-Cacheo, le Rio-Geba et la Casamance.

Les principaux lacs sont les lacs Cayar, près de Dagana, dont le cours est de 20 kil. environ ; et le lac de Guier dont l'étendue est également considérable. Le poisson fourmille dans ces eaux et les rives sont couvertes de gibier.

Les marigots sont aussi très nombreux. Nous ne citerons que celui de Bounoun qui n'a pas moins de 180 kil. de longueur.

FAUNE, FLORE, ETC. — La faune est riche dans ce pays. On y rencontre notamment le lion, l'éléphant, l'hippopotame, la panthère, le jaguar, le chat-tigre, le coba ou bœuf sauvage, le lynx, l'hyène, le chacal, — ce dernier à profusion, — le renard du désert, le sanglier, le porc-épic, la gazelle, la girafe, la biche, le lièvre, une multitude de singes, etc., etc. Les chiens indigènes, dits de laobé (sans doute parce que les naturels qui portent ce nom sont grands amateurs de ces animaux), assez rares dans les villes, sont nombreux dans l'intérieur.

La flore n'y est pas moins bien représentée. On y trouve les baobabs (1), les tamariniers, les fromagers, les bentoniers, les acacias, les lilas de l'Inde, dits du Gabon, les flamboyants, les caïlcédrats, les gommiers, papayers, goyaviers, bananiers, palétuviers, manguiers, ainsi qu'une variété infinie de palmiers, entre autres les rôniers et les dattiers.

Varié aussi le monde des eaux. On y retrouve du reste presque toutes les espèces de poissons qui vivent

---

(1) Les arbres susceptibles d'atteindre un accroissement fantastique ainsi qu'une longévité extraordinaire sont entre autres les baobabs et les tamariniers. On assure que le premier peut vivre sept ou huit siècles, et on cite un baobab, à Thiès, qui ne mesure pas moins de 33 mètres de circonférence. Quant au tamarinier, on prétend, et le fait ne nous surprend pas, que la forêt de Bounoun, près Richard-Toll, en possède un qui peut abriter sous ses rameaux magnifiques une cinquantaine de cavaliers rangés en bataille.

sur les côtes d'Europe, et quelques unes aussi qui y sont inconnues.

L'autruche n'y est point rare; le gibier abonde et les oiseaux au plumage éclatant y sont innombrables.

Nature du sol. — Le sol, assez fertile dans ces régions, bien que partout d'aspect sablonneux et ne payant pas de mine, est presque uniquement composé d'argile plus ou moins dense, ou latérite, et de terrain ardoisier. On trouve la roche volcanique à l'île de Gorée ainsi qu'au Cap-Vert.

Un baobab (18ᵐ de circonférence).

Reptiles ou sauriens. — Signalons au passage le boa constrictor, très commun, le serpent noir, le trigonocéphale, la vipère cornue, le scorpion, la naja, le caïman et une multitude de lézards de toutes les couleurs et de toutes les formes, dont un colossal, le lézard waran, vulgairement *gueule tapée*.

Sans parler des inoffensifs scarabées — et ils sont légion, - les insectes pullulent en ce pays. A chaque instant, nous dit celui-ci, dans les forêts comme dans les villages, même dans sa propre cour, on découvre

1.

de gigantesques constructions de termites et de fourmis, bestioles qui sont la plaie des habitants aussi bien que des étrangers. Nous pourrions ajouter : et surtout des constructions en bois.

« Dès que commence la saison des pluies, ajoute ce voyageur, les arbres se couvrent de chenilles innombrables, le sol, de vers de toutes sortes et l'Européen a une lutte sans trêve à soutenir contre les mouches et les moucherons, ennemis plus redoutables pour lui que les bêtes fauves et les reptiles ; sans compter les armées de sauterelles qui, après avoir dévoré le fruit des labeurs de l'homme, prétendent par surcroît goûter de sa personne. »

PRODUCTIONS DIVERSES. — Les productions minérales sont assez restreintes, peut-être aussi mal exploitées. On rencontre dans certaines régions, et principalement dans le Soudan, de l'or, de l'argent, du cuivre et du fer. Au sud de Saint-Louis, on trouve des salines qui fournissent plus de sel qu'il n'en est besoin pour la consommation du pays.

Les productions végétales sont, par ordre d'importance, les arachides, la gomme, le coton, le caoutchouc, la pourghère, le ricin, etc. Viennent ensuite, pour la consommation des indigènes, l'igname, la courge, le manioc, la patate douce, le piment, les melons ou pastèques, les giraumons, etc., etc.

On a essayé, mais sans succès apparent, à ce qu'il semble, les plantations de dattiers, de cocotiers, de ficus, etc. ; et les résultats n'ont pas été meilleurs lorsqu'il s'est agi de la culture de la pourghère, de la sésame et de la ramie. Tout dernièrement encore la vogue était au ricin ; on ne s'occupait plus que de cette plante qui devait, au dire de certains oracles, enrichir le pays ; il a fallu pourtant en rabattre. On a fini par se convaincre que l'espoir qu'on fondait sur ce végétal était tout à fait illusoire : le ricin en effet, malgré sa végétation rapide en tout terrain, produit relativement peu et sa durée est limitée.

Au reste, il est pénible de constater que, dans un pays naturellement riche dont les ressources agricoles pourraient être immenses si elles étaient intelligemment exploitées, aucune entreprise de ce genre n'y réussit. Est-ce que les capitaux ont réellement manqué ? Serait-ce l'esprit de suite qui a fait défaut ? Y a-t-il eu impéritie de la part des organisateurs ? Quelle qu'en soit la cause, le succès n'a pas répondu à l'attente ; et de toutes ces entreprises qui devaient faire merveille, annoncées au son de trompe, aucune n'est sortie de l'état embryonnaire, et toutes ont péri dans leur germe.

Commerce. — Les principaux éléments de transaction dans le pays sont les arachides et la gomme. Anciennement, cette dernière tenait la tête de ligne ; aujourd'hui elle n'occupe plus que le second rang, non pas que la production ait diminué, mais parce que le prix de réception, en Europe, a baissé dans des proportions incroyables.

Le pays exporte également des cuirs, quelques cornes, des animaux vivants, des plumes, du caoutchouc, des amandes de palme, des noix de Touloucouna, des oiseaux empaillés ou vivants et enfin du café de Rio-Nunez en petite quantité.

Le commerce n'est pas, tant s'en faut, aussi prospère qu'il devrait être — et qu'il a été — dans la colonie. « Le Sénégal, écrivait-on, il y a tantôt cent ans (et ce langage est encore jeune de fraîcheur et de vérité), serait susceptible de fournir à la France des produits que réclament nos manufactures et *que nous tirons encore de l'étranger*. Le gouvernement a bien essayé d'en améliorer les cultures et d'y introduire diverses branches précieuses, telles que l'éducation de la cochenille, l'indigo, etc., *mais l'indolence de la plupart des autorités de cette colonie a rendu nulle sa bonne volonté;* cette portion de l'Afrique, qui pourrait nous devenir avantageuse, est presque à charge à la nation qui ne sait pas en tirer parti. »

A bons entendeurs....

Depuis quelques années surtout, le commerce semble traverser une crise dont on ne prévoit pas la fin. Cela tient à des causes multiples, dont les principales, à notre avis, sont d'abord la concurrence — encore qu'on a prétendu qu'elle est l'âme du commerce — qui grandit sans cesse et les droits de douane qui augmentent tous les jours. Chose absurde ! Plus les affaires périclitent, et plus on frappe les marchandises de nouveaux droits ! Le fisc insatiable (1), pressurant le commerce d'une façon exagérée et, d'autre part, les marchandises étant vendues au moins un tiers meilleur marché qu'anciennement (à la grande jubilation des naturels, bien entendu), il en résulte que les bénéfices sont forcément restreints et ne parviennent pas toujours à couvrir les frais généraux. Si on ajoute à ces diverses considérations que la vie au Sénégal est large, qu'on y dépense sans compter ainsi qu'on le pouvait faire autrefois, et qu'on y taquine quelque peu la dame de pique, disons-le par parenthèses, on s'expliquera pourquoi nombre de commerçants font la culbute ou sont à trois pas du fossé.

Ajoutons aussi, si triste que ce soit à dire, que le commerce, dans le pays, est entre les mains de trois ou quatre grandes maisons qui ont formé entre elles un syndicat, une manière de *triplice*, qui leur assure,

---

(1) Le fisc, disait avec raison Balzac, est de sa nature stupide et anti social ; il précipiterait une nation dans les abîmes du crétinisme pour se donner le plaisir de faire passer des écus d'une main dans l'autre, comme font les jongleurs indiens.

quoi qu'il advienne, le monopole des produits. *Væ victis!* Grâce à ce régime oligarchique, elles ne pouvaient pas faire moins que d'englober les négociants de moyenne envergure en leur réservant — cela va de soi — la part du gâteau. Exemple : Vous, monsieur, vous avez besoin de 50 ou 100, voire 200,000 kilog. de graines pour compléter votre chargement? C'est bien, vous les aurez au prix du cours, sans la plus petite majoration, et ce (entendez bien), pour qu'en retour vous n'alliez pas nous couper l'herbe sous le pied en achetant aux humbles l'appoint qui vous est nécessaire. Pacte signé. Qu'arrive-t-il? Ceci. C'est que les grandes maisons fixent alors le prix d'achat des produits, aussi bien sur la ligne du chemin de fer que dans les principaux marchés, et ce prix doit être scrupuleusement observé par tout le monde à peine d'être mis à l'index. Malheur au réfractaire qui transgresse le mot d'ordre, qui n'en tient aucun compte! On le laisse en panne, ou il se voit contraint, s'il n'a pas les reins solides, de passer par les fourches caudines de ces messieurs. De quelque côté que tourne le petit, quoi qu'il fasse, il est livré sans merci à la rapacité du gros dont il n'est, à tout prendre, que le pourvoyeur, sinon le très humble serviteur. Or donc, s'il se fie, candide, aux promesses verbales de certain ventripotent personnage — magot aux jambes héronniennes et aux triples mentons en sphéroïdes — chef par procuration d'une des maisons précitées, décoratif et décoré.....

Manifeste-t-il quelque velléité d'indépendance — car enfin il n'est pas donné à tout le monde d'être valet — a-t-il en exécration les antichambres, les plates courbettes, les formules congratulatoires et autres basses vilenies, s'arroge-t-il, par surcroît, l'intolérable prétention de crier comme un beau diable si on le touche de trop près, on en demeure bouche bée, stupide, comme le Cinna de Corneille. Puis, à la réflexion, on exhale son courroux : — Eh quoi ! ce ver de terre, cette individualité sans mandat oserait lever le regard jusqu'à nous, personnes omnipotentes et omniscientes (comme si un chien ne fixait pas un évêque sans en être autrement incommodé)! Ce gueux s'aviserait, de propos délibérés, de ne point dire amen à tout ce que nous lui notifions, alors que ses collègues (*O imitatores, servum pecus*) se soumettent servilement à nos décisions, quelque absurdes qu'elles soient ! Cet ours mal léché, sauvage et farouche prétendrait s'affranchir des protestations de respect qu'il nous doit, sinon à nous, du moins à nos sacs d'écus ! C'est trop fort !... — Allô ! Allô ! Avez-vous ouï un tel ? — Non, qu'a-t-il dit? — Il a dit : Monsieur, vous me surfaites les marchandises d'au moins 15 0/0. — Le cuistre ! — Allô ! Allô ! Avez-vous ouï un tel? — Non, qu'a-t-il dit? — Il a dit : Monsieur, la distance sociale qui nous sépare ne dispense pas de certains procédés « de ceux-là surtout, qui tiennent à l'équité naturelle ». — L'impertinent ! — Allô ! Allô ! Avez-vous ouï un tel ? — Non, qu'a-t-il dit? — Il a dit : Monsieur, vos conseils sont fort bons, et j'en fais un grand cas, mais souffrez néanmoins... — Mais c'est donc un monstre que cet homme, et capable de toutes les noirceurs ! — Allô ! Allô ! Avez-vous ouï un tel? — Non, qu'a-t-il dit ? — Il a dit.... il a dit..., au fait je ne m'en souviens plus, mais j'ai la conviction que ses propos sont subversifs de tout ordre.

Allez, petit avorton, allez planter vos choux. Sachez une fois pour toutes que, dans le commerce plus que partout ailleurs, le *dire est autre chose que le faire*, et que les paroles ne sont que des paroles, c'est-à-dire un peu moins que rien. Puisse la leçon vous servir et vous graver dans l'esprit que pour parvenir aujourd'hui, il faut savoir plier, tendre l'échine et au besoin recevoir les étrivières, mais jamais ne se rebeller contre les puissants !

Ainsi soit-il !

DE LA TEMPÉRATURE. — Il est généralement admis que la chaleur, au Sénégal, dépasse tout ce que l'imagination peut rêver. On raconte même à ce propos un tas d'inepties que nous ne jugeons pas utile de rééditer. Lorsque le thermomètre, en France, se livre à quelque écart, on s'écrie aussitôt : quelle chaleur sénégalienne ! On est tout heureux d'avoir trouvé cette comparaison. On parait d'ailleurs tout aussi convaincu que lorsqu'on dit d'un ouvrier laborieux qu'il bûche comme un nègre (?) Ce sont là des phrases qu'il faut bien se garder de prendre au pied de la lettre. De même qu'il n'y a rien au monde de plus paresseux qu'un nègre, — si ce n'est peut-être un autre nègre, — la vérité est que la température moyenne dans ce pays n'a rien de fantastique et ne dépasse guère à l'ombre, en moyenne, 35 degrés centigrades. Sous l'influence du vent d'Est qui, traversant le désert, nous arrive surchauffé, mais qui ne souffle que durant la saison sèche, et avec intermittence fort heureusement, le thermomètre peut alors monter de 6 à 7 degrés, et c'est tout (1).

Au reste, nous donnons ici un aperçu du bulletin météorologique paru dans l'*Officiel* du Sénégal du 17 au 23 août dernier. Jugez et comparez avec les chaleurs tropicales, celles-là, — qui liquéfièrent les crânes des infortunés métropolitains pendant la même période.

---

(1) Exceptionnellement, à Podor, point le plus chaud de la colonie parce qu'il se trouve sur la limite du désert (à 240 kilomètres de la capitale), le thermomètre atteint parfois 48 et 50° à l'ombre. Dans le Cayor, nous n'avons jamais constaté plus de 43° dans les appartements (?), ce qui est déjà raisonnable.

Dates	Mois	THERMOMÈTRE			
		MATIN		SOIR	
		6 heures	10 heures	4 heures	9 heures
17	Août 1895	25.6	28.8	29.5	25.8
18		26.0	28.4	29.2	27.8
19		27.8	29.0	34.5	26.0
20		26.6	28.8	30.8	27.6
21		27.4	28.4	29.6	27.5
22		27.6	29.0	29.2	27.4
23		27.2	29.4	31.2	27.6

Ainsi donc il résulte de ce petit tableau que la journée la plus chaude (et observez que nous avons choisi le mois d'août à dessein) a été de 34 degrés 5. Quel département, en France, n'a eu dans la même période ses 34, ses 36 et même ses 40 degrés ! Que si l'on objecte que le mois d'août du Sénégal ne correspond pas exactement avec celui d'Europe, nous répondrons que c'est là chicaner sur des mots, la chaleur étant à peu près constante, dans le pays, d'un bout de l'année à l'autre, — sauf, bien entendu, les jours de pluie ou de vent d'Est. Aussi bien qu'on se rassure, nous n'avons pas la prétention d'insinuer que, pour l'ordinaire, il fait moins chaud au Sénégal qu'en France : ce serait tout bonnement... inconséquent ; outre que le thermomètre n'accuserait-il pas davantage, la chaleur est bien différente, le soleil de plomb est dangereux à ceux-là même, qui se croient ou se prétendent acclimatés (1).

---

(1) Nous avons connu à Rufisque un bonhomme, mort du reste assez prématurément, qui, à toute heure du jour, voire

Climat. — Il va de soi *a priori* que les Européens vont moins au Sénégal pour changer d'air et se donner du bon temps que pour s'y livrer au négoce ou remplir les fonctions pour lesquelles ils sont destinés, le pays, hélas ! étant tout à fait dépourvu des agréments ordinaires de la vie. Et cependant, qui le croira ? Si impatient qu'on soit de le quitter, ses affaires faites ou son mandat rempli, on éprouve comme un vague regret

---

sur le coup de midi, allait et venait dans sa cour, tête nue, restait de la sorte exposé au soleil durant 7 ou 8 minutes, sans paraître le moins du monde incommodé. La vérité est qu'il ne faut pas s'y fier, et que jouer avec le soleil du Sénégal, c'est jouer avec la mort. Au rebours, il s'est vu un jeune homme, habitant le pays depuis plusieurs années, se rendre à un enterrement en chapeau de feutre, prétextant, soit par forfanterie, soit qu'il le crût réellement, que le soleil et lui se connaissaient, ne faisaient qu'un : si bien que le temps juste d'aller au cimetière il attrapa une bonne insolation, dont il mourut 24 heures après. Une chose nous surprend, à la vérité, c'est qu'autrefois on usait très peu du casque, qui était d'ailleurs à peine connu, et nous ne nous souvenons point que les cas d'insolation fussent plus fréquents qu'aujourd'hui, du moins chez le civil. Nous ne sachions pourtant pas que cet astre ait changé — à moins que nos crânes, sous l'influence de ses rayons meurtriers, se soient ramollis... Toujours est-il que nous avons touché de très près un jeune Européen — anciennement donc — élevé de par son chef, quoique d'âge tendre (la valeur n'attend pas), à la haute dignité de garde-chiourme, et dont l'unique mission, du lever jusqu'au coucher du soleil, consistait à suivre pas à pas ses deux ou trois sections de porteurs nègres, ahanant tout le long du chemin, tel un chien crotté après son troupeau, avec, sur la tête, pour se garantir des ardeurs du soleil calcinant, un microscopique chapeau mou dont les bords lilliputiens ne lui couvraient qu'imparfaitement les oreilles et laissaient toute la nuque à découvert. Sans doute, direz-vous, quelque faiseur d'embarras ? Mais non ! A qui en eût-il imposé, au surplus ? Aux nègres ! Ils ne s'en donnent pas pour si peu, d'autant qu'allant eux-mêmes le crâne nu, cette manifestation devait les laisser froids. Aux blancs ! Mais ils étaient tous aussi insouciants. Eh bien, cet adolescent, devenu aujourd'hui homme mûr, ne peut plus faire un pas sans être affublé d'un casque et — horreur ! — d'un en-cas... Décidément, oui, le soleil des tropiques ramollit les cerveaux.

de ne plus le revoir. Certes ! il est inepte, il est ridicule, il est stupide qu'on puisse avoir la nostalgie, le mal du pays, surtout quand ce pays est le Sénégal ! Mais enfin, que cela soit énorme, renversant, stupéfiant, cela est... Ceux qui ont habité le Sénégal un laps raisonnable seuls savent ce que nous voulons dire. Au reste, nous ne nous chargeons pas d'en expliquer la cause. Ça s'éprouve mais ça ne se traduit pas. C'est d'une psychologie — puisqu'on accommode ce mot à toutes les sauces — infiniment trop relevée, d'une nuance innotable, en un mot. Et ce qu'il y a de plus piquant, c'est que les transfuges au pays sont précisément ceux qui ont été le moins maltraités par le sort.

Sans vouloir chercher à présenter cette partie de l'Afrique comme un pays où l'on puisse aller en villégiature (1), nous risquerions fort, c'est convenu, d'en être pour nos frais, il nous semble cependant qu'elle n'est ni aussi inhabitable ni aussi destructive qu'on veut bien le dire. Néanmoins il existe en Europe une

---

(1) De nos jours encore, on cite certains phénomènes, pour ne pas dire cuistres, qui, par manie ou cupidité, restent facilement dans la colonie des 12 ou 15 ans sans fouler l'asphalte de nos boulevards. Plutôt que de faire le sacrifice d'une somme de 3 à 4,000 fr., moins peut-être, qui leur permettrait d'aller en France reprendre des forces et donner à l'organisme une nouvelle provision de santé, ils préféreront languir et ramasser des pièces de cent sous avec lesquelles leurs neveux ne tarderont pas à se gondoler. Profonds calculateurs, ils iront même jusqu'à envisager combien leur absence future entraînerait une diminution sensible dans les bénéfices à venir; mais quant à s'occuper de leur propre guenille, c'est bien le moindre de leurs soucis. Eh ! restez-y donc dans cette atmosphère à la longue déprimante, miasmatique ; étiolez-vous-y, racornissez-vous-y, rôtissez-vous-y et noircissez-vous-y. Congestionnez-vous-y et la rate et le foie ; devenez-y exsangue, anémique, bilieux ; attrapez-y la fièvre tierce ou quarte; contractez-y la jaunisse ou la dysenterie ; demeurez-y enfin aux prises avec les insolations et les accès pernicieux en attendant que la mort, qui vous guette, vous vienne prendre avant l'heure : Nous ne vous plaindrons pas !

catégorie de gens qui vivent sous l'empire d'un préjugé pour ainsi dire indéracinable qui veut que le Sénégal soit un pays diabolique, effroyable. Pour nombre d'entre eux, cette colonie est considérée comme la pire de toutes, quelque chose comme un milieu de culture de microbes, comme un foyer pestilentiel où se mijotent les fièvres bilieuses, intermittentes et paludéennes. A les entendre, toutes les épidémies cataloguées ou non y sont endémiques et à l'état latent, et les nombreux parias (?) qui y habitent y contractent, en attendant une mort imminente, une foule de maux dont les moindres sont l'anémie, la gastralgie, la dyspepsie (comme si ailleurs on ne devenait pas arthritique, rhumatisant ou emphysémateux), et, en général toutes les maladies finissant en *ie*. Enfin, au seuil du xxe siècle, en l'an de grâce MDCCCLXXXXVI, quand quelqu'un part pour le Sénégal, on a la honte d'entendre dire qu'il va à la *consommation*. Vous avez bien lu, n'est-ce pas? Mais alors nous qui écrivons ces lignes, et qui comptons au Sénégal quatre lustres bien complets, comment se fait-il que nous soyons encore en vie? Eh bien! qu'ils y viennent, ces funèbres détracteurs, nous les attendons de pied ferme; nous les convions même en combat régulier, la fourchette à la main, devant une table servie pantagruéliquement, et nous verrons alors quel est celui d'entre nous qui paraitra le plus... consommé!

CHAPITRE II

NOIRES ET NOIRS

. . . .
Ici, un remords nous prend « Picrochole, murmure en nous une voix intérieure, homme simple, que vas-tu faire ? Quoi ! tu prétends raisonner sur les nègres, tu te veux mêler de discourir sur leurs habitudes, leurs mœurs, leurs usages, et tu négligerais d'abord de mentionner ce qu'il y a de plus gratin, de plus *selected* dans la société de ce pays, savoir, les mulâtres ou signars (1) ? »

Voilà parler cela. Aussi où, diantre, avions-nous la tête ? Oui, c'est là le *bi ba bo bu*. Salutaire avertissement ! Et dire que pour un peu nous allions commettre un de ces fours irréparables, une de ces gaffes monumentales dont on ne se relève pas. Pour un peu nous étions classé, étiqueté, mûr pour la Nouvelle, cloué au pilori, brûlé en relief !... Voix charmante... divine voix, nous sentons que vous nous inspirez, « non pas ce qu'on chante à Tempé sur les chalumeaux ou ce qu'on répète à Délos sur la lyre », vous voulez que nous parlions... des personnes de couleur, et c'est ce que nous allons faire sans plus tarder.

Ce témoignage de gratitude rendu — nous le devions — hâtons-nous d'aborder le vif du sujet afin qu'on ne

---

(1) Signar est le nom propre au pays. C'est le terme générique employé par le nègre pour désigner le produit du croisement d'un blanc avec une négresse, et en général tout individu ayant dans les veines du sang mêlé à un degré quelconque.

doute plus de la pureté de nos intentions et afin qu'on ne croie pas (il y a partout des esprits tournés vers le mal) que notre abstention est voulue, systématique. Ouvrons même la parenthèse en double, pour réparer le temps perdu, par forme de réflexion incidente, digression, comme il vous plaira ; car nous ne pouvons en toute franchise parler du sexe disgracieux sans y mêler un peu de cette *odor di femina* si chère aux Italiens, et aussi quelquefois à ceux qui ne sont pas de l'Italie.

Prêtez-nous donc un peu de votre attention, si vous êtes des nôtres. Dans le cas contraire, nous vous dirons sans ambages : Oust ! ou mieux encore, par l'organe de notre vénérable maître François : « Arrière, mastins ! hors de la quarrière ! hors de mon soleil canaille au diable ! Arrière, cagotz ! Aux ouailles, mastins ! Hors d'ici, caphards ! de par le diable, hay ! Êtes-vous encore là ? Je renonce à ma part de papimanie, si je vous happe, gz, gzz, gzzz, zzzz ! »

LA MULATRESSE

Sans être pétrie de charmes, sans être ce qu'on peut appeler une embobelinante personne, la Sénégalaise, dans sa prime jeunesse, ne laisse pas que d'être séduisante. Elle a le parler chantant (surtout lorsqu'elle s'exprime en ouoloff), l'harmonie infuse dans la voix. Elle déchiffre Beethoven, fredonne les ariettes de Rossini et n'est point dépourvue de certains petits talents de société, insignifiants en eux-mêmes, mais qu'on prise fort dans certains milieux.

Cette belle indolente passe le plus clair de son temps,

LE MULATRE

Disons-le franchement et sans barguigner : Le mulâtre ne nous porte pas dans son cœur, mais, là, pas du tout. Sans nous être ouvertement hostile (ce serait aller à l'encontre de ses intérêts), il est visible que nous ne le chaussons que médiocrement, que nous ne lui inspirons qu'une sympathie mitigée ; et, chose singulière, cet éloignement ethnographique est moins accusé pour le nègre que pour nous. Que leur avons-nous fait, somme toute ? Rien, en cherchant bien ; ou peut-être si : nous avons eu le tort grave

2.

LA MULATRESSE

quand elle ne fait point de visites ou n'en reçoit pas, paresseusement étendue sur sa berceuse ou son *rocking-chair* à parcourir les journaux de modes... ou à gourmander ses filles de chambre.

Disons cependant, car ce qui conclut le particulier ne conclut pas le général, que les rares mulâtresses qui font usage de leurs doigts, autrement que pour se refaffigner devant un miroir, font d'excellentes commerçantes et savent manipuler le nègre de main d'ouvrier.

Cruel et angoissant problème! Tandis que la femme blanche consacre une bonne partie de ses loisirs à ébouriffer sa chevelure, — tout au moins celle en façade — y adapte du cuir et du fer, la tortille en tout sens, s'en casque en un mot au gré de sa fantaisie, non sans l'avoir mise successivement en tire-bouchon, puis en accroche-cœur, l'infortunée mulâtresse, qui a toutes les peines du monde à démêler la sienne, s'ébroue devant son miroir, met au contraire sa coquetterie à l'étirer à droite et à gauche, s'escrime à la convertir en nattes, à la rendre lisse (l'aspect seul d'un bigoudi ondulateur lui donnant la danse de Saint-Guy) et parvient, au prix de mille efforts, à défriser une mèche rebelle, tandis que l'autre se recroqueville

LE MULATRE

d'aller chez eux — chez nous après tout — et le tort encore plus grave de nous y installer. De ce chef ils ne nous considèrent que comme des usurpateurs qui courent sur leurs brisées, battent en brèche leur monopole et craignent que, en les supplantant, nous accaparions les meilleures places ou diminuions une partie notable de leurs bénéfices. Et puis il y a, semble-t-il, une autre raison, assez mesquine, celle-là. Non seulement l'argent que nous gagnons, ils l'auraient gagné à notre lieu et place, mais encore ils ont le crève-cœur de voir que nous l'emportons en France, que nous allons en jouir chez nous, au milieu des nôtres. Cela, voyez-vous, ne se pardonne pas.

Il va de soi — qu'on se le dise — que nous n'allons point du général au particulier. Nous parlons de l'espèce, de la race, si vous préférez. Nous ne sommes pas, le ciel en est témoin, plus mulâtrophile que mulâtrophobe (Dieu! les vilains mots). Il en est parmi eux que nous connaissons, que nous estimons, dont nous honorons le caractère, comme il en est d'autres!... que nous n'avons pas dans le nez. Daignez croire, est-il utile de vous le dire? que nous sommes généreusement payé de retour. A ne rien céler, en fait de mulâtres franchement sym-

LA MULATRESSE

subrepticement, telle une tresse de raphia !

Sans pousser le savoir jusqu'au pédantisme, elle possède quelques lettres et sa conversation est d'autant plus agréable qu'elle l'émaille souvent de termes locaux (dont la saveur, à vrai dire, échappe au profane qui n'est point initié aux mystères de la langue du pays), soit par inadvertance, soit qu'elle veuille donner une expression plus originale, un tour plus vif à ses idées. On sait que le dialecte ouoloff, très imagé, se prête admirablement aux sous-entendus, ce qui ne veut point dire qu'il se fasse faute de mâcher les mots. Ainsi deux gentes dames ont-elles quelque chose d'un tantinet graveleux à se communiquer, car la viande crue ne les effarouche point, un conte de *haulte gresse*, par exemple, elles recourent aussitôt à l'idiome susnommé, et la chose passe comme une lettre à la poste.

Nous avons ouï dire que la Sénégalaise pouvait être classée au nombre des jolies femmes. D'aucuns même, emportés sans doute par leur élan, vont jusqu'à la comparer à l'Andalouse au teint bruni... Laissons-lui cette réputation. Aussi bien, nous n'avons pas voix au chapitre. Accordons qu'elle est d'une beauté hiératique, qu'elle a des yeux de

LE MULATRE

pathiques, ayant un caractère essentiellement français, nous n'avons jamais pu, à travers nos pérégrinations, en rencontrer plus d'un et demi ; malheureusement nul n'échappe à l'inexorable Proserpine ; c'est-à-dire que l'un étant mort depuis longtemps, il ne reste plus que la fraction d'unité...

Il existe un proverbe sénégalais dont voici la traduction mot pour mot : *Je veux qui me veut ; qui ne me veut pas, je ne le veux pas.* Eh bien ! nous l'adoptons ce proverbe, encore qu'il n'ait pas dû fatiguer outre mesure les méninges du premier nègre qui l'élabora. Nous l'adoptons et nous dirons avec une variante : Si le mulâtre nous veut, nous le voudrons ; s'il ne nous veut pas... dame ! nous nous en battons les flancs avec désinvolture.

Pris dans son ensemble, tenant à la fois du nègre et de l'Européen, l'homme de couleur a nécessairement les défauts et les qualités des deux races. Assez bien pris, portant beau, décoratif, il aime la société où il ne fait point mauvaise figure. Il a le masque plat, des narines camuses et un crâne pyriforme. Son teint seul, qui fait son désespoir, jette une ombre au tableau.

Figurez-vous, imaginez-vous, représentez-vous enfin

LA MULATRESSE

pervenche (?), des lèvres fines et délicates comme un bourgeois d'Éthiopie, des dents, un nez... enfin tout ce que vous voudrez. En revanche, on nous passera bien que le mariage joue à ces aimables personnes de pendables tours. Examinez une jeune fille de 18 à 20 ans, par exemple, elle est svelte, élancée, diaphane, souvent même, confessons-le tout bas, par trop dépourvue d'étoffe. Jetez sur elle ensuite un regard postérieur de dix ans et votre surprise tourne à la stupéfaction. Quoi ! vous dites-vous, songeur, est-ce là cette jolie personne que j'avais vue pleine de grâces et aux charmes si frais. La sylphide, en parlant par respect, s'est transformée en mastodonde. Les tissus se sont tendus, tout son corps craque, elle s'est enflée désespérément au point qu'elle ne peut plus se mouvoir qu'avec lenteur et difficulté. Les traits eux aussi ont subi une modification qui n'est pas du tout à son avantage et sa figure, d'abord agréable, présente çà et là des taches de différentes couleurs qui tranchent sur le reste du visage comme si elles y avaient été rapportées. Enfin, grosse comme saint Christophe, elle tourne à la graisse et neuf fois sur dix meurt de gras fondu.

Il nous paraît aussi que la vie sédentaire, indolente et oisive que mène la Sénéga-

LE MULATRE

quelque chose entre le blanc et le noir, entre le café au lait et le chocolat, un visage composite, a-t-on pu dire, effrayant, méli-mélo de toutes les races inférieures et tous les sangs viciés.

Le difficile est de bien donner la note, aucun sujet ne présentant une coloration uniforme. On cite dans le pays, à Saint-Louis, une famille, d'ailleurs fort honorable, dont les membres macaroniques — étonnants phénomènes de zoologie comparée — en vertu de cette tendance qu'ont les êtres à revenir à leur type primitif vont du blanc approximatif au plus beau noir de fumée, en passant par toutes les nuances intermédiaires.

Le mulâtre — nul ne le niera — a l'intelligence ouverte et accessible à toutes les cultures, mais il est, d'instinct, fier et orgueilleux et orgueilleux comme un paon, comme dit le poète,

Il se pavane en l'estime de soi.

C'est du haut de sa grandeur qu'il regarde tout ce qui n'appartient pas à sa caste, ne considérant les autres que comme des quantités négligeables, du menu fretin.

Digne émule de Savarin, il adore la bonne chère, à preuve que le pays regorge de goutteux. Et s'il lui faut, à des intervalles rapprochés, un traditionnel plat du pays, il ne

LA MULATRESSE

laise ne contribue pas pour peu à lui donner de bonne heure cet embonpoint exagéré. Certes ! nul n'ignore que l'ampleur excessive du postérieur et la difformité des membres pelviens sont, pour la négresse, un objet d'orgueil et de coquetterie : mais ce qui flatte la Nigritienne ne sied point toujours à la personne de couleur, et *vice versa*.

On a également prétendu que la mulâtresse est d'une fidélité à toute épreuve. Dieu nous préserve de mettre le doigt entre l'arbre et l'écorce ! On nous accordera, du moins nous l'espérons, qu'elle diffère alors quelque peu de son versatile mari...

Avons-nous dit que c'est parmi ces belles du terroir qu'on recrute — et pour cause — ce qu'il y a de plus copurchic dans ce qui compose le demi-monde sénégalais ?

La chronique locale, menteuse comme toutes les chroniques, insinue perfidement que quelques-unes de ces dames (nous inclinons à croire qu'il ne saurait être question que des personnes du commun) s'invitent à tour de rôle, se conviennent en leur cabinet particulier à des parties fines, sortes de goûters « soupatoires », où l'on mange d'une façon toute primitive l'un des mets nationaux, riz ou couscous, et ce à corsage dégrafé... Par-

LE MULATRE

perd point pour cela un coup de dent de notre cuisine française, qu'il tient en haute estime. Observons en passant que, en gourmet exercé, nos grands crus sont l'objet de son admiration profonde ; et si le bourgogne et le chambertin lui chatouillent agréablement le palais, il n'en fait pas moins les yeux doux à nos grands vins du Médoc, surtout aux vieux crus de Saint-Émilion dont le moelleux et le bouquet l'attirent invinciblement, le plongeant dans une douce extase.

A la vérité, de méchantes langues susurrent que certains d'entre eux, après avoir fait chère lie, se font tirer l'oreille quand arrive le quart d'heure de Rabelais ; mais nous n'avons cure de ces choses, et quand cela serait, tant pis pour ceux qui se laissent prendre. Il y a partout des brebis galeuses qu'il s'agit de savoir éliminer.

Revenant sur ce que nous venons de dire, vous nous affligeriez considérablement, si vous donniez à nos paroles une signification autre que celle que nous leur donnons. Oui, sans doute, le mulâtre aime à banqueter, à toaster, à pérorer, mais il est rare si, en toutes choses, il ne demeure pas toujours sur les limites du bon goût.

LA MULATRESSE

fois aussi, loin des argus compromettants, elles s'offrent à titre d'en-cas un Bassiénébé lourd et compact ou se jettent avec une furia toute mulsumane sur un plat de dionjhops (1) malodorants dont la sauce pimentée démolirait la bouche d'un dégustateur de trois-six, fortement papillé. Elles s'empiffrent consciencieusement, selon leur capacité stomacale, et n'ont d'autre but, pour l'instant, que d'emplir leur besace. Dans ces festins intimes, le croira-t-on? le sexe barbu brille par son absence, ces dames ne voulant point sans doute qu'on puisse témoigner de leurs exploits. Détail piquant, il est de règle absolue de manger directement avec les doigts, à la nègre. Après cette collation apostolique (c'est toujours la chronique qui parle), pour donner encore, s'il est possible, plus de saveur à cette jouissance morbide, il est d'un usage constant de se lécher la paume de la main, le pouce et le reste...

C'est égal, quoi qu'on en dise, nous persistons à croire que les personnes de la bonne société ne s'abaissent pas jus-

LE MULATRE

Très coquet de sa personne, presque fat, ses costumes lui viennent en droite ligne de nos meilleurs faiseurs. Il se parfume, se bichonne comme une petite maîtresse, taille ses ongles en amande et arbore des cols du dernier cri. Il n'a qu'un seul regret, mais il est cuisant, c'est de ne pouvoir se faire blanchir à Londres, en raison de l'éloignement de cette ville du Sénégal. Moins exigeant, en revanche, sur le choix de sa chaussure, il se contente de recourir bourgeoisement au Louvre ou au Bon Marché.

Très peu favorisé sous le rapport de la barbe, — il ne descend pas du singe pour rien, — il se venge de cette absence d'attribut mâle, de sa moustache clairsemée et lilliputienne, de son menton glabre en exhibant à tout venant une magnifique tête de cheveux... crépus.

Légère affectation d'anglicisme où perce néanmoins un vieux fond musulman.

Très copurchic aussi, quand

---

(1) Le dionjhop est un crabe comestible qu'on pourchasse de préférence dans les cimetières... Accommodé à la manière du pays, il ne laisse pas de constituer un plat très savoureux et recherché par les gourmets sénégalais de l'un et de l'autre sexe, en raison sans doute d'un certain goût de revenez-y qui lui est bien personnel. Bien est-il vrai que, sans être plus délicat qu'un autre, nous n'avons jamais consenti à le goûter, ni même à en approcher...

LA MULATRESSE	LE MULATRE
qu'au point de se commettre aussi vilainement, même à huis hermétiquement clos.　　Mentionnons pour mémoire que la Sénégalaise ne saurait faire deux pas dans la rue sans être escortée d'une nuée de suivantes, c'est-à-dire qu'elle emmène avec elle toute une sainte hermandad.　　Il est vrai qu'elle aime beaucoup à se faire servir et beaucoup aussi à être adulée : dans les deux cas la valetaille s'impose.　　Dernier trait distinctif : A un goût marqué pour l'Européen, — mais pour le bon motif seulement.	un noir parle (parle sa langue maternelle à lui, homme de couleur) de demander sans sourciller *à un Européen* ce qu'il a dit.　　Affecte de temps en temps, avec un sérieux comique, un petit voyage en France, histoire d'aller respirer l'air pur et balsamique de *son cher pays natal* (lisez, car il se trompe on ne peut plus volontairement : l'air de la mère patrie).　　Bref, pas mauvais homme pour deux sous.　　Signe particulier :　　N'aime que lui et les siens.

*
* *

Les naturalistes ont divisé l'ordre des bimanes en plusieurs espèces ou variétés dont une des plus remarquables, après la race caucasique ou blanche, est celle dite éthiopique ou nègre.

L'Éthiopien sénégalais, autrement appelé ouoloff (d'aucuns même prononcent yoloff, djoloff), est généralement d'une stature élevée. Sa barbe est rare et rares sont les poils sur tout le corps, si ce n'est aux aisselles. Il a les membres forts, la poitrine puissante, les traits assez réguliers et l'ensemble avantageux. Son type est caractérisé par la couleur plus ou moins noire de sa peau, par son front bombé ou fuyant, ses pommettes saillantes et son crâne comprimé. Ses cheveux plantés drus sont naturellement noirs, et ses dents sont fort belles (1). Il a enfin les lèvres épaisses, la mâchoire très forte et le nez écrasé. On a prétendu que c'est le plus grand et le plus beau de tous les nègres de l'Afrique, soit ; nous ne voyons aucun inconvénient à ce qu'on en fasse même l'Antinoüs de la race noire.

Une erreur assez communément répandue consiste à croire que les nègres sont tous, pour la plupart, de couleur noire. La vérité est que le type complètement noir, noir de jais, est pour ainsi dire une exception, et que la plupart des indigènes empruntent leur couleur qui au chocolat, qui au café au lait. Les types les plus purs de l'espèce se trouvent d'habitude dans les terres, vivant en tribus, loin des villes et du contact des Européens. A Gorée, par exemple, où blancs et mulâtres égalent (2) presque en nombre les indigènes, il est à remarquer que ceux-ci ont tous le teint de la couleur que l'on voudra, hormis la noire, de laquelle aucun n'approche. Qu'on observe, par contre, ceux qui nous viennent de l'intérieur des terres, et l'on s'aperçoit qu'on a sous les yeux des visages brûlés, irréprocha-

(1) Fait singulier ! Le noir, qui a le culte du héros à sept pattes immortalisé par Érasme, joint au fétichisme de saint Labre, ce disciple de Cratès, qui est d'une malpropreté manifeste en ce qui concerne son corps, se montre d'une coquetterie féminine lorsqu'il s'agit de ses dents, qu'il a d'une blancheur éblouissante. Et qu'on ne s'imagine point que cette blancheur est toute naturelle. Il n'arrive à ce résultat que grâce à des soins pour ainsi dire incessants, encore que sans le concours de pâte dentifrice, brosse et élixirs divers. Il emploie, à cet effet, un petit morceau de bois vert, appelé *sotiou*, du tamarinier de préférence, ayant assez la forme d'un porte-plume et, quand il ne le mâchonne pas entre ses dents (occupation qui lui prend une bonne partie de la journée), il s'en frotte les os de la mâchoire avec rage, avec ce bruit aigre et poignant que fait la lime en raclant sur le fer.

(2) Égalaient, aurions-nous dû dire, car aujourd'hui Gorée est complètement tombé, n'est plus que l'ombre de lui-même, le commerce s'étant jeté sur Rufisque, et les administrations sur Dakar.

blement noirs, c'est-à-dire des êtres qui, grâce à leur vie libre et indépendante, ont su maintenir et respecter chez eux le cachet primitif.

Faut-il donc, chez les noirs qui respirent le même

Type de nègre ouoloff.

air que les Européens, attribuer cette altération relative de la peau à leur nourriture qui est, au rebours de celle des indigènes de l'intérieur, presque exclusivement composée de viande et de poisson? Il se pourrait; car, au dire d'un voyageur digne de foi, les peuplades qui se nourrissent de chair ont le teint beaucoup moins foncé que les naturels dont les végétaux composent l'ordinaire ; et, d'autre part, l'on nous assure que la nourriture influe sur la couleur de la peau comme sur les habitudes du corps. Mais, à notre avis, il se pourrait encore mieux que ce phénomène se rattachât directement à la chaleur de la localité, au climat. Lorsque cette chaleur est excessive, dit Buffon, comme au Sénégal et en Guinée, les hommes peuvent être tout à fait noirs ; lorsqu'elle est un peu moins forte, comme sur les côtes orientales de l'Afrique, les hommes sont noirs ; lorsqu'elle commence à devenir un peu plus tempérée, comme en Barbarie, dans l'Inde, etc., les hommes ne sont que bruns ; et enfin, lorsqu'elle est tout à fait tempérée, comme en Europe et en Asie, les hommes sont blancs.

Il faut reconnaître, néanmoins, que les caractères qui distinguent la peau du blanc de celle du noir sont à peu près insignifiants, toutes deux se composant des mêmes éléments et ne différenciant que quant à la matière colorante ou *pigmentum*, qui est foncée chez le nègre et claire chez l'Européen. D'après les hommes de l'art, la couleur noire résiderait dans la membrane réticulaire qui se trouve entre l'épiderme et la peau ; cette membane lavée et tenue dans l'eau tiède pendant fort longtemps ne change point de couleur et reste toujours noire, au lieu que la peau et la surpeau paraissent être aussi blanches que celles des autres hommes.

Quoi qu'en aient dit d'aucuns que la science ne fasse pas du noir un être distinct, soit quant à la forme, au poids ou à la capacité de son crâne, il n'en reste pas moins avéré que, au point de vue intellectuel, le nègre ne saurait être mis en parallèle avec l'Européen, le système musculaire chez lui est avant tout prédominant sur le système nerveux.

En supposant fondée la méthode du célèbre Camper, méthode craniologique ayant pour but de mesurer, si on peut ainsi dire, la capacité des intelligences, il en résulte que chez les têtes des blancs l'angle facial est de 80 degrés, chez celles des noirs, 70; et enfin il est de certains singes qui l'ont de 65. Or, il est évident que plus l'angle facial est aigu, plus la partie postérieure du crâne est volumineuse, et plus l'intelligence est obtuse. Cette observation paraît d'autant plus juste que chez l'Européen, dont l'angle facial est en quelque sorte ouvert, le cerveau, d'après un anthropologiste éminent, semble se déplacer sous l'action du travail de la pensée, et en se projetant en avant, arrondit la région frontale où s'élaborent les fonctions de l'esprit.

S'il est donc vrai que l'encéphale soit le siège de l'intelligence, plus exactement l'organe de la pensée, et que le développement des facultés intellectuelles est en rapport direct de son volume, il demeure indéniable que le nègre est moins à l'Européen que le singe n'est au nègre, c'est-à-dire, pour nous expliquer plus clairement, qu'il se rapproche plus du singe que du civilisé.

Au moral, le noir est bon, foncièrement bon, incapable de faire mal à une mouche... Attendez! il est bon, avons-nous dit, et c'est très vrai, mais il est avec cela généreux par orgueil, paresseux et fanfaron, ignorant et superstitieux, menteur comme un Crétois, hypocrite, cancanier, malpropre, gourmand et voleur jusqu'au plus profond de lui-même, jusqu'à la moelle des os... Il est aussi très liant, beaucoup trop liant même; mais allez le lui dire : il est aussi malaisé de persuader à une personne (même de race blanche) qu'elle est ennuyeuse que de la dissuader de ce qu'elle a de l'esprit. Joignez qu'il est d'une ingratitude noire, mais d'une ingratitude à vous faire peur. Si — par extraordinaire — il veut bien se souvenir d'un bienfait, ce n'est, nous vous en donnons l'assurance, que pour en tirer parti et en solliciter de nouveaux. Comme l'animal, il recherche volontiers la société de son semblable, mais à l'examiner de près, il ne paraît pas susceptible d'éprouver une affection sérieuse, si ce n'est peut-être pour sa progéniture ; et les charmes mêmes qu'offre la différence des sexes n'auraient pour lui qu'un attrait relatif si, à côté du plaisir, il n'entrevoyait la propagation de l'espèce. Aussi ne s'inspirent-ils le plus souvent, entre conjoints, qu'une sympathie mitigée; et c'est également pourquoi, avant comme après le mariage, à 20 ans comme à 40, il ne voit dans l'amour que l'accouplement bestial, « le contact de deux épidermes et l'échange de deux fantaisies ».

ELLE

Avant tout la négresse est considérée par le sexe barbu de son espèce comme un instrument de procréation et de plaisir. C'est une machine, un rouage, une chose. C'est une valeur, au sens littéral du mot, comme une non-valeur selon son âge, ses aptitudes au travail, la variété ou l'abondance de ses charmes et enfin — pour quelques raffinés seulement — son degré de virginité. C'est assez dire que son rôle dans la famille se borne uniquement à enfanter et à nourrir ce qu'elle a conçu, le rôle de la bête à peu de choses près. Elle a d'ailleurs parfaitement conscience de sa situation inférieure dont elle s'accommode fort bien. Elle n'a aucune velléité d'indépendance et se soucie de sa dignité comme d'un oignon cru. Cela étant, il est rare que la femme prenne le dessus sur son mari pour lequel elle a généralement un certain respect, la considération du faible pour le fort. Elle ne sait jamais que ce qu'il veut qu'elle sache, et il ne l'initie point à aucun de ses projets, soit qu'il lui trouve un jugement insuffisant, soit que, de parti pris, il ne veuille point l'élever à son niveau.

Jeune, la négresse a la taille souple, l'œil vif, la poitrine bien meublée, des dents éclatantes et parfois des formes harmonieuses dignes d'être enviées par plus d'une de nos élégantes. Comme beauté, elle peut laisser à désirer, encore que sa physionomie mobile et riante ne manque pas d'expression; mais comme splendeur de formes, finesse de contours, elle est souvent incomparable. Elle est plus petite que l'homme, a dit quelqu'un avec raison, très bien faite de corps, gracieuse; au moral, elle est femme. Elle est ravissante lorsqu'elle s'en va faire ses petits achats, gracieusement drapée dans son pagne de couleurs voyantes — souvent le buste nu — une calebasse bien blanche sur la tête, minaudant, faisant des effets de bras (qu'elle a très beaux, par parenthèse), avec ses poses pittoresques, des déhanchements provocateurs, et cette démarche onduleuse particulière aux femmes de l'Orient.

Ce qui jette un froid, si on peut ainsi dire, ce sont, outre une odeur caractéristique, particulière à la femme noire (1), ses cheveux enduits de beurre ou de suif, tressés en une infinité de nattes, qui puent affreusement et déposent, en tombant sur le cou, des matières indéterminées. Pour peu que la chaleur soit excessive, et c'est assez généralement le cas, toutes ces matières gluantes se désagrègent et, stalactites d'un nouveau genre, forment une cascade de corps gras.

---

(1) Et par conséquent à tous les nègres en général, *id genus omne*, auxquels on peut appliquer cet adage relatif aux Hongrois : « Les Hongrois puent comme daims, c'est pitié que ed les sentir ».

Un des privilèges de la femme mariée ou passant pour telle est de porter chignon (?) et mouchoir de couleurs sur la tête. Le chignon — si tant est qu'on puisse donner ce nom à un composé de crins naturels adhérents au crâne, amalgamés avec un tas de talismans crasseux et biscornus qui forment un bourrelet de la grosseur du poing au sommet de la tête, — le chignon, disons-nous, est non seulement pour la femme noire un objet de parure (bien qu'il ne paraisse point), mais encore d'utilité immédiate en ce qu'il lui sert de point d'appui, lorsqu'elle porte une calebasse ou quelque autre ustensile sur son chef. Il n'est apparent que quand la négresse se décoiffe, c'est-à-dire enlève son mouchoir qui lui prend toute la partie supérieure de la tête, mais il est visible qu'il lui répugne de le montrer, même aux personnes de son entourage, car lorsque ledit mouchoir tombe ou se défait, elle met une hâte fébrile à se le rattacher, telle chez nous la femme qui laissera tomber sa jarretière. N'y a-t-il pas là matière à réflexion? Quoi! voici une personne qui montrera naturellement sa gorge, son sein (quelquefois avec affectation, soit dit en passant, si elle le sait ferme et d'un ovale très pur), ses jambes, ses cuisses et même... d'autres charmes plus secrets, sans y attacher la moindre importance, sans penser du tout à mal, et dont la pudeur est aussitôt alarmée, qui tombe en confusion si, par inadvertance, il lui échappe de montrer à un profane son ignoble et nauséabond toupet.

Parfois cependant la jeune fille, elle aussi, arbore le mouchoir, mais c'est à titre de pure fantaisie, histoire de voir comment il lui va et de s'essayer à faire déjà la femme — dont il ne lui manque souvent que le nom, c'est assez dire que plus d'une a déjà été maman avant d'avoir été épouse. — D'ailleurs, elle a également son emblème et se reconnait aisément aux nombreuses filières de rocaille bleue qui s'enchevêtrent sur toute la poitrine, contournant le dos, et se relient à la naissance des seins. Ne vous y fiez point, encore un coup !

Cet emblème n'est pas un brevet de vertu.

Il signifie seulement que la personne est jeune fille, c'est-à-dire mariable, mais non point vierge ; n'empêche qu'il sert souvent d'attrape-nigauds, et que tel s'imagine avoir fait une conquête sérieuse, qui tombera de tout son long sur une brave fille qui, sous tous les dehors de la plus parfaite candeur, connait les douze travaux d'Hercule sur le bout des doigts...

Tandis qu'en Europe, la femme s'évertue par tous les moyens possibles à s'amincir la taille, dût sa santé en souffrir, en Afrique, au contraire, la négresse ne s'estime à point, et n'est du reste considérée comme telle par MM. les *bouniouls*, que d'autant qu'elle a la ceinture avantageusement garnie et le postérieur proéminent. Dans ce but, elle s'enroule autour de la taille, directement sur la peau, les nombreuses filières de grosses perles qui se massent en rangs pressés sur ses hanches, au point d'atteindre souvent le poids de huit à dix livres. Comme un tel poids peut et doit la gêner dans sa marche, lorsqu'elle a à fournir une longue étape, elle a le soin d'enlever avant le départ tout ou partie de sa verroterie, et porte cet étrange fardeau sur la tête, dans sa calebasse, jusqu'à l'arrivée aux portes de la ville, où son premier soin est de s'en affubler à nouveau (aussi bien, sans fausse honte, sur la voie publique), avant que de faire son entrée triomphale. Ainsi accoutrée, pour peu qu'elle soit forte, elle marche avec une grâce inimaginable, jouant des hanches et du derrière, en faisant retentir l'air à chacun de ses pas, du bruit étrange que font les perles tassées contre ses flancs (1).

Très coquette avant de se marier, jalouse même de ses charmes, la négresse se laisse aller, s'abandonne complètement dès qu'elle a eu un ou plusieurs enfants. Déguenillée, malpropre — telle une sorcière de Macbeth — on ne trouve plus en elle, la jeunesse aidant, trace des appas qui la faisaient remarquer. Ses seins même qui faisaient l'admiration de certains connaisseurs (tous les noirs ne sont pas aveugles) ne tardent pas à dégénérer en bourses flasques qui lui pendillent sur les cuisses à chacun de ses mouvements. Pour un peu on serait tenté de croire que lorsqu'elle n'a plus ce qu'il faut pour plaire, elle cherche à dégoûter son seigneur et maître de toutes les autres femmes en général en lui infligeant ce spectacle réfrigérant. Cachez, cachez, mesdames...

Voyez-vous, accroupie sur le sol, cette femelle malpropre aux crins recroquevillés, aux paupières chassieuses et à la voix glapissante, vêtue d'un lambeau de pagne qui laisse échapper du dehors, par une de ses ouvertures béantes, une fesse ratatinée ? Vous la voyez là, aveulie — sous une nuée de mouches — le regard atone, tour à tour allaitant ou décrottant son marmot, dans le lamentable écroulement de sa poitrine

---

(1) Qui croira jamais que ce bruit de rocaille hypnotise le nègre en apparence le plus froid, le plonge dans des rêves paradisiaques, et fait encore tressaillir le vieillard jusque dans ses derniers retranchements ? La négresse le sait bien, la mâtine ! Il est vrai que, si la pudeur commande la réserve à la femme, elle ne lui défend pas, non plus, de faire naître des désirs. Moins raffinée que l'Européenne qui captive les cœurs à coups d'œillades, quand ce n'est point par les charmes de son esprit et les agréments de sa personne, l'Éthiopienne, plus primitive, se contente de jouer du derrière avec accompagnement et avec une mimique que l'aborigène seul sait apprécier, fût-il vieux comme Saturne.

ballottante : quel mammifère est-ce donc ça, vous dites-vous pensif. Eh bien ! ce mammifère, cette affreuse mégère plutôt, c'était avant qu'un rustre ne l'eût polluée, une jeune et jolie fille, leste et bien prise, au buste délicat, à la voix douce et chantante, respirant en une pudeur instinctive la grâce candide de l'enfant. Pauvre humanité !

A dire le vrai, il faut reconnaître que, si la partie antérieure de la poitrine, chez la négresse, est déformée bien avant l'âge, la faute en est à elle-même, et c'est donc tant pis pour elle. Non seulement, en effet, elle ne la soutient pas, mais elle a par-dessus le marché la déplorable habitude de s'attacher le pagne qui soutient le mioche qu'elle porte sur le dos juste au-dessus de la naissance des seins, d'où il suit qu'ayant à supporter tout le contrepoids du marmot, les glandes mammaires se voient réduites à l'état de peaux de bouc ou de boyaux à saucisses... D'autre part, on est en droit de se demander si les naturels mâles ne tolèrent pas ou n'encouragent point cette mutilation — car c'en est bien une — hantés par la crainte que quelques ravisseurs ne viennent en leur absence suborner leurs femmes. Et s'il en est autrement, maris stupides ou criminels, dites-nous alors sans ambages ce que vous pouvez trouver d'empoignant et de suggestif !

La négresse qui a le désir de plaire, ou qui est dans le mouvement, s'attife avec coquetterie, se pare de nombreux bijoux et se coiffe ou plutôt se fait coiffer tous les quinze jours au moins (1). Elle allonge ses yeux et leur donne un faux air de langueur par une pointe de kohol et teint ses ongles au henné. Il est

---

(1) On sait que les femmes du commun restent facilement des deux et trois mois sans faire toucher un de leurs crins.

aussi de bon goût d'exagérer la grosseur naturelle des lèvres à l'aide de piqûres successives qui les bleuissent et les tuméfient. Enfin, la femme de marabout militant est tenue à de certains devoirs. Situation oblige. Elle doit observer le ramadan, faire sa prière cinq fois par jour et se tenir nette de toute végétation naturelle, particulièrement aux endroits de la génération. A la vérité, il semble qu'il n'y ait guère que cette dernière prescription qui soit observée à la lettre. Du jeûne, elle en prend à son aise; quant aux prières, elle se contente d'en marmotter çà et là quelques-unes, histoire de sauver les apparences; et pour les ablutions, qui doivent toujours précéder les patenôtres, elle n'en use que quand elle a un excédent d'eau, ce qui, dans l'intérieur au moins, n'arrive pas six fois l'an. Cette tiédeur, qui peut paraître coupable, s'explique néanmoins si on considère qu'elle ne tire personnellement aucun bénéfice de ces momeries religieuses, et qu'elle ne pratique le plus souvent qu'à cause de la galerie, du qu'en dira-t-on, ou pour complaire à son simoniaque de mari dont elle raffermit ainsi la réputation de prêtre musulman.

CHAPITRE III

LE GRIOT

Le griot appartient à une caste particulière et méprisable à laquelle est attachée, de par droit de naissance, la singulière prérogative de mendier, ou plutôt d'extorquer, de pressurer son semblable. Passé maître en cet art, ce vil histrion pousse l'impudence au delà de toutes les bornes permises, et les charlatans de profession et les professionnels du boniment, en Europe, ne lui arriveraient certainement pas à la cheville, quelque fourbes et effrontés qu'ils soient.

On le reconnait aisément des autres indigènes, non seulement à sa hardiesse et à son aplomb, mais encore lorsqu'il parle, à sa voix rauque et éraillée propre aux crieurs des rues. Sans particularité accusée dans la manière de se vêtir, il se signale néanmoins à l'attention publique par le volume et la diversité des *gris-gris* dont il enveloppe, pour ainsi dire, sa personne. Il a en outre un cachet spécial qui est comme l'attribut de sa caste. « Les griots, a-t-on pu dire avec raison, sont des jongleurs très aimés de tous les Africains. Ils improvisent des chansons à la louange de ceux qui les payent, ou des chefs dont ils achètent les faveurs par la flatterie. Mais, instabilité des choses humaines ! ces troubadours si honorés pendant la vie sont regardés comme infâmes après leur mort, et jugés indignes d'être placés dans les mêmes sépultures que leurs compatriotes. On les pend dans l'intérieur crevassé des vieux baobabs, et leurs corps desséchés par les vents brûlants sont des exemples dont les autres griots ne retirent aucun fruit. Tels étaient naguère nos comédiens auxquels on refusait la terre sainte ». Et tels étaient les condamnés du temps de Tibère. Ajoutons cependant que ce sont là des mœurs d'antan. Aujourd'hui l'égalité règne, tout au moins en matière d'inhumation.

Les griots peuvent se diviser en deux catégories bien distinctes: le professionnel proprement dit, c'est-à-dire celui qui vit exclusivement de dons et d'aumônes, sorte de baladin toujours prêt à servir celui qui le paye, — et le griot mixte qui a le plus souvent un emploi quelconque qui lui permet en partie de vivre du produit de son travail. Ce dernier, relativement plus estimable, se place bien au-dessus du précédent et ne s'en cache point pour le proclamer à haute voix quand un naturel malicieux s'avise de faire quelques insinuations malveillantes au sujet de sa basse condition. Je suis griot, il est vrai, riposte-t-il, mais au moins je fais œuvre de mes doigts et ne fais pas que chanter. Attrape, collègue! Au fond, l'argument est spécieux. Tout en lançant un coup de pied à son confrère militant, il n'ajoute pas aussi bien que de temps à autre il se fait lui aussi la voix, qu'il n'a par suite nullement renoncé aux petits bénéfices inhérents en quelque sorte à sa profession originelle, et qu'enfin, s'il travaille d'une main, il reçoit volontiers de l'autre, quand ce n'est pas des deux à la fois (1).

Ménétrier à ses heures, c'est lui qui figure au pre-

---

(1) A ce propos, nous avons toujours remarqué que, quand on manifeste l'intention de faire un cadeau quelconque à un noir — quel que soit ce noir — ce n'est pas une main que celui-ci vous tend, mais bien les deux reliées ensemble, en forme de cuillère. Pour recevoir, le nègre est toujours ambidextre. Faut-il attribuer ce mouvement irréfléchi à l'humilité, rien qu'à l'humilité, ou bien à la crainte que ce qu'on a à lui donner ne puisse pas contenir dans une seule main ?... Nous pencherions volontiers pour cette dernière hypothèse.

mier rang de toutes les fêtes, qui en est le promoteur et le boute-en-train. C'est aussi à lui qu'incombe le périlleux devoir de faire danser, quand descend la nuit, les jeunes almées (?) au son du tambourin ou de la vielle; lui toujours qui chante les exploits, et au

Un griot.

besoin excite les guerriers. Ainsi sans doute les poètes faméliques du xɪᵉ ou xɪɪᵉ siècle allaient de porte en porte réciter ou chanter leurs ballades aux sons de la guitare ou du chalumeau.

Accessible à tous, au prolétaire comme au fortuné

— en se faisant payer, s'entend — doué d'un génie inventif, à la fois haï et redouté, le griot, dont la timidité est le moindre défaut, trouve le moyen de se faufiler dans tous les milieux et d'avoir même en bien des cas voix consultative. Cela tient à ce qu'il a su se créer la triple réputation d'apothicaire, de médecin et de diseur de bonne aventure. A l'entendre, il sait tout, voit tout et a le don d'ubiquité. C'est ainsi, du reste, qu'avec beaucoup d'assurance et un léger vernis on parvient souvent à donner le change et à dominer aisément les crédules et les sots.

Au surplus, son champ d'action est immense, et il opère volontiers dans tous les milieux. Tout lui est bon. Il accepte sans scrupule les objets les plus hétéroclites et les plus disparates, voire des animaux dont il se débarrasse au plus vite, quitte à les vendre 50 0/0 au-dessous de leur valeur. Il voit en chacun de ses pareils un contribuable, taillable et corvéable, qu'il rançonne tant et plus : aussi le naturel, en général, s'esquive-t-il à son approche sachant par expérience à quoi il s'exposerait en se laissant prendre dans ses mailles. Dès que le griot a jeté son dévolu sur quelqu'un, en effet, malheur à lui ! Il lui emboîte aussitôt le pas et, sangsue d'un nouveau genre, ne le lâche plus d'une semelle, que cela convienne ou non à la personne, qu'elle ait beau accélérer son allure tant et plus, — et les litanies de commencer. Sans connaître le sujet aucunement, et sans même en avoir entendu jamais parler, il le crible d'éloges invraisemblables, sans le moindre préambule, clame qu'il n'a point son pareil sur la terre, que sa générosité est proverbiale, que sa famille est illustre (fût-il simple laptot, c'est-à-dire portefaix), puis recommence son antienne avec quelque variante, en exagérant autant que possible le son rauque de sa voix, jusqu'à ce que le nécessiteux d'honneur (bisognosi d'onore), gonflé de vanité, fasse mine de se tâter la poche, congratulant au hasard de l'inspiration le père, la mère, les grands parents de cet individu dont il n'a jamais de sa vie ouï parler, — le tout à grand renfort de gestes et en se bouchant les oreilles, probablement pour pouvoir beugler plus à son aise.

Il y a ceci de piquant, c'est que celui dont on fait le panégyrique sait parfaitement à quoi s'en tenir sur la nature des louanges qu'on lui distribue à profusion. Il n'ignore point que son flagorneur en veut ostensiblement à sa bourse et que tous les moyens lui paraîtront bons pour atteindre ce but. C'est assez dire que, s'il ne dépendait que de lui, les trois quarts du temps, et si ce n'était manifestement contraire aux usages les plus élémentaires, il enverrait l'importun à tous les diables; mais il n'ose en arriver à cette extrémité par la crainte d'un scandale, le griot ayant la langue aussi mauvaise que bien pendue, et plutôt que de se voir, après avoir été si chaudement loué, criblé d'anathèmes *a posteriori*, et ce en public, il préfère se résoudre et y aller, en soupirant, de son offrande.

Tel parfois, manifestant des velléités d'indépendance, se fait tirer l'oreille, se renferme dans un mutisme complet, ou bien, payant d'audace, cherche à dissuader crânement le griot en excipant du mauvais état de sa bourse; mais celui-ci, que rien ne démonte, ne se laisse pas arrêter par une semblable allégation, qu'il sait le plus souvent mensongère. D'ailleurs il se rend compte, fouille cyniquement dans les poches de sa victime afin de s'assurer *de visu* si le fait est exact, et, dans l'affirmative, il se rabat sans vergogne sur un des vêtements, le moins fripé bien entendu (bonnet, pagne, boubou, culotte même!), et le sollicite de façon si pressante, avec une opiniâtreté telle que le pauvre hère ne tarde pas à s'en dessaisir, non sans regret à coup sûr, car il n'en a peut-être point de rechange, quitte à regagner ses pénates à moitié nu.

Il est cependant des cas où le griot n'est non seulement pas fui, mais au contraire visiblement recherché. C'est surtout à la descente des traitants qui viennent du fleuve quand, la campagne terminée, ils rallient la capitale, les poches convenablement garnies. On sait que le nègre, à quelque milieu qu'il appartienne, est vaniteux et fanfaron hors de toute mesure, épateur, si vous préférez : mais on ne saura jamais toutes les bêtises que la basse flatterie peut lui faire commettre. « Dans l'enivrement, il donne tout ce qu'il possède; il sacrifie à cette vanité jusqu'à ses vêtements. » Il a le prurit de l'éloge au sens rigoureux du mot. C'est d'une manière permanente qu'il éprouve le besoin impérieux d'être glorifié, peu lui important la façon dont on s'y prend, étant d'un naturel fort peu délicat. C'est également pour ces raisons, quand ses moyens le lui permettent, qu'il s'offre le luxe d'un griot, voire de plusieurs à la fois, et ce à l'heure ou à la journée, à peu près comme nous louons un sapin ou une bicyclette quand nous avons devant nous quelques heures que nous ne savons comment passer.

Un coup de tam-tam, et le cortège s'ébranle, solennel. Il est évident qu'il ne serait point utile de se faire chanter des louanges chez soi, à huis plus ou moins clos : où serait le charme si tout le monde ne pouvait voir et admirer celui à qui elles sont adressées?

Le scénario est invariablement le même. En avant — *ab Jove principium* — se trouve celui qui paye pour être loué. Il est d'ailleurs, à son air suffisant, reconnaissable de la plèbe. A ses côtés néanmoins, honneur justement apprécié, chemine parfois un favori. Les autres griots, en humbles vassaux, suivent respectueusement à quatre ou cinq pas, qui portant son violon, qui son tambourin. Portant beau, vêtu de ses plus beaux atours, le chef orné d'un bonnet flambant neuf ou d'un turban magnifique, la main sur son sabre et des babouches aux pieds, il marche à pas comptés, recueilli, dégustant, si on peut ainsi dire, les éloges que lui décernent ses panégyristes qui, en habiles tacticiens, ménagent savamment leurs effets. Puis, au fur et à mesure que ces derniers s'animent, que le rythme devient plus pressant, que les hommages sont plus nourris, plus sentis, il semble se métamorphoser lui-même, se départissant de son attitude jusque-là grave et digne, comme s'il était gagné par la contagion... Il précipite le pas, mettant ses griots sur les dents; ses regards flamboient, il devient encombrant et paraît s'étouffer dans la rue tout à coup trop étroite. Jugez un tel héros ! Cependant il n'a point encore assez de gloire : il lui en faut davantage pour sa monnaie. Ralentissant sa marche, il fait mine d'admirer la devanture des boutiques, ce qui lui permet de glisser en arrière un coup d'œil furtif, fouillant les visages pour y découvrir le degré d'admiration, d'envie surtout, que son passage a bien pu y imprimer. Rencontre-t-il en route un rajhet quelconque, un sien ami (or, tous les nègres le sont tous peu ou prou), il saisit cette occasion avec un empressement marqué, ne serait-ce que pour donner le temps aux badauds émerveillés de le considérer sous toutes ses faces, et les salamalecs s'éternisent, menacent de ne plus finir. Il demande d'abord des nouvelles de toute la maisonnée, en commençant par le chef jusqu'au dernier rejeton ; à quoi l'autre, l'ami (?), pour ne pas demeurer en reste de politesse et après avoir, ainsi qu'il sied, répondu par le menu, ne manque point de poser exactement les mêmes questions, toujours au milieu du vacarme que font les griots, qui vocifèrent à qui mieux mieux. Puis il reprend sa marche triomphale à travers les rues de la ville, distribuant libéralement autant de poignées de mains que de kolas, suivi par ses chanteurs infatigables auxquels, entre temps, il graisse la patte pour mieux les maintenir en haleine et leur donner de la voix. La bouche en cœur, ses yeux brillants semblent dire — sous des lunettes bleues mal chaussées qui, dans son esprit, le placent hors de pair — : « Vous voyez, eh? c'est moi, moi seul!... » Et dodelinant de la tête avec des écarts de poitrine, les bras en ailes de pigeon sous ses boubous flottants d'où se dégagent de subtiles odeurs, il se dandine avec grâce, fait un doigt de cour à toutes les négresses qu'il prend familièrement par la taille, leur chuchotant de douces choses, et lorgne avec concupiscence les grandes fillettes que les étincelles de son regard ne font pas sourciller...

Et dans l'intervalle, car la nuit tombe partout, les griots (1) fourbus, d'une voix encore rude, ne cessent par acquit de conscience — lisez : dans l'espoir d'être largement rémunérés — de lui bredouiller des louanges dans le dos !

---

(1) Les femmes des griots secondent souvent leurs maris en qualité de chanteuses. Ce sont les artistes du pays. Elles ont la réputation, justifiée d'ailleurs, de danser admirablement et d'avoir la langue... comme toute femme de griot qui se respecte doit l'avoir. On s'accorde à reconnaître qu'elles n'ont pas froid aux yeux (vous vous en doutiez, sans doute) et elles ne passent point pour être des parangons de vertu — ce qui tend à démontrer que, sous toutes les latitudes, les fragiles personnes qui exercent cette délicate profession, jouissent des mêmes attributs et des mêmes privilèges.

CHAPITRE IV

LE MARABOUT

Le marabout, tout en étant religieux libre, joue à peu près le même rôle chez les noirs que le prêtre parmi nous. C'est lui qui est chargé de l'exercice du culte, des examens de conscience (?) et de tout ce qui est du ressort de son saint ministère. Il n'est point de cérémonie où il ne figure à un titre quelconque et où il ne joue un rôle plus ou moins actif. Le plus souvent il exerce chez lui dans un enclos attenant à sa case, se transporte à domicile quand il y a lieu, et ne relève en quelque sorte que de lui-même, n'ayant pas d'attaches officielles.

Ses pouvoirs au reste sont très étendus et son influence parfois considérable. Bien que tous les musulmans soient marabouts plus ou moins militants, puisque le marabout n'est autre chose qu'un sectateur du prophète, il y a cependant entre eux des nuances bien accusées. La religion mahométane, en effet, comprend une sorte de hiérarchie, certains degrés auxquels les affiliés n'arrivent qu'insensiblement et après avoir fait montre de pratiques plus ou moins édifiantes. « Les ordres religieux ont pour constante préoccupation de ne jamais s'écarter des cinq commandements qui sont la base de la religion du prophète et que les indigènes exécutent à la lettre, sans en rechercher nullement l'esprit. Ces derniers ont adopté une sorte de hiérarchie spirituelle où l'on n'avance qu'après avoir suivi différentes épreuves. Cette hiérarchie comprend en général sept degrés : au début, l'affilié est *talumid,* c'est-à-dire assistant, puis il devient successivement *mourid* (aspirant), *faquir* (pauvre), *soufi* (parfait), et *salek* (marchant vers Dieu) ; ici la hiérarchie se divise ; l'affilié devient tantôt *medjedoub* (attiré vers Dieu), ou *Mohammedi* (plein de l'esprit du prophète) ; il y a enfin, au-dessus de l'état de *Mohammedi,* celui de *touhidi* ou (possédé de l'esprit de Dieu). »

Néanmoins on ne paraît pas tenir grand compte des antécédents. On a vu et on voit encore tous les jours, sans parler de francs coquins qui font amende honorable, des ivrognes accomplis abandonner plus ou moins complètement la dive bouteille, et atteindre parfois le point culminant de sainteté.

Nul n'est plus observateur que le nègre, et à plus forte raison que le derviche, des pratiques extérieures de la religion. Nul non plus, sous des dehors édifiants, n'est plus hypocrite et plus fourbe que lui. Son principal objectif est de chercher à paraître ce qu'il n'est pas au mépris même de sa religion dont, au fond, il se soucie comme de ses premières savates. La charité à part (il reçoit mais ne donne point), chacun d'eux obtient les suffrages des leurs à sa façon. L'un se signale par des veilles prolongées et sa piété a nulle autre pareille, répétant un millier de fois par jour de pieuses invocations, dans le genre de celles-ci, par exemple : Je demande pardon à Dieu ! Que les bénédictions de Dieu soient sur le prophète ! Il n'y a pas d'autre divinité qu'Allah, etc., etc. L'autre, au contraire, se recommande par ses vertus prolifiques et l'exemple de sa vie patriarcale. Celui-ci, par un jeûne exceptionnellement rigoureux (1) ; celui-là enfin par son zèle,

---

(1) Il faut bien reconnaître que pendant le ramadan (qui correspond au 9ᵉ mois du calendrier turc) le jeûne serait réellement pénible si on en pratiquait rigoureusement l'obser-

ses saints emballements, ou ses poèmes didactiques à la louange de Mahomet.

Dans un seul village, il y a souvent plusieurs dervis. L'action religieuse est alors exercée concurremment par chacun de ces derniers. Il faut bien que tout le monde vive ! D'ailleurs, en bons frères, ils se partagent le gâteau. Sont-ils quatre dignitaires par exemple ? Chacun a sa spécialité. Seulement à degré égal de dévotion, le plus ancien s'adjuge la fonction la plus lucrative et conserve même sur les autres une sorte de suprématie. Étant également possédés de l'esprit du prophète, ils ont tous au même titre voix consultative et se livrent, chacun pour son propre compte, à la confection des talismans dont les indigènes font une

---

vance. Durant cette période, en effet, qui est d'une lune à l'autre, et depuis le lever jusqu'au coucher du soleil, il est non seulement interdit aux musulmans de boire et de manger, mais encore de fumer et même d'avaler la salive ! Bien que peu d'indigènes observent le carême à la lettre (à part les marabouts de profession, et encore !), ils cherchent tous à se duper les uns les autres en feignant l'ascétisme le plus pur, cependant que l'épigastre satisfait. Quels comédiens ! D'un commun accord, pendant l'abstinence, ils paraissent tous tomber de faiblesse, d'inanition ; ils ne marchent pas, ils rampent, ils se traînent plutôt. Quand ils s'abordent, ils se saluent en geignant ; leur conversation, qui roulent toujours sur le jeûne, est un long tissu de doléances ; et ils se séparent en articulant des exclamations incomplètes, en poussant des soupirs étouffés : Moi, dit l'un, la panse encore chaude du déjeuner qu'il vient de s'octroyer, je commence à en avoir par-dessus la tête, du carême ; je n'y tiens plus ; pour sûr ce jeûne m'aura la peau ! Encore 17 jours ! clame celui-là, en s'essuyant les lèvres. Cet autre, muet, crache avec ostentation, péniblement, comme fatigué de se livrer à cet exercice depuis le lever du soleil. Dès l'abord, il semble oiseux qu'un naturel demande à un de ses coreligionnaires s'il pratique le jeûne, puisque tout le monde observe ce précepte ou est censé l'observer. Pourtant, durant cette période, quand deux mahométans s'accostent, la première question posée est toujours celle-ci : Jeûnes-tu au moins ? A quoi l'interpellé de répondre avec un aplomb bœuf : Si je jeûne ? quelle question !... Il n'en faut point davantage pour être fixé sur leur degré d'orthodoxie.

consommation exagérée. Entre temps, ces diverses opérations n'empêchent ni les uns ni les autres de faire la guerre au griot dont l'influence occulte (science cabalistique) leur est parfois préjudiciable.

Comme il ne lui est point dévolu de traitement, c'est à celui qui a recours à son ministère à le salarier selon ses moyens, sa générosité, et suivant la nature des services qu'on réclame de lui. Cela paraît fort équitable.

Il accroît aussi singulièrement ses revenus en débitant des patenôtres écrites dont les vertus sont quasiment universelles, mais de préférence sur commande, ce qui est sagement compris, car il a alors non seulement l'avantage de les débiter à un taux plus élevé, — comme toute chose d'ailleurs qui se fait sur mesure, — mais il se prémunit de la sorte contre un stock de rossignols toujours difficile à écouler, même en matières d'oraisons.

Deux de ses compatriotes tombent chez lui, par exemple : J'ai dans le ventre, gémit l'un, une bête qui me ronge les entrailles ; j'en perds le boire et le manger, ce qui n'est pas peu dire : comment faire pour exterminer ou tout au moins expulser cet animal de mon corps ? — N'est-ce que cela ? répond le derviche dédaigneux ; j'en ai vu bien d'autres ! Et toi ? (1), reprend-il, s'adressant au second naturel. — Moi, fait celui-ci, je pars demain en voyage et suis obligé de traverser le pays habité par les Sérères (2)

---

(1) On sait que le noir emploie toujours le pronom personnel, parlerait-il au grand Turc.

(2) Les Sérères sont les trimardeurs de l'endroit. Ce sont, nous l'avons déjà dit en quelque endroit, de fieffés ivrognes. Ils se sont pourtant humanisés, et pour cause, depuis que le chemin de fer sillonne leurs repaires, longe leur fameux ravin, dit des voleurs, où il était très dangereux de s'aventurer. Autrefois, il y a à peine dix ans, un indigène des localités voi-

qui, m'a-t-on dit, sont grands ferrailleurs et grands donneurs de coups de couteau. Or, je dois à la vérité de dire que je n'aime pas les coups en général et les coups de couteau en particulier ; et quelque drôle que cela paraisse, je ne puis supporter qu'une arme quelconque me rentre dans la peau. — Je conçois, dit le prêtre mahométan avec gravité, et ce n'est point drôle du tout! Asseyez vous… Aussitôt, après quelques secondes consacrées à la méditation, il saute sur sa meilleure plume… de bambou, et les prières préservatrices sont bâclées en un clin d'œil, apportant beaucoup plus de soin à plier les versets en forme de triangle, entre parenthèses, qu'il n'en a mis à les rédiger ; puis il remet un exemplaire à chacun d'eux, contre remboursement, sous la recommandation expresse de ne s'en dessaisir sous aucun prétexte.

Il advient parfois que la prière destinée à préserver l'homme des coups de couteau sera remise par inadvertance à l'homme à la bête, et *vice versa ;* mais la confusion n'a qu'une importance relative, et les résultats sont invariablement les mêmes, c'est-à-dire négatifs.

Un naturel se croit-il possédé de l'esprit du diable (on sait combien ces gens sont superstitieux), il va

---

sines ne pouvait guère traverser le village de Pont, ou seulement s'en approcher, s'il portait sur lui de l'eau-de-vie (car on sait que les habitants du Baol sont pour la plupart grands buveurs), sous peine de recevoir des coups de feu par derrière, traîtreusement, et ce dans le but unique de lui ravir son « sangara ». Il ne s'aventurait dans ces parages, s'il était obligé d'y passer, que dûment accompagné, escorté, ou bien traversait crânement, la dame-jeanne sur la tête, en ayant soin de ne point s'arrêter, ni de poser sur le sol son précieux fardeau. Une imprudence de ce genre, il le savait, pouvait lui coûter la vie. Le Sérère n'avait que faire de l'homme ; il en voulait à l'alcool. Par conséquent, à l'affût derrière les broussailles, il n'avait aucun intérêt à tirer sur le voyageur en marche, n'ignorant pas que la chute de celui-ci entraînerait la chute de la bonbonne et la mettrait en pièces inévitablement.

dare dare trouver le saint homme et lui soumet le cas :
— Attends, attends ! dit le vieux birbe, je vais te désensorceler. Sur-le-champ, il libelle quelques phrases soi-disant magiques et enjoint au démoniaque d'en former un sachet qu'il devra porter sur le crâne, à telle partie, jusqu'à disparition complète du phénomène.

D'autres fois, pour varier les exercices, il fait accroupir le possédé et se livre sur sa tête à une pantomime extravagante, en marmottant ou faisant semblant de marmotter de pieuses invocations, et en crachant religieusement sur la tête du patient, qui se retire convaincu de l'efficacité de cette méthode.

C'est aussi le marabout qui est chargé de l'enseignement. Moyennant une légère rétribution, parfois de simples cadeaux, il consent à prendre des mains des parents de jeunes négrillons de 8 à 12 ans pour leur inculquer les premières notions de l'arabe, et en faire surtout de parfaits vagabonds. Son premier soin, en effet, est moins d'inculquer aux jeunes drôles les versets du saint Alcoran que de les exercer à mendier. Dès l'aube, il fait lever tous les mioches parqués un peu partout, au hasard, et après leur avoir fait réciter de vagues prières, qu'ils répètent machinalement sans se rendre compte de l'idée qu'elles expriment, il confie aux uns le soin d'aller ramasser du bois dans la brousse, soit pour son usage personnel, soit pour le faire vendre en tas de deux sous, et il envoie les autres dans toutes les directions chercher la pitance pour toute la communauté. Et gare à celui qui rentrera les mains vides : il sera fouaillé d'importance, c'est-à-dire qu'il le fera chanter sans solfier. Vêtus de haillons, d'effilochages plutôt, crasseux et morveux, on les rencontre un peu partout, dans les boutiques comme aux coins des rues, la chassie aux yeux et le nez barbouillé, reluisant de crasse, criant d'une voix pleurarde : *Larbilana ! Sakalen sajarh !* tendant à tout venant une calebasse ébréchée où ceux qui veulent jettent au hasard, pêle-mêle, quelques poignées de riz, de mil, d'arachides ou de couscous, rarement des pièces de monnaie. Le produit de la quête est ensuite porté au saint homme qui en fait la répartition à son gré, mais qui garde toujours devers lui la plus grosse part, autrement dit le préciput. Rien, dans la façon de s'accoutrer, ne signale le marabout à l'attention publique. Ce qu'il a peut-être de particulier, c'est que, soit par dévotion feinte ou réelle, soit par simple habitude, il tient presque constamment à la main un chapelet, qu'il roule entre ses doigts, même en parlant des choses les plus étrangères à la religion. « Il ne se borne pas à exploiter la faiblesse et la crédulité, mais il tire aussi parti des dispositions criminelles ; il jette volontiers des sorts sur ceux qu'on lui désigne, empiétant ainsi sur les attributions du sorcier attitré. Les victimes doivent tomber malades, ou éprouver quelque malheur domestique, ou mourir dans le délai fixé ».

Comme presque tous les indigènes, il a la tête soigneusement rasée et porte autour du cou un chapelet, s'il ne l'a pas enroulé autour du poignet. Il ne se distingue de la masse que par son enveloppe plus ou moins austère, reflet d'un mysticisme étudié. Souvent aussi *du Salam, sur son front, il porte la poussière*, et cela avec affectation, afin qu'il n'y ait pas d'équivoque, qu'on ne puisse mettre en doute sa dévotion. Il est aussi de bon ton de porter sur soi un livre sacré, grossièrement recouvert de peau de chèvre ; c'est le bréviaire du mahométan. Un immense encrier, flanqué d'une plume taillée dans un roseau, fait aussi bon effet. Enfin, une bouilloire qui l'accompagne dans toutes pérégrinations, et qui contient l'eau indispensable pour ses nombreuses ablutions (et aussi pour se désaltérer) forme le complément.

Malgré tous ses dehors de gravité et d'honnêteté, le gaillard est farceur à ses heures et ses mœurs ne sont pas toujours d'une pureté absolue, bien qu'on ne puisse lui reprocher rien de scandaleux.

Son sacerdoce ne lui interdit pourtant pas l'œuvre de chair, et il a droit, au même titre que les autres indigènes, à quatre femmes légitimes et à un nombre illimité de concubines.

Mais le plus souvent il n'use point de cette faculté, au moins dans le sens le plus large, et se contente modestement de deux ou trois femmes, en homme raisonnable qui cherche à ménager à la fois et ses forces et ses ressources. On remarque seulement qu'en avançant en âge il devient quelque peu libidineux, et, homme sans cœur, délaisse presque complètement ses compagnes déjà mûres pour courir, tel un jouvenceau, après de jeunes tendrons.

Il nous a été donné de trop connaître un de ces derviches qui était, à une lieue à la ronde, la terreur des habitants justement soucieux de leur sommeil. Nous tairons le nom de ce mécréant, bien qu'il eût mérité d'être livré à la vindicte publique ; mais nous n'en recommandons pas moins chaudement son âme à tous les diables. Levé avant l'aurore, bien avant que le coq n'ait chanté, il entonnait le premier avec des trémolos dans la voix des « *Yalla Salam* » et des « *La illaha illah allah Mohammed rassoul Allah* » répétés aussitôt à la ronde, sur le même ton (car ici les vicaires ne chantent pas mieux que le curé), et ne cessait définitivement de brailler que quand les fidèles, accourus lentement, étaient au grand complet. L'après-midi se passait pour ce fanatique en pratiques pieuses de

Un marabout et ses... amies.

toutes sortes, quand il ne s'abîmait pas dans la contemplation de son nombril; et le soir, après le coucher du soleil, c'était la même répétition que le matin. Ce dévot de profession, au reste, était bien le plus grand brigand que la terre ait porté.

CHAPITRE V

DES DIVERTISSEMENTS

On sait combien le nègre est musard et d'humeur baguenaudière. C'est, en tout cas, un grand parleur et, par conséquent, un rabâcheur. Après avoir dit vingt fois la même chose, il la répétera encore à satiété, bien qu'on s'évertue de lui faire comprendre qu'on est pénétré de ce qu'il a dit. Par exemple, il aime le rire pardessus toutes choses, et Dieu sait s'il l'a communicatif! C'est comme dans la gendarmerie... Aussi bien il éprouve de l'éloignement pour les personnes d'humeur atrabilaire, aussi bien il se convient dans la société des gens dont le caractère est jovial et même bouffon. Sa vanité est excessive. « Il la fait entrer, a-t-on dit avec raison, jusque dans ses plaisirs. Pour lui, c'est déjà s'amuser que de faire croire qu'il s'amuse; c'est être heureux que de le paraître. » C'est assez dire que le naturel aime fort les distractions, sous quelques formes qu'elles se présentent : la lutte, le jeu (1), — la causerie surtout — le cheval (il naît cavalier, ce semble), et en général tous les exercices acrobatiques. De plus, qui l'eût dit! il adore la musique, quelle qu'elle soit, n'étant point exigeant sur le choix des mélodies, d'ailleurs rudimentaires et monotones.

---

(1) Il est singulièrement fort au jeu de dames. Il joue à ce jeu avec une rapidité déconcertante, lançant le pion plutôt qu'il ne le pousse à côté de la case qu'il devrait occuper, bousculant la tablette, harcelant son adversaire, qu'il étourdit par ses gestes et ses cris.

L'accordéon le ravit et l'orgue de Barbarie le transporte. D'ailleurs, n'ayant à sa disposition qu'un mauvais violon, ou le traditionnel tam-tam, les airs ne peuvent être que peu variés et se terminent toujours par les mêmes finales. Une mention honorable en faveur du balafon.

Quant aux indigènes sérieux ou soi-disant tels, entre le sommeil qu'ils affectionnent à un égal degré, et à n'importe quelle heure du jour, ils passent le plus clair de leur temps à bavarder assis à l'ombre d'un grand arbre ou au beau milieu d'une voie, si la chaleur est tombée. Tout pour eux est matière à conversation, et d'une chose futile ils en tirent souvent des commentaires à perte de vue.

> Celui-ci, faiseur de chronique,
> Conte une anecdote d'amour;
> L'autre fait de la politique
> Et dit la nouvelle du jour.
> L'un parle de chasse ou de guerre;
> Le vieillard vante aux jeunes gens
> Le temps passé, le bon vieux temps.
> Le marabout, d'un air austère,
> Roulant son chapelet, fait valoir ses gris-gris;
> Il débite d'un saint la légende admirable.
> Puis il entretient les esprits
> Dans la sainte frayeur des sorciers et du diable.

L'esprit le plus pur ne brille pas toujours dans leur entretien; mais, à défaut, la gaieté ne manque point. On y déchire aussi quelque peu son semblable. Dire du mal de son prochain est chose reçue, admise, courante même. Tel cependant pallie ses méchants propos ou renchérit au contraire sur le mal qu'il dit selon qu'à la ronde on l'approuve ou qu'on prend fait et cause pour celui contre qui il médit.

Quant à leur indiscrétion, elle est proverbiale. Il

faut qu'ils fourrent le nez dans tous les palabres, qu'ils donnent leur avis, sans en être sollicités, sur tous les sujets; et aucun groupe ne saurait se former, aucune question se traiter sans que les uns ou les autres apparaissent aussitôt, fassent irruption dans le cercle, prêts déjà à servir d'arbitres ou à être pris comme témoins : « Qu'est-ce donc? dit l'un; de quoi s'agit il? fait l'autre. » Et personne, dans l'entourage ne s'offensera de l'intrusion de ces malotrus.

Une des distractions favorites des Africains (on ne saurait, en toute franchise, occuper plus utilement ses loisirs) consiste, après avoir choisi une bonne place à l'ombre, à s'y installer commodément et à se tirer... les hôtes domestiques. Impassibles, ils resteront ainsi des heures entières, l'esprit tendu, fourrageant dans les plis de leurs haillons sordides, massacrant sans pitié les imprudents, et Dieu sait s'ils sont nombreux! qui tombent sous leurs mains. Dédaigneux du qu'en-dira-t-on, ils opèrent volontiers en compagnie et forment des groupes compacts où jeunes et vieux se livrent avec gravité à l'écrabouillement de ces intéressants animaux. Certains même — les plus raffinés sans doute — se couchent nonchalamment sur le ventre ou sur le dos et laissent aux femmes, très expertes en cet art, le soin de les dépouiller.

Durant les heures les plus chaudes du jour, les vérandas sont prises d'assaut par les indigènes des deux sexes, grands et petits. Les uns, accroupis, causent gravement de choses insignifiantes ou méditent très sérieusement sur des riens. Les autres, d'humeur plus folâtre. lutinent les filles quand ils ne jouent pas aux petits bâtons, ou bien font des ronds sur le sable, ou changent un carré en cercle ou un cercle en carré.

Quand la chaleur est tombée, la lutte (*lambe*) paraît être, pour les jeunes tout au moins, un de leurs plai-

Aspect d'une place publique pendant la lutte.

sirs favoris. C'est de préférence quand vient le soir qu'ils se livrent à ces exercices, évitant ainsi les ardeurs du soleil. Lorsque la lune est dans son plein, ils passent volontiers la nuit à la belle étoile, jeunes gens et hommes mûrs, criant, hurlant, gesticulant, acclamant celui-ci, conspuant celui-là, excités d'ailleurs par les griots qui ne discontinuent pas de frapper sur leurs tambours.

Lorsqu'une lutte a lieu dans un village (et on ne laisse pas de le savoir à l'avance et à plusieurs lieues à la ronde), il est d'usage de se cotiser dans l'endroit en vue des frais nécessités par la présence d'un nombre parfois considérable d'individus : car il ne s'agit pas seulement de les héberger, il faut encore rétribuer les griots dont le rôle, on le sait, est de battre la caisse et de stimuler les amateurs par leurs cris gutturaux. On n'imagine point une lutte sans griot. Les gros bonnets de l'endroit, les gens les plus aisés donnent généralement 2 fr. 50 chacun, les plus généreux 5 fr. Les petites bourses se contentent de verser 1 fr. parfois même 0 fr. 50.

Les femmes assistent volontiers à ces sortes d'exercices, principalement le soir, et s'y passionnent visiblement pour tel ou tel champion, à la condition, bien entendu, qu'il soit de leur tribu. Il se forme ainsi parmi les personnes des deux sexes des camps séparés, des groupes distincts dont la partialité n'est rien moins que suspecte, et qui approuvent ou désapprouvent systématiquement selon que l'individu est ou non un des leurs (1).

Lorsque la lutte est importante, elle dure générale-

---

(1) Parfois même la contestation devient générale et dégénère en pugilat; mais le cas est assez rare, hâtons-nous de le dire, car, comme Sancho Pança, le nègre se bat plutôt à coups de langue qu'à coups de poing. Il en est ainsi dans les pays régis par les lois anglaises « où les batteries sont toujours précédées d'injures verbales parce qu'on y dit que les injures ne cassent pas les os ».

ment de cinq à six jours, ou, pour être plus exact, de cinq à six nuits, ce qui a fait dire à quelqu'un que les nuits, en Afrique, sont autant de jours de fête. Tous les villages avoisinants, dans un périmètre assez étendu, sont représentés par des lutteurs émérites ayant déjà fait leurs preuves en maints endroits, des *m'beurs*... Naturellement, ce sont les plus solides gaillards de la région. Lorsqu'un de ces *m'beurs* tombe, tous ses partisans sont dans la consternation. C'est un véritable désastre. Au contraire, est-il vainqueur, il est porté en triomphe avec accompagnement de cris d'animaux ; et si le sujet est de marque, on va même jusqu'à tirer en son honneur un ou plusieurs coups de fusil.

Ils préludent généralement par des bonds et des contorsions, s'appellent, se défient, et se dégingandent d'une façon grotesque. Inutile de dire qu'il serait fort difficile de donner une gamme, même approximative, de tous les hurlements qui sont articulés. C'est un tintamarre de tous les diables. Au surplus, ils ont à eux une manière de lutter qui diffère essentiellement de la nôtre. Tout n'est que question d'agilité. Nus ou à peu près (un simple *guimbeu* en guise de feuille de vigne), le corps penché, plié en deux, les mains en avant, tantôt la paume en dessus, tantôt en dessous, ils cherchent à se surprendre mutuellement par ruse, peu leur important la manière de s'y prendre pourvu que le but soit atteint, c'est-à-dire que l'adversaire soit culbuté. A partir de 30 ou 35 ans, bien qu'il n'y ait en fait aucune limite d'âge, l'homme fait ne joue plus de rôle actif, cesse à peu près de participer à ces exercices, cependant qu'il demeure toujours amateur passionné. Il se contente alors de juger des coups et donne bruyamment son approbation (1).

(1) Les vieillards aussi, déférant au désir de Platon, assistent à ces exercices pour admirer chez les autres ce qui n'est plus

La danse est incompatible avec la dignité du nègre en tant qu'acteur; mais le spectacle en lui-même ne lui répugne nullement, au contraire. Cet exercice paraît être le monopole exclusif du sexe faible. Il est fait de déhanchements houleux, de frémissements rythmés et d'ondulations ayant un caractère visiblement érotique. Il n'y a guère que les jeunes fous qui, par esprit d'imitation, se permettent parfois de faire concurrence à la femme en se livrant à des gestes disgracieux, qui simulent le plus souvent l'ivresse ou la démence.

La danse! De quoi n'est pas capable de faire une négresse pour aller danser! Ça en est de la folie, de la rage. Elle sacrifierait tout à Terpsichore: la jeune fille son futur ou son amant; la femme mariée, son mari et ses moutards. Qu'un seul coup de tam-tam retentisse dans le village, l'effet en est magique, partant, le repas qui suit sérieusement compromis, car les foyers se désertent comme par enchantement. De toutes parts on voit dévaler les représentants du sexe, filles ou femmes, jeunes ou vieilles, le visage rayonnant, sans plus se soucier de leurs occupations de ménage, vers le ménétrier, avec une grâce éléphantine en esquissant des pas redoublés. Certes! l'Européenne qui court est disgracieuse, mais la négresse qui force son allure est tout bonnement grotesque. Parfois cependant ce n'est qu'une fausse alerte: quelque troubadour en goguettes, émule de Lemice-Terrieux, de passage dans l'endroit, qui, en arpentant, s'est donné le malin plaisir de mettre tout le beau sexe sens dessus dessous. Ces dames et ces demoiselles, consternées, regagnent alors leurs huttes respectives, non sans accabler de malédictions l'importun déjà loin.

D'autres fois aussi il advient que les musiciens se

en eux, et l'honneur leur revient de décerner la palme à celui qui l'a méritée.

montrent trop exigeants pour leurs honoraires (1). Les négresses refusent alors d'accéder à leurs prétentions, et d'un commun accord, les plantent là avec leurs fifres et leurs tambours, affectant de se retirer en masse, jusqu'à ce qu'un arbitre quelconque (il est rare s'il ne s'en trouve pas toujours là à point nommé) survienne à l'improviste, parlemente et tranche le différend.

Bien entendu que la danse a lieu en plein vent, à la belle étoile, au milieu d'une place publique ou dans un carrefour. Les griots accordent leurs instruments (on est musicien ou on ne l'est pas) et préludent par quelques petits airs ou improvisations semi-poétiques invariablement et outrageusement monotones. C'est pourtant là l'orchestre (?) qui donne le signal de l'ouverture. Les femmes et les jeunes filles prennent aussitôt place au premier rang, formant un cercle (2) autour desdits musiciens, et le bal est virtuellement ouvert.

Dans vos pérégrinations vous n'êtes pas sans doute sans avoir jamais vu danser la gigue, pousser des entrechats plus ou moins fantaisistes, esquisser la danse du ventre, chahuter enfin. Néanmoins nous doutons fort que tous ces exercices chorégraphiques, qui échappent à toute classification raisonnée, vous donnent

---

(1) Il est d'usage de nourrir et de rafraîchir les chanteurs ou griots, après avoir convenu d'un prix pour tout ou partie de la nuit. Les femmes se cotisent entre elles de manière à ce que les frais de la représentation soient à peu près répartis. Les hommes aussi apportent leur obole. Les rafraîchissements consistent en eau-de-vie, mais le genièvre est recherché de préférence. Enfin on donne une gratification aux bardes s'ils se sont bien comportés.

(2) Le cercle s'agrandit au fur et à mesure qu'il survient de nouvelles recrues ou simplement des figurantes, et prend quelquefois, en s'étageant, des proportions insoupçonnées.

En avant, — à tout seigneur tout honneur...

une idée approximative du spectacle qui s'offre à vos yeux.

Quand les exécutants sont en goguettes (et c'est ce qui leur arrive les trois quarts du temps), ils tapent avec rage sur leurs tambourins, hurlent à qui mieux mieux et activent la cadence d'une façon exagérée. L'ivresse semble se communiquer à toute l'assemblée féminine. C'est à ce moment précis que la danse rentre dans sa période aiguë. Inutile de dire que la prud'homie et les convenances n'y sont guère mieux observées que les règles d'Aristote. On dirait un véritable pandémonium où le diable même aurait peine à se reconnaitre. Sous l'influence excitante de la mélopée, une danseuse n'attend pas que l'autre ait achevé son « ballet » pour se précipiter en tournoyant dans l'enceinte où, en se dandinant, avec des poses qui ont quelque prétention à la coquetterie, elle se livre à des déhanchement lascifs qui vont toujours crescendo tant qu'il lui reste du souffle ; puis, à court de respiration, après le bouquet de la fin, image d'une sensualité qui ne se peut décrire, elle se laisse choir ou plutôt va s'affaler sur le premier spectateur venu, qui, selon les circonstances, c'est-à-dire si la personne est croustillante, n'est point fâché de cette aubaine. C'est à qui esquissera le mieux des attitudes avec des renversements de bras tantôt en avant et tantôt en arrière, à qui jouera le mieux des hanches et du bassin, à qui rivalisera d'impudeur, de lubricité, celle qui suit s'évertuant à surpasser sa devancière en attouchements grossiers ou en postures inconvenantes. Les pieds trépignent, les mains claquent, et au milieu des rires homériques, les mains battent la mesure avec acharnement. On dirait que toutes ces femelles sont simultanément frappées d'épilepsie. Jusqu'aux gamines de 5 à 6 ans qui, imitant l'exemple, esquissent des pas non loin du tohu-bohu, et s'essaient déjà à tortiller du derrière.

Ce n'est que vers les deux ou trois heures du matin, souvent au petit jour, que les griots égosillés, époumonés, commencent à renacler pour de bon et le tam-tam à battre de l'aile. La plupart des négresses mûres se sont déjà éclipsées successivement. Restent les jeunes filles et les jeunes femmes infatigables, qui commencent cependant à se rassasier, harcelées d'ailleurs par leurs maris ou leurs amants qui, las de faire le pied de grue, les pressent de rentrer au bercail.

CHAPITRE VI

CHEF DE VILLAGE

Sous une enveloppe aussi modeste, soupçonneriez-vous jamais que vous avez sous les yeux le premier magistrat d'une cité? Cela est pourtant. Ainsi vit le vrai sage, dédaigneux des grandeurs et de vains oripeaux.

Choisi généralement parmi les plus anciens des habitants de l'endroit offrant une certaine garantie morale, le chef de village est ordinairement respecté de ceux qui l'entourent. Son titre indique assez qu'il est chargé de l'administration de la commune, qui compte de 50 à 5 ou 600 habitants, y compris les aveugles et les estropiés. C'est par conséquent lui qui est chargé de régler les différends de toute nature qui peuvent survenir, soit avec ses propres lumières, soit avec le concours des notabilités de l'endroit. Quand le cas qui se présente est trop épineux ou trop grave, il n'ose assumer la responsabilité et en réfère aussitôt à son chef immédiat, le chef de la province, qui lui transmet ses ordres, à moins qu'il ne vienne en personne sur les lieux pour juger en dernier ressort.

Comme gouvernement politique, les Africains en sont encore où nous en étions nous-mêmes il y a quelque mille ans, au lendemain de l'envahissement et de la conquête de l'empire romain par les barbares. C'est assez dire que la vie politique y est assez divisée. Chaque village a son autonomie relative, vit en quelque sorte séparément, sans aucun rapport avec la localité voisine. Chacun des grands États parait être divisé en fiefs dépendant les uns des autres et ayant chacun à sa tête un chef principal, qui est lui-même à la dévotion d'un chef plus élevé que lui. Ils sont investis d'un pouvoir quasi souverain dans leurs districts, cependant que subordonnés entre eux et ayant des devoirs et des droits réciproques. « Ils ont aussi leur roi, a-t-on pu dire, dès lors ils connaissent des courtisans et une cour. Une cour, pour résider sous un toit de paille, n'en est pas moins une cour. On n'y trouve pas moins d'orgueil et de bassesse, d'intrigue et d'ambition que dans un palais de marbre. Les nègres ont aussi de grands officiers de la couronne, de hauts fonctionnaires et des favoris. Ils ont leur noblesse héréditaire, privilégiée et même féodale. Aux yeux du vulgaire de ce pays, être placé près du prince semble aussi devoir constituer le suprême bonheur. Pour ceux qui n'en approchent pas, les plus douces, les plus trompeuses illusions environnent également la cour. C'est la même vanité, c'est la même envie; ce sont les mêmes erreurs qu'en Europe. »

Le seigneur se montre souvent très rapace très dur pour ses compatriotes, ses sujets plutôt, et ce, jusque dans les pays soumis au protectorat, au point que des familles entières, accablées, excédées, émigrent parfois en bloc et s'en vont dans d'autres villages à la recherche d'un chef plus clément. Il en est en effet de populaires et d'autres qui ne le sont pas. On ne signale pourtant point dans ces parages, au cœur même de la brousse, des actes de brutalité, des châtiments corporels. La prison est même inconnue dans ce pays de cocagne, où nul cependant n'est plus voleur. Quant à la peine de mort, les assassins l'ont abolie de leur propre chef, réalisant le rêve cher à Alphonse Karr. C'est à peine si de loin en loin quelques blancs — des infidèles après tout — servent de cible ou de gaine, ou se voient assommés sans avoir le temps de crier : Oh! Comme ce pauvre diable d'employé de la Compagnie française, à Louga, tout récemment encore (1).

La rage de sévir ne fait point défaut, mais il n'y a

Chef de village.

pour ainsi dire qu'un unique moyen de répression, les amendes, dont on abuse à tout propos et qui ne sont pas toujours proportionnées à la nature de l'infraction (2), le nègre manquant totalement de méthode, de

---

(1) D'ailleurs, chez les mulsumans, il est d'une vérité courante que, pour gagner le paradis, il n'est rien de tel que d'immoler une personne d'une religion opposée à la leur.

(2) On sait que les naturels ont recours à une pratique assez

gradation dans les délits et les peines. Exemple : — Un propriétaire de bêtes de somme laisse-t-il un de ses animaux errer sur la voie publique, amende ; une fille enfante-t-elle par l'effet du hasard et refuse-t-elle mordicus d'indiquer l'auteur du délit, amende (infligée alors aux parents) ; deux époux s'administrent-ils réciproquement une raclée magistrale, ce qui devrait être leur droit, ce semble, amende ; une femme minotaurise-t-elle son mari (ce qui se voit tous les jours que fait le bon Dieu), amende ; etc., etc. Plus nous prolongerions la parallèle et plus il y aurait d'amendes (1).

Et à ce propos, citons un exemple, entre dix au hasard, qui démontrera jusqu'où peut aller l'omnipotence et la rapacité de certains chefs. Notez que le fait que nous relatons s'est passé sous nos yeux. Un jeune indigène de l'intérieur de passage dans une escale où il était allé vendre quelques arachides chargées sur

---

étrange appelée le « Wat », pour reconnaître la vérité du mensonge, en laquelle ils ont ou feignent d'avoir une foi aveugle. Elle consiste à allumer un grand feu dans lequel on plonge un fer quelconque qu'on fait chauffer jusqu'à blanc, jusqu'à incandescence. Aussitôt à point, l'accusé ou celui qui est tenu de ce disculper, s'avance, ouvre la bouche toute grande, tire la langue autant que faire se peut, et y passe de fer rouge par trois fois. Si cette dernière conserve des traces de brûlure, l'individu est proclamé coupable ; dans le cas contraire, il est déclaré innocent, lavé de tout soupçon. Inutile de dire que, pour peu que l'opérateur soit rusé, cette preuve ne prouve absolument rien, attendu qu'on peut fort bien atténuer les effets de la brûlure, parfois même les prévenir, en ayant le soin au préalable de s'humecter la langue, et que tout dépend, au surplus, de la manière d'appliquer le fer chaud. Or, comme c'est le prévenu qui opère lui-même, nous vous laissons à penser s'il doit avoir la main d'un léger !...
(1) Cependant, s'il y a effusion de sang, l'amende peut être portée au double ou au triple ; à défaut d'argent, le condamné peut se libérer en nature ou donner la contre-valeur en bracelets, colliers, etc.

un âne, trouva le moyen de dérober un vieux boubou déchiré, appartenant à la femme d'un traitant influent de l'endroit. Peut-être même le ramassa-t-il par terre, mais peu importe. Admettons, mettant les choses au pis, qu'il l'eût volé. Étant donné l'âge du délinquant (il avait une dizaine d'années), et en considération de ce que la nippe n'avait pas la moindre valeur, on pensera que tout dut se borner à la restitution du chiffon, objet du litige, avec l'admonestation de rigueur. Eh bien ! en vous accordant l'imagination la plus pessimiste, vous resterez encore bien au-dessous de la vérité. D'abord le traitant, commençant par se faire justice lui-même, s'offrit à titre d'indemnité le montant de la charge converti en marchandise (le gamin étant sur le point de s'en retourner, soit 7 ou 8 francs). Après quoi il manda l'alcati, autrement dit le gardien de la paix, et lui fit part de ce qui se passait. Celui-ci, flairant une bonne aubaine, s'assura du bourriquot et, sans autres formes de procès, le dépêcha à son chef hiérarchique, le chef de la province, qui — coïncidence bizarre ! — le renvoya aussitôt à ce même traitant noir, son fournisseur patenté, à valoir sur une certaine somme d'argent qu'il lui devait. Vous voyez de suite la corrélation, comme tout s'enchaîne ! Cependant le père de la victime, trouvant l'amende excessive par rapport au délit commis, vint trouver un Européen habitant l'escale et lui demanda conseil. Celui-ci, devant une pareille spoliation, — car si le gamin était fautif, le traitant, l'alcati et le chef de la province l'étaient encore davantage, — l'engagea à porter plainte à qui de droit et, sur sa demande, lui écrivit sur-le-champ la réclamation qu'il devait porter au chef-lieu.

Plein d'ardeur, le bonhomme partit et, ne le voyant pas revenir, tout faisait présumer que l'affaire avait été arrangée — ou classée — lorsqu'un beau matin, la mine déconfite et escorté cette fois de toute la famille, il fit son apparition. — Eh bien ? lui dit l'homme blanc, et ton âne ? — Ah ! gémit l'autre, il s'agit bien de mon âne ! Il m'arrive bien pis, on m'a tout saisi, tout confisqué, une razzia complète. Je n'ai plus rien. Et comme on l'interrogeait : — On m'a pris tout ce ce qu'il était humainement possible de me prendre (comptant sur ses doigts) : 5 chevres, 3 moutons, 7 pagnes blancs, 8 pagnes bleus et, comme si tout cela n'était point suffisant, on parle de me confisquer ma récolte d'arachides et de m'infliger, par-dessus le marché, une amende de 500 francs ! — Voilà, dit l'Européen, un chiffon qui pourra te revenir cher ; mais la plainte n'a-t-elle produit aucun effet ? — La plainte ? Ah ! oui... Plongeant la main dans sa profonde, il en retira avec toutes sortes de précautions la lettre, non encore décachetée, mais horriblement crasseuse qui lui avait été remise trois semaines auparavant ! — Voici, dit-il, voyant venir le grain. J'étais parti pour L..., la station voisine, comme tu le sais, mais en route j'ai réfléchi. J'ai songé que ma dénonciation pourrait m'attirer de sérieuses représailles de la part du chef de la province, peut-être même des peines draconiennes, et, à moitié route je suis revenu précipitamment sur mes pas... — En sorte que, interrompit le blanc justement irrité, tu t'imagines que je suis toujours à ta disposition, que je vais te sacrifier le meilleur de mon temps et me mettre en frais de rédaction pour te voir faire un tel usage de ma prose ? Va-t'en, toi et ton engeance ! Allez-vous-en ! F...! Bref, l'orage passé, et sur les instances de toute la smalah, qui avait reçu l'avalanche sans sourciller, il fallut bien récrire une nouvelle plainte, augmentée des faits nouveaux, qui, celle-là, parvint pourtant au destinataire.

Conclusion : Transport de justice, l'affaire ayant eu lieu sur le territoire français ; confrontation des parties en cause, révocation de l'agent prévaricateur, blâme infligé au chef de la province avec l'obligation de restituer tout ce qui avait été arbitrairement saisi, soit par lui, soit par le traitant son compère (1).

Notez que le chef de la province, véritable potentat, dans sa principauté, est grassement payé par le gouvernement de la République ; qu'on lui abandonne le produit des amendes qu'il inflige à tort et à travers ; qu'il a tant pour cent sur le recouvrement des impôts, tant pour cent sur les récoltes, tant pour cent... Observez enfin que le délit avait été commis dans l'escale même, c'est-à-dire sur le terrain ressortissant de l'Administration directe ; mais si l'incident avait eu lieu seulement 200 mètres plus loin, dans le pays soumis au protectorat, ce qui eût pu parfaitement arriver, personne n'aurait eu à intervenir, si ce n'est l'Ad-mi-nis-tra-tion des affaires indigènes à laquelle le pauvre hère n'aurait certainement pas osé s'adresser.

Tels sont, dans le pays, nos auxiliaires, les propagateurs de l'influence française : il y a mieux.

**

C'est généralement l'alcati qui est chargé de récupérer le montant des amendes, et il s'aquitte de cette tâche on ne peut mieux. On peut même dire qu'il n'a point son pareil dans l'art de lever des contributions. Incidemment, ceci nous conduit à consacrer quelques lignes à ce nouveau personnage.

---

(1) A la vérité, la condamnation demeura en partie platonique, car, à l'exception des pagnes, des marchandises et de l'âne qui furent restitués, la victime n'a jamais revu la couleur de ses chèvres ni de ses moutons, mais satisfaction morale avait été donnée.

L'alcati est un homme comme vous, comme nous, comme votre voisin du coin, à cela près qu'il est d'un noir d'ébène. Ses fonctions sont multiples et nul ne s'en étonnera, que nous sachions, attendu que, si le cumul est permis en France, il n'y a point de raison pour qu'il ne soit pas toléré sur la ligne. Bien plus ! et ceci risque de vous plonger dans la stupéfaction la plus grande, il n'a point de traitement... Budgétivores européens, pendez-vous !! Il n'a point de traitement, avons-nous dit, et c'est très vrai ; mais, permettez ! il ne suit pas non plus de là qu'il vive de l'air du temps : or, comme il n'a en propre que des nippes vermineuses et pas un sou au soleil...

Un trésor que cet homme, et doté de capacités inconcevables, universelles. Au milieu de ses nombreuses fonctions, qu'il remplit d'ailleurs avec un tact tout à fait cosmopolite (il est tour à tour courtisan, fermier, diplomate, factotum, policeman, et ne dédaigne pas au besoin de tenir le caducée...), il trouve encore le moyen de recevoir princièrement son hôte quand il prend à ce dernier la fantaisie de venir faire ce qu'il appelle sa petite tournée. Il le convie chez le Brébant du village et là, en tête à tête, à l'ombre d'un lilas fleuri, ils se livrent en commun à une orgie de pain et de sucre blanc, mets très apprécié des intellectuels de ce pays, jusqu'à une heure fort avancée de la nuit. Ce repas plantureux est ensuite arrosé par une fiole de gin trois étoiles.

Ses nombreuses attributions le placent en dehors de l'autorité du chef du village avec lequel, néanmoins, il vit en parfaite intelligence. Digne et excellent homme! Dire qu'il incarnerait en lui toutes les vertus, n'étaient deux petits défauts que nous lui connaissons, oh ! mais combien légers ! sont-ce même des défauts ? deux petits défauts, disons-nous, qu'on voudrait autant que possible ne point rencontrer chez un représentant de la force publique:

1° Il néglige de payer ses dettes ;
2° Il boit comme un templier.

Nonobstant ces menues imperfections, ou peut-être bien à cause d'elles, il est en titre l'homme de confiance du chef de la circonscription, qui l'honore de son amitié ! Il a d'ailleurs le physique de l'emploi. L'air sévère, plutôt farouche, le chef orné d'un vieux casque dû à la libéralité de quelque blanc, et la poitrine chamarrée de médailles décrochées on ne sait où (1), il parcourt à grands pas les rues de la cité, le regard soupçonneux, inquisiteur, armé d'un gourdin énorme, dépensant son activité fébrile à la recherche d'une proie quelconque, à défaut d'une amende à infliger. C'est sur lui, au reste, que se repose ordinairement le chef de village, à lui seul conséquemment qu'incombe le périlleux honneur de veiller au salut de la ville, de prévenir les escarpes et autres chevaliers de la pince, et il a conscience de son devoir, car il ne dort pas ou ne dort que d'un œil. Un vol avec effraction se commet-il au beau milieu de la nuit, il est rare que ce gardien aussi vigilant qu'infatigable ne se trouve pas là à point nommé, à la façon du carabinier d'opérette, juste quelques instants après la fuite du malfaiteur, qu'il file d'ailleurs avec un flair merveilleux, surtout si on stimule son ardeur par une récompense proportionnée à l'importance du vol dont on a été victime. A six lieues à la ronde, le fait est patent,

---

(1) Se fait-on une idée néanmoins du peu d'importance qu'attache le nègre à la décoration, — nous parlons de la masse inintelligente ? Pour lui l'insigne de l'honneur n'est qu'un vain hochet. Nous avons vu un ancien militaire (tirailleur sénégalais) mettre sa croix en gage, comme qui met sa montre au clou, et un médaillé du Dahomey troquant sa médaille contre vingt sous de tabac !...

il passe pour n'avoir pas son pareil dans l'art de diagnostiquer les traces d'homme et de bête. Et s'il lui advient parfois de rentrer bredouille de sa chasse à l'homme, ne l'accusez point d'impéritie : c'est qu'alors inévitablement le malandrin, au mépris des traditions immuables, qui consistent à ne marcher que dans les voies tracées, a pris sa course à travers les savanes, et qu'il court encore (1).

Quand un différend surgit entre indigènes, c'est le plus souvent à lui, agent de la force publique, qu'on a recours, non seulement parce qu'il est sans cesse par monts et vaux, mais aussi parce que le chef de village, généralement vieux et aspirant à un repos légitime, ne se dérange qu'à bon escient et ne veut point compromettre sa dignité en tranchant des questions de simple police. Pareil à ce roi de Macédoine qui jugeait en public, afin de ne porter tort à personne, et de même que les anciens magistrats à Athènes, il rend solennellement, lui aussi, ses arrêts au beau milieu d'une place, de manière que tout le monde puisse profiter de la leçon, place qui tient lieu de *forum* ou d'*agora*. Il saisit d'un coup d'œil et il tranche d'un mot : « Toi, dit-il, parties ouïes, tu as raison ; toi, là-bas... tu as tort ! Elargissez ! » ô Thémis ! (2)

> La Justice, fuyant nos coupables climats,
> Sous le chaume innocent porta ses derniers pas.

---

(1) De tout temps, d'un village à l'autre et par la voie la plus courte, il a existé dans l'intérieur du pays des chemins de communication très étroits où deux personnes peuvent rarement passer de front. Ces passages ont été faits naturellement par les piétons en suivant toujours les mêmes sentiers. Or, le nègre qui ne profite pas de ces lignes praticables, qui affecte au contraire de couper à travers la brousse, est généralement tenu en suspicion par les habitants qui l'aperçoivent. On le soupçonne alors, non parfois sans raison, d'avoir commis quelque méfait, pour qu'il évite si soigneusement de laisser derrière lui des traces de pas accusatrices.

(2) Bien qu'il n'y ait point de code chez les noirs, ni de lois

Village noir.

La propriété immobilière en nature de bas-fonds n'existe pas chez les Africains, et c'est à juste titre que le prince peut s'écrier ici : L'État, c'est moi. Les indigènes, en effet, ne sont pas propriétaires des terres qu'ils cultivent ou sur lesquelles paissent leurs nombreux troupeaux. Les terrains leur sont concédés annuellement, pendant la saison propice, moyennant une redevance en nature ou en argent, payable au moment de la récolte, en quoi le chef de village fait ici l'office de régisseur.

Longtemps avant que les pluies n'arrivent, les naturels bien avisés vont lui faire la cour et lui passer,

---

en apparence, la justice n'en est pas moins rendue conformément à ce que paraissent indiquer le bons sens et la raison, se basant ainsi sur des coutumes traditionnelles. Le noir, en effet, routinier au possible, ne fera jamais que ce qu'a fait son père, aveuglément, sans chercher à savoir si c'était bien ou mal fait, ou si on ne pourrait pas faire mieux. Pour lui, les usages sont sacrés, et si on essaie de lui faire des représentations tendant à le tirer de son ornière, il répond passif et résigné : Mes parents ont fait comme ça. Au reste, pour donner une idée du peu de dignité de ceux qui sont chargés d'exécuter les lois, nous croyons utile de relater le fait suivant dont nous avons été le témoin oculaire. Un indigène, accusé d'avoir volé un cheval, fut appréhendé par l'alcati et mis aux fers séance tenante. Interrogé, il fit des aveux. Jusquelà, rien que de très régulier. Seulement, voilà, l'inculpé avait un tort, un tort grave aux yeux du gardien de la paix : il était vêtu princièrement pour un nègre, tandis que lui, représentant de la force locale, ne possédait que de sordides haillons, couvrait ses maigres os d'un costume dépenaillé. Cette inégalité le choqua. Un tantinet socialiste, ce policeman. Un voleur de chevaux, rumina-t-il, un gredin patenté après tout, se prélasserait dans un « complet », et moi, agent de l'autorité, confident du chef de la province, j'irai en loqueteux ? Plus souvent ! Et aussitôt de se mettre en devoir de troquer ses hardes contre les effets du malfaiteur, lequel la trouvait mauvaise et protestait en vain comme un beau diable. Quelques instants après, on put voir l'alcati se promener majestueusement avec un bonnet rouge flambant neuf, un pagne thiawaly superbe et des lunettes de couleur... Il ne fallut rien moins que l'intervention du commissaire (car ceci se passait dans un village placé sous le protectorat) pour faire cesser cette mascarade et rappeler ce détective étonnant à une plus juste observation de ses devoirs.

comme on dit ordinairement, la main dans les cheveux. Ils n'ont d'autre but, cela se conçoit, que d'obtenir de lui les champs les plus fertiles ou ceux qui se trouvent le plus à proximité de leur résidence. Mais le bonhomme, profès dans son ordre, sait de quoi il retourne et il les voit venir de loin. Il a d'ailleurs disposé ses batteries en conséquence. D'abord ceux qui négligent de montrer patte blanche, ou bien ceux qui ont quelque arriéré sur le fermage de l'année précédente, sont assurés d'être relégués aux antipodes et d'avoir en lots les terrains les plus ingrats et les plus broussailleux. Sous toutes les latitudes l'intérêt règne en maître, aussi pouvons-nous dire ou ériger en axiome cette vérité : Tout nègre est accessible à la corruption. « L'incorruptibilité, disait Nachtigal, est une vertu inconnue chez les naturels de ce pays. L'armée des fonctionnaires n'est trop souvent, dans les contrées mahométanes, qu'une bande de brigands qui a de si vastes ramifications, que le peuple lui est livré sans recours. Une chose m'étonne, ajoutait-il, c'est qu'avec de tels organes de gouvernement — et de la moralité des hauts fonctionnaires, on peut induire naturellement le niveau de probité des petits — et étant donnés, d'une part, les difficultés que crée à une direction d'ensemble la superficie immense de la Sénégambie, et, de l'autre, le chiffre relativement énorme de nomades, réfractaires à toute administration, une chose, dis-je, étonne : C'est la tranquillité relative dont jouit le pays. » C'est assez dire que l'honnêteté est aussi rare chez les chefs que parmi les simples sujets. Nous allons en citer un exemple.

« Je désire, dit un indigène, s'adressant au chef d'un village, — non sans lui avoir offert au préalable quelques menus cadeaux, — je désire tel champ, situé à tel endroit.

— Regrette beaucoup, répond le satrape, mais j'ai

déjà promis ce champ à B..., et tu sais je n'ai qu'une parole (1).

— Tant pis! fait simplement le solliciteur, en lui glissant un nouveau cadeau aussitôt empoché.

— Mais j'ai d'autres terrains à ta disposition...

— J'entends, j'entends, mais j'ai des raisons pour tenir à celui-là; or (il lui graisse la patte derechef), dès l'instant que tu l'as promis...

— Promis, heu! c'est-à-dire que je l'ai promis... sans le promettre! »

Ce qu'il y a de plus odieux, c'est que parfois la pièce de terre en question a bel et bien été promise, à tel point que le rapace a déjà touché des arrhes et que le tenancier a même commencé à défricher son terrain ! N'importe, il s'en voit brutalement dépossédé par cela seul que le dernier venu s'est montré plus insinuant, ou plutôt plus généreux.

---

(1) Disons, à ce propos, que rien n'est plus faux que la parole d'un noir. Il faut s'en méfier comme du choléra. Quand un indigène vous dit avec une sincérité apparente: *Fayala*, ou *Fayala mos!* (ce qui équivaut vaguement à : ma parole), glissez. Glissez aussi, quand le naturel jure « par la coulisse de la culotte de son père ». Ce sont là serments d'ivrogne. Où vous pouvez commencer à vous montrer moins incrédule, moins sceptique (encore faisons-nous toutes réserves), c'est quand il jure par son nez, *se ma bacanne!* ou par le nez de sa mère, *se ma bacanne n' dey!* Cela s'explique: le nez, pour lui, est pris ici dans un sens figuré; c'est le symbole de la vie. C'est comme si nous disions, nous : que je meure ! ou: que ma mère meure, si ce que je dis n'est pas vrai ! (cette dernière partie de la phrase est sous-entendue). Partant de là, l'étymologie de la « coulisse », encore qu'aussi baroque, est bien vite trouvée. De même lorsqu'un nègre s'écrie avec chaleur (et encore faut-il toujours se méfier de l'accent): *Iananangamassoul!* (que tu m'enterres ! ou : *Iananangassoul se ma n'dey !* (que tu enterres ma mère !), il dit vrai, à moins que ce ne soit le dernier des crétins, un ignoble blasphémateur, il dit vrai, car il est superstitieux autant que menteur, et en jurant à faux sur ce qu'il a de plus sacré, sa mère et sa propre carcasse, il aurait trop peur de compromettre irrémissiblement l'une ou l'autre.

CHAPITRE VII

DES TRAITANTS NOIRS

Un nègre, s'il est intelligent, peut, de simple laptot ou manœuvre, s'élever à la dignité de traitant. C'est assez dire qu'il n'est point utile d'avoir aucune aptitude spéciale, si ce n'est peut-être celle de s'accaparer du bien d'autrui, pour occuper ce poste-sinécure. Nul toutefois ne peut se dire traitant, et l'être en fait, s'il n'est observateur, physionomiste et psychologue... On peut être tout cela, ne vous en déplaise, sans avoir fait ses humanités. Que celui qui ne possède pas ces qualités réunies à un degré quelconque abandonne la carrière : il ne fera jamais qu'un mauvais traitaillon, et végétera au second plan. La base de l'instruction du noir qui se destine à cette noble fonction consiste à pousser le plus loin possible l'art de s'étourdir la conscience et à fouler aux pieds le septième article du décalogue. Pour atteindre ce but, le candidat n'a généralement qu'à suivre ses prédispositions naturelles, la protubérance de la ruse et de la convoitise étant d'ordinaire développée chez lui à un degré remarquable ou, par le Styx! nous nous tromperions fort. Il devra aussi être quelque peu polyglotte, c'est-à-dire que, outre la connaissance approfondie de sa langue, il devra parler le toucouleur, s'expliquer en maure et baragouiner quelque peu le bambara. Dirons-nous que la science de la physiognomonie lui sera familière, c'est-à-dire qu'avec une teinture de la séméiotique des passions, il donnera fortement dans la métoposcopie?

On remarque aussi que l'élève traitant s'initie aux mystères insondables de la bascule, joue déjà avec les kilos et pioche l'arithmétique jusqu'à la soustraction inclusivement. Un traitant qui ignorerait cette règle élémentaire (d'ailleurs nous n'avons jamais eu l'heur d'en rencontrer aucun) serait indigne de faire partie de la corporation et ne manquerait point d'être conspué par ses collègues, sur ce point farouches intransigeants. Mais ce n'est encore là que l'enfance de l'art. Entre temps, car on ne peut pas toujours s'abrutir sur les chiffres, il occupe ses loisirs à couler du plomb fondu dans le creux des poids, manière comme une autre de les rendre plus pesants... Il ajoute, il diminue, il compare : à celui-ci, va pour 50 grammes; cet autre peut bien en supporter un cent... Vite! un coup de poinçon, avec un clou savamment préparé, pour simuler, aux yeux de ses benoîts coreligionnaires, l'empreinte du vérificateur...

* * *

Le vérificateur! Dieu bon! Quel personnage venons-nous d'évoquer? En voilà un, par exemple, que le nègre commerçant ne porte pas dans son cœur, non pas en tant qu'homme, la personnalité ici ne saurait être mise en jeu, mais en tant que fonctionnaire, délégué des pouvoirs publics, vérificateur des poids et mesures, en un mot. Il ne peut le supporter en peinture, si aimable soit-il. Il le voudrait savoir aux antipodes, au bout du monde; et si son regard pouvait tuer, comme celui des femmes des Scythes, il est certain qu'il n'en resterait plus un seul dans toute la Sénégambie. Le vérificateur, en d'autres termes, c'est la bête noire du traitant. La raison de cette antipathie irréductible vient de ce qu'il n'est pas aisé, à celui-là, de lui faire prendre des vessies pour des lanternes. Point de supercherie possible avec lui, il connait tous les trucs, toutes les ficelles et vous a un flair de *setter gordon*. Ajoutez, s'il vous plaît, que sa présence est généralement signalée par des amendes, des confiscations et autres infractions diverses qui, c'est fort possible, le font bien voir en haut lieu, mais ne lui attirent point de chaudes sympathies par ailleurs. Son aspect imprévu (car il est rare qu'il se fasse annoncer au son de trompe) cause une sensation désagréable, jette un froid glacial et donne même la chair de poule aux plus déterminés,— à ceux, bien entendu, qui n'ont pas la conscience bien tranquille. Quand, debout devant un comptoir, silencieux et rébarbatif, il installe méticuleusement sa balance de contrôle, tout en fouillant, par anticipation, les poids éparpillés çà et là de ses regards aigus (se pourléchant sans doute à la pensée d'en trouver quelques-uns de défaillants pour les balances, et d'hydropiques pour la bascule), on entendrait voler une mouche, et le malheureux nègre, dont le système poids et mesures laisse à désirer, ressemble vaguement à un condamné qui assiste au montage de la guillotine... Dieu sait pourtant s'il s'était recommandé d'ouvrir l'œil en vue des catastrophes de ce genre, mais voilà, les autres années, ce démon d'homme venait au mois de juin, tandis que... la peste soit de lui! qui pouvait faire prévoir qu'il ferait irruption tout à coup au commencement de l'année ?

D'habitude, cependant, les traitants ont des «tuyaux». Dès que, dans un compartiment, à l'arrivée d'un train, apparaît la silhouette de M. le vérificateur, que tout le monde connaît et s'est montré du doigt, dès que sa barbe vénérable, encore qu'hirsuteuse, émerge dans l'encadrement d'une portière, c'est un sauve-qui peut, une débandade générale, avant même que cet honorable fonctionnaire rognonneux soit descendu sur la chaussée. Chacun, prenant la tangente, s'enfuit d'un pied agile, par la voie la plus courte, pour aller mettre un peu d'ordre dans sa case, voir si rien de compromettant ne traîne, non sans crier tout le long du chemin : *Bob bouki niowna! Bob bouki niowna!* (1). Aussitôt, ainsi avisés d'une façon aussi charitable qu'incivile, les traitants et sous-traitants de l'endroit, retenus chez eux par de pressantes occupations (car le passage des trains est

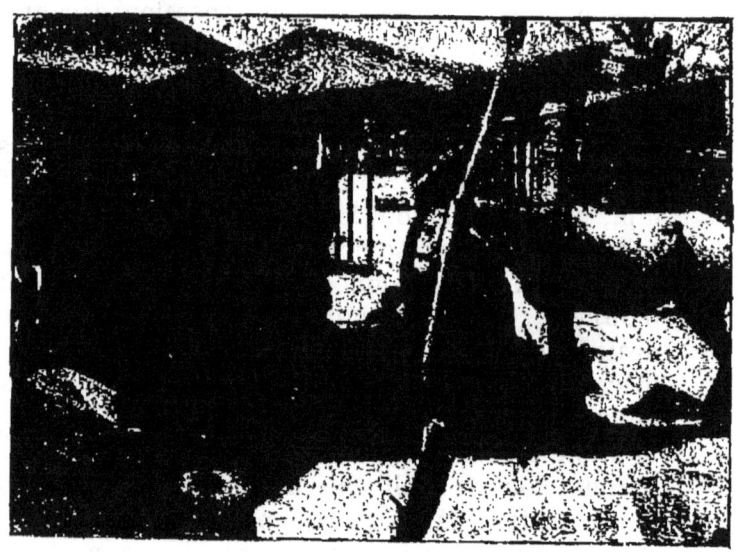

Un « m'bar » de traitant.

généralement un but, une occasion de se réunir à la gare), d'en profiter pour mettre en lieux sûrs les mètres raccourcis, les poids surchargés et les balances qui ne sont pas précisément à l'avantage du consommateur... Les fils invisibles accrochés à la bascule, qu'un profane n'irait jamais soupçonner, sont rompus

---

(1) C'est-à-dire: tête de loup est ici, tête de loup... C'est sans doute en raison de sa barbe mérovingienne que ce sobriquet de tête de loup avait été donné à ce brave fonctionnaire, mort du reste récemment, par le naturel irrévérencieux.

en toute hâte ; les couteaux d'icelle dégagés de leur coussins protecteurs, et une chiquenaude suffit à remettre le plateau à la place qu'il n'aurait jamais dû quitter... Arrive maintenant, bonhomme, *tu es refait.*

*

C'est par l'intermédiaire de ces chevaliers d'industrie (1), dont quelques-uns ont pignon sur rue et des capitaux placés dans diverses maisons de la place, que se font la plupart des opérations commerciales, aussi bien dans les escales du fleuve que dans les marchés du Cayor. Ils ne laissent pas, d'ailleurs, d'occuper une situation prépondérante dans la hiérarchie sociale qui ne compte que fort peu d'échelons. On pourrait les diviser en deux catégories, les « fin de siècle » et ceux appartenant à la vieille école. Ainsi qu'il est aisé de le comprendre, chacun d'eux agit selon son caractère et son tempérament, ce qui ne les empêche point d'atteindre leur but par des voies opposées. Celui-ci procède par l'intimidation, celui-là par la persuasion. L'un crie, gesticule, injurie, terrorise son client, quand il ne le bouscule pas. L'autre, souple, patelin, n'emploie que les moyens persuasifs. Marabout avec les croyants, kédo (c'est-à-dire buveur) avec les ivrognes, il a tour à tour le verre et le chapelet à la main. Il ne lui parle (au plébéien) qu'avec une douceur onctueuse, lui offre un gouro ou une pipe de tabac, le tourne, le retourne et finalement le pressure comme qui fait d'un citron.

Le but que poursuit le traitant avec une ténacité

---

(1) Il est bien entendu que nous ne parlons que de la généralité, de la majorité plutôt, mais non de la masse entière. Dans le nombre, il se trouve d'honnêtes exceptions, mais combien rares, hélas !

digne d'une meilleure cause, son objectif principal, son vœu constant, son rêve, en un mot, c'est de faire des dupes aussi bien parmi ses clients que parmi ses fournisseurs, mais surtout parmi ces derniers. Et, de fait, il n'est classé parmi les siens que lorsqu'il arrive à ce moment précis où les négociants ont, d'un commun accord, comme on dit vulgairement, *soupé de sa poire*. Ses pareils l'envient alors. C'est un malin, s'écrient ils, il roule les blancs ! Il n'est pas de bon noir qui ne se pâme à cette pensée. Rouler les blancs, c'est ce qu'il y a de *nec plus ultra*, le mieux dans le genre. Et, à vrai dire, il nous roule ; les plus ingénieux, les plus subtils se font rouler peut-être aussi — ajoutons-le tout bas — parce qu'on y met un peu de bonne volonté... Voyons, ne serait-il pas possible de se passer du concours de ces gens, qui vous pillent froidement, sous vos propres yeux, comme on pille dans les bois? Si, assurément, mais on ne veut pas s'en donner la peine. Rien autrement ne serait plus facile que de les éliminer petit à petit et de les remplacer par des Européens, sauf dans les endroits où le climat est par trop inclément, et où leur collaboration s'impose. Tout le monde y aurait son profit : le négociant d'abord, l'employé qui trouverait à s'utiliser avantageusement ensuite, et enfin — ceci, ce nous semble, a son importance — le client indigène, l'habitant des brousses qui est à la fois consommateur et producteur et qui se voit livré à la merci de ses brigands de compatriotes qui font du vol un art. Mais voilà ! Il n'est pire sourd que celui qui ne veut pas entendre. Les négociants ont là-dessus des idées arrêtées dont nous n'avons pas ici à rechercher la cause. Il est certain toutefois, que les luttes électorales, très vives en ce pays, ne sont pas étrangères à l'engouement qu'on a pour cette catégorie d'individus. La suppression éventuelle des traitants, dans certains milieux, causerait un véritable haro et ferait pousser des cris d'orfraie aux maisons de commerce qui ont particulièrement à leur tête des hommes de couleur. On préfère geindre, récriminer, se voir mettre à mal — et y aller de sa bonne galette. Nous n'y voyons pas le moindre inconvénient.

D'aucuns peut-être ne manqueront pas d'objecter que le traitement d'un blanc est de beaucoup supérieur, double ou même triple de celui d'un de ces bourgeois nègres : Pas toujours, répondrons-nous. Et quand bien même, ne vaut-il pas mieux allouer 4 ou 500 fr. par mois à un Européen, sur lequel on peut compter, et qui ne voit pas dans chaque client une tête de turc, que 2 ou 300 francs à un traitant qui donne invariablement des pertes dont il ne peut justifier? D'ailleurs, c'est avec une satisfaction manifeste que nous constatons que dans les escales faisant partie du deuxième arrondissement, Tivaouane et autres lieux, on arrive insensiblement à adopter le système que nous préconisons : la suppression de ces intermédiaires. Et puis, ce n'est un mystère pour personne, que nombre d'indigènes de l'intérieur, se lassant de jouer le rôle de dupes, commencent à arriver vers nous, en qui ils savent pouvoir avoir plus de confiance. Il est fâcheux, néanmoins, que cette confiance ne soit pas toujours justifiée.

* *

D'une manière générale, quand le traitant et principalement le traitant qui fait des arachides sa spécialité, n'a pas les moyens de se payer un maître de langues, il va lui-même racoler ses clients à plusieurs centaines de mètres en amont du village. Encore tout va bien, comme sur des roulettes, si le rabatteur est sans concurrent, mais que dire s'ils sont plusieurs, comme cela arrive maintes fois, se tiraillant avec âpreté la maigre charge d'un étique chameau ? On assiste alors à un spectacle cocasse, burlesque, qui porterait à rire, si la bonne cause n'était opprimée.

Est-ce une femme «botant» son marmot qui s'avance cahin caha, l'un portant l'autre, avec une calebasse de produits sur la tête ? Il se précipite aussitôt... sur le mioche, qu'il démaillote avec une dextérité consommée, le fait sauter en l'air, et s'écrie sur un ton familier : Qui n'aime pas sa petite maman ? Ha ha ! A qui appartient ce mignon collier ? Ho ho ! Qui voudra tantôt de bons biscuits au sucre ? Hé hé ! Et la mère, ravie de voir de la sorte choyer sa progéniture, se laisse étriller docilement.

Est-ce, au contraire, un «gourgui» qui surgit à l'horizon, précédant ou suivant un bourriquot chargé d'arachides ou de mil, il fond dessus, tel un faucon sur sa proie, car — et c'est là le point fondamental — il s'agit de ne point se laisser distancer par un confrère peu scrupuleux, et, selon la tête du nouveau venu (il a l'œil vif et prompt), il dresse ses batteries en conséquence et se prépare à débiter *ex abrupto* la formule de circonstance la mieux appropriée à l'intelligence de l'individu (boniment 1, 2 ou 3, car il en a pour toutes les catégories de gens). Et c'est ici où véritablement cet oiseau de proie fait preuve d'une sagacité peu commune. Tel client qui ne paye pas de mine, qu'un souffle paraît devoir renverser, se montrera parfois le plus récalcitrant, le plus retors, inabordable, en un mot. Serré de près, il se mettra sur la défensive et opposera une énergie farouche, insoupçonnée chez un être dont de prime abord on espérait venir à bout en deux temps. Celui-là serait d'un travail difficile. Toi, mon bon, pense notre tyranneau, si jamais je te tiens, ce que je vais te refaire dans les grandes lar-

8

geurs!... Le diable, c'est qu'il ne le tient pas encore. Chat échaudé...

Si, au contraire, il se trouve en face d'un bonhomme d'homme, marchant à pas comptés, son chapelet à la main, il l'appelle aussitôt *Serhim* (ne pas prononcer serin) long comme le bras, feint de le prendre pour un derviche vénérable, ce dont l'autre est toujours très flatté, et insinue que sa place devrait être à la tête de son village, s'il n'en est déjà le chef respecté. Un peu griot, ce traitant !

Si, enfin, l'individu a une de ces bonnes têtes de béotien qu'on rencontre fréquemment dans les escales de l'intérieur, si c'est un de ces types qui sue plutôt l'idiotie par tous les pores, et bête à rendre des points au rhinocéros, il l'entraine, le remorque après lui sans autre forme de procès. Et encore tout va bien si l'individu a la présence d'esprit de dire : Je vais chez un tel. On lui fait grâce, car, ou l'intéressé a une de ses créatures dans le cercle, s'il ne s'y trouve lui-même, ou bien quelque âme charitable va le prévenir, et il s'amène sur-le-champ.

Mais malheur à l'homme si, alléché par la perspective d'obtenir un prix de faveur, se voyant de la sorte entouré, sollicité, il répond fièrement : « Je ne vais chez personne ; — j'irai là où il me plaira, où on me fera les meilleures conditions ». Ces paroles malencontreuses déchainent la tourmente, sont le signal de la curée. C'est à qui tirera l'imprudent de son côté pendant que d'autres, plus canailles, se cramponnent aux produits, tiraillant chacun devers soi, crevant les sacs et éparpillant, dans leur rage de ne pouvoir avoir, toutes les arachides sur le sol.

Entre temps, chacun donne libre cours à sa faconde, étale son esprit de carrefour, et les facéties d'un goût douteux courent de bouche en bouche. Nous l'avons dit, le nègre est très moqueur, mordant même, surtout lorsqu'il se trouve chez lui, appuyé par les siens, et il se montre d'autant plus agressif que la personne qu'il crible de ses épigrammes, ou ne le saisit pas, ou fait mine de ne pas le comprendre. Son audace alors ne connaît plus de bornes, et il saute sans transition de l'inoffensive ironie à l'injure la plus grossière.

Et les uns et les autres, avec un luxe inouï d'épithètes, de faire l'éloge de leur maison de commerce

Passage d'un troupeau de moutons dans un village.

(représentée le plus souvent par une mauvaise case en paille); de vanter, celui-ci, ses marchandises, dont un baril de cassonade et une douzaine de mouchoirs au ton criard installés de façon à tirer l'œil font tous les frais; et celui-là, sa bascule dont il prône la justesse grâce à des combinaisons connues de lui seul. Le pauvre homme n'a qu'à se bien tenir. Il a besoin de tout son sang-froid, de toute sa présence d'esprit s'il ne veut pas être mystifié, tourné en bourrique. Tel l'attaquera en hussard, tel autre en prêtre musulman. Celui-ci, pour le circonvenir, déploiera au besoin l'énergie de Torquemada, et cet autre la diplomatie d'un Talleyrand : car s'il en est dans le nombre de comiques et de facétieux, de vantards et de fripons, il ne s'en trouvera pas un seul de compatissant.

Et les offres de pleuvoir : — Je t'offre trois belles pièces de cent sous de ta charge de graines, là, à l'estimation, sans peser, et tant pis pour moi si je me fourre le doigt dans l'œil !

— Fanfaronnades ! Viens plutôt chez moi si tu veux avoir un bon prix de tes arachides. Je pèse brut, sans tare, je fournis les sacs gratuitement, et, innovation dont tu me sauras gré, je donne le *hagne-m'bam* (1). Mes marchandises sont de premier choix, la chose est connue. Je ne mets pas de sable dans mon baril de sucre, à l'instar de mon voisin d'en face ; je n'allonge pas mon huile, comme le bonhomme du coin ; je ne vends pas non plus de biscuits avariés, pas plus que je ne suce mes pains de sucre... De plus — et ceci ne saurait te laisser froid — je te promets une ventrée de riz, une de ces ventrées dont tu te souviendras, ton existence durant.

— Regarde-moi bien en face, les yeux dans les yeux. Ai-je l'air d'un malhonnête homme, dis ? Non, n'est-ce

---

(1) Autrefois, à Rufisque (et cette coutume n'est pas encore tombée en désuétude), il était d'usage d'accorder 0 fr. 50 à tout propriétaire d'âne chargé de graines. Cela constituait le *hagne-m'bam*, à la lettre le dîner du baudet. Il va sans dire que les dix sous en question servaient aux besoins du maître et n'adoucissaient nullement le sort du malheureux aliboron sous forme d'un picotin supplémentaire. Dans le même but de réclame, il était également alloué la somme de un franc par chaque bœuf porteur chargé, — toujours censément pour le repas de la bête, — et 1 fr. 50 par chameau. Il arrivait souvent que le bœuf portait moins que l'âne ou que le chameau était moins chargé que le bœuf : n'importe ; la règle était immuable et ne souffrait pas d'exception.

pas ? Je le savais d'avance ! D'ailleurs j'ai de qui tenir. Tel que tu me vois, très cher, je suis marabout jusque dans la moelle des os. Mon père excellait à mettre au clair un cas de conscience, et nul mieux que lui n'était apte à faire rouler son chapelet entre les doigts, grain par grain. Mon grand-père et mon arrière-grand-père, à ce que je me suis laissé dire, maraboutaient à qui mieux mieux, et connaissaient sur le bout des doigts les traditions du saint prophète. Aussi, je me croirais déshonoré si j'ajoutais un seul mot à mon autobiographie : car de deux choses l'une, ou tu es un être raisonnable capable de juger sainement, ou tu n'es qu'une vulgaire brute justiciable du bâton. Dans le premier cas, tu sais ce qu'il te reste à faire : me suivre et te hâter; dans le second... Ah! dans le second, je te plains !

— Je m'appelle *mos-dolil* (1). J'estime le moment propice, moi aussi, de placer mon petit mot. Que diantre ! il n'y en a que pour ces accapareurs, ces marchands d'orviétan ! Tranquillise-toi, au surplus, je ne vais point te faire un plaidoyer *pro domo*, je serai bref. Qui ne sut se borner... Je vais au fait. D'où viens-tu ? De la brousse. Où vas-tu ? Dans l'escale, en vue d'abord de vendre tes produits et d'acheter ensuite ce dont tu peux avoir besoin. Hein ! Est-ce assez tapé ? Mais je glisse, j'ai promis d'être bref. Il me faut donc t'indiquer une maison sérieuse, comme la mienne par exemple, tiens! à propos, l'aperçois-tu là-bas ? C'est la troisième à gauche, en descendant,

---

(1) De *mos*, goûter, et de *dolil* encore. C'est un terme original dont le sens est affaibli par la traduction. Il en est de même, du reste, de la plupart des expressions locales qui, pleines de saveur en leur langue, s'affadissent aussitôt, deviennent incolores dès qu'on s'avise de les vouloir toucher, certaines subtilités échappant à la traduction. Le traitant en quête de clientèle s'affuble volontiers de ce sobriquet burlesque.

une maison sérieuse, dis-je, où tes achats faits, on ne te subtilisera pas ta marchandise, comme cela se pratique de nos jours avec quelques succès, une maison sans tare, en un mot comme celle de ton serviteur, où, concurremment avec un prix d'achat avantageux — et à ce point de vue je suis également coté — tu puisses également trouver de belles et bonnes marchandises dans d'excellentes conditions. Eh bien ! Je t'offre tout cela, moi ci-devant *mos-dolit.* Viens donc, accours; et périssent les miens, excepté moi, toutefois, si j'essaie de te tromper !

*_**

Enfin, après s'en être fait et du bec et des ongles, l'infortuné rural parvient à se tirer des griffes de cette bande de vautours. Il est tout courbaturé, rempli de coutures et ses vêtements sont en loques. Il respire néanmoins et hâte le pas. Il se croit hors de danger, mais il n'est pas encore au bout de ses peines. Il avait compté sans son hôte, sans l'inimitable, l'irrésistible *Blondinius*, le maître des maîtres de langues, qui, après avoir assisté, impassible et dédaigneux, à la déroute de ses concurrents, s'avance à son tour la main tendue et le sourire aux lèvres, et lâche à bout portant le premier nom qui lui passe par la tête : *Dialo !*

— Comment, Dialo! s'exclame l'autre, je m'appelle Kamara. — C'est juste... Dialo... Kamara... que je suis donc aise, sais-tu, de te revoir! Et comme le paysan ouvre des yeux comme des fenêtres. — Ne me reconnais-tu point? Ignores-tu donc que je suis le fils dont le père a été l'ami du tien au temps où... mais, au fait, et ton père, comment va-t-il, le cher homme? — Mon père! mais il n'est plus depuis tantôt deux ans ! — Se peut-il? Lui qui jouissait d'une santé si florissante : Ce que c'est tout de même que de nous!... Et ta mère,

parle-moi au moins de ta mère que j'ai connue... — Ma mère? Par exemple! elle est morte en me mettant au monde! — *Isquin yalla!* (1) La pauvre femme! Mais ton frère, ta sœur? — Je ne m'en connais point. — Oh! je connais bien ta femme, oui, pourtant! — Ma femme? je ne suis pas marié... — Eh! innocent, tu te marieras; c'est donc la même chose. Puis, lorgnant l'animal : Un bel âne, par la coulisse de la culotte de mon père! et qui doit porter bien fièrement sa charge. Il vaut cent francs comme un sou (tâtant le faix). Des arachides, dirait-on, hein? Oh! oh!... mais qu'est-ce que ceci qui glisse entre les doigts, qui forme bourrelet avec les encoignures. Du sable, ce me semble? et en raisonnable quantité encore! *Bism illâhi!* (2) Massamba... — Kamara! Kamara! — Kamara, mon ami, remercie Dieu d'être tombé entre mes mains... — A cause que? — Comment! tu oses me le demander? Mais simplement, nigaud, parce que les Thoubapes ne veulent point entendre parler de sable, sous le prétexte qu'il n'a pas de valeur marchande intrinsèque (3).
— Ah! — Et que si le hasard ne t'avait placé sur mon chemin, les susdits blancs auraient fait passer tes arachides au crible, sans en excepter une seule graine,

---

(1) Expression banale, qui s'emploie souvent aussi par ironie, pour exprimer la condoléance !
(2) Voir plus loin, page 137, la définition de cette expression.
(3) Les indigènes ont recours à divers subterfuges pour alourdir le poids de leurs graines. Les uns font de grands trous et les enfouissent dans la terre où elles se saturent d'humidité. D'autres usent volontiers de ce truc encore plus primitif qui consiste à mélanger du sable à travers les arachides, dans le sac. Nous avons pu constater jusqu'à 27 kil. de terre, qui avait été mise à dessein dans une charge dont le poids n'excédait pas 150 kil., soit 18 0/0 ! Si on leur fait remarquer que le procédé n'est pas très catholique, ils répondent sans broncher « que les arachides se forment dans la terre et qu'on ne peut par suite les en séparer ». Enfoncé, le père capucin!

ce qui t'aurait soulagé la charge de vingt bonnes livres environ... Oh! — Tandis qu'avec moi... (lui tapant sur l'épaule) on s'entend toujours entre copains, tu sais, et nos bons blancs n'y verront que du feu.

Ce disant, il s'empare subrepticement des oreilles du baudet, qu'il dirige à pas comptés du côté de sa demeure.

— Tel que tu me vois, Diéyeneba... — Kamara! Kamara! (1) — Kamara, donc! Tel que tu me vois — et ouvre bien tes oreilles — je ne suis rien moins que l'ami intime du roi de France. — !?! — Je conçois ton étonnement, Kamara. C'est pourtant l'exacte vérité. Je suis ici quelque chose comme son consul, son ministre, son ambassadeur, — et il me réserve en mariage une de ses filles. — !... — Je prévois ton objection, Kamara. Je t'entends déjà dire : Pour un futur beau-frère de roi blanc, que diantre est-il venu faire dans cette pétaudière? Ce raisonnement est très sensé. Seulement, cher ami, tu n'es pas arrivé à ton âge sans savoir que l'amitié des rois est fragile, et qu'ils n'engraissent pas toujours les chiens avec des saucisses. 2° J'ai, moi aussi, mon petit amour-propre, et je ne ne puis décemment, convié à faire ma cour en haut lieu, me présenter comme un va-nu-pieds devant mon auguste fiancée... en expectative. Or, comme les billets de mille me fuient avec une désolante opiniâtreté... Tout doux! Je te saisis... Mais le travail, que je sache, n'a jamais déshonoré personne, et mes fonctions quasi officielles ne sont nullement incompatibles

---

(1) Le nègre le plus borné souffre difficilement qu'on l'interpelle par un nom qui n'est pas le sien. Il proteste aussitôt, froissé dans son amour-propre. Souvent même, s'il n'est pas trop obtus, il affecte de ne pas répondre, bien que se sachant visé. C'est ce qui explique les protestations réitérées de cet homme simple dont nous rapportons le dialogue pris sur le vif.

avec mes opérations commerciales pratiquées *honnêtement*.

Puis, lui prenant le bras, familièrement : — D'ailleurs, Kamara, sois tranquille. Si, ainsi que je viens d'avoir l'honneur de te le dire, le Pactole ne ruisselle pas en mes poches, je n'en suis pas encore réduit à ma dernière cartouche. Dieu merci, j'ai encore chez moi de quoi te recevoir. Vois-tu droit devant nous cette belle maison blanche (une affreuse bicoque en bois peint)? c'est ma maison, elle m'appartient en propre ; je l'ai payée de mes deniers, aux enchères publiques, la somme rondelette de 1,500 francs. Tu as entendu? Mille cinq cents francs ! (1) Les marchandises renfermées dans *mes* magasins sont également miennes : je ne suis pas, comme la plupart de mes voisins qui vivent sur le crédit... T'ai-je dit, au surplus, que je suis en compte courant avec une importante manufacture de Manchester ? Recevant directement des mains du

---

(1) Pour un noir de l'intérieur qui n'a jamais eu à sa disposition une somme dépassant une centaine de francs, et encore Dieu sait comment il se l'est procurée ! on s'imagine l'effet saisissant que peut produire sur son imagination un chiffre aussi élevé, qu'il n'a jamais entrevu en numéraire, et qui représente pour lui, homme simple, la fortune d'un Rothschild. Au reste, pour l'explication de la plupart des détails qui suivent, il faut savoir que, pour le nègre, l'individu qui n'a rien ne saurait être bon, et par bon il entend généreux. Or, nul ne peut être généreux, le voulût-il, s'il n'a pas de quoi donner. C'est là une observation vraie, encore que naïvement exprimée. C'est le cri égoïste, naturel, qui jaillit instinctivement du cœur de l'homme, de presque tous les hommes. Ajoutez à cette réflexion les développements qu'elle comporte, et vous verrez que cette manière singulière de raisonner ne nous est pas tout à fait étrangère. De même que la lumière attire les libellules, de même (nous parlons de la masse) se tourne-t-on invinciblement du côté du plus fort. Nous autres, blancs, nous ne pousserons pas la naïveté jusqu'à dire à l'instar du noir : Cet homme n'a pas le sou, donc il ne vaut rien ; mais le dédain ou la froideur que nous marquons souvent aux déshérités de la fortune, n'est-il pas un déplorable aveu ?.....

producteur, cela me permet de faire à ma clientèle des conditions exceptionnelles. Et veux-tu savoir pourquoi mes collègues, doublés de concurrents, me regardent de travers, me font des yeux courroucés, tranchons le mot? C'est que, à la suite d'une combinaison dont je garde jalousement le secret, j'arrive petit à petit à vendre ma marchandise meilleur marché qu'elle ne me coûte... question de philanthropie! On peut avoir la peau noire et le cœur bien placé. Vois-tu, Kamara, cette bascule devant ma porte? C'est ma bascule. Elle est en fer forgé et m'a coûté exactement la somme de 247 fr. 45, sans compter les frais de transport: inutile de te dire, n'est-ce pas, qu'elle est juste comme une balance à or. Vois-tu ce grand mouton maure philosophiquement planté sur ses jambes? C'est mon mouton. Je le garde pour la fête du *Tabaski*, et si le cœur t'en dit ce jour-là... A propos, que dis-tu de cette subtile odeur de couscous qui se répand dans l'air, qui te caresse agréablement l'odorat? Est-elle assez suggestive, au moins? N'en as-tu pas, mon vieux, les papilles dilatées, l'eau à la bouche, comme disent ces baudruches de blancs?

Et ce n'est pas tout (de plus en plus confidentiel), il y a à la maison du sexe, du sexe pour de bon, un amour de sexe (clignant de l'œil), du sexe apprivoisé...

Est-ce possible, nous vous le demandons, de tenir rigueur à un langage aussi irrésistible, appuyé le plus souvent, si le bonhomme se montre réfractaire à la persuasion, de bourrades démonstratives? D'ailleurs, nous l'avons déjà donné à entendre, le nègre, à quelque heure que ce soit du jour ou de la nuit, a toujours dix aunes de boyaux vides. Lui parler de manger, c'est donc l'attaquer par son côté faible, lui porter un coup droit. Hélas! c'est lamentable à dire, mais chez tout être organisé, le ventre prédomine sur le cœur, — et à plus forte raison chez le nègre ! Une fois sa faim assouvie, dame ! on a beau être noir des pieds à la tête, on se laisse volontiers aller à de certains épanchements...

Ce vieux corsaire vous représente le traitant classique. En égrenant son chapelet, il attend, stoïque,

Un traitant.

que la Parque impitoyable vienne trancher le fil de ses jours; et, entre temps, il passe quelques-unes de ses dernières heures en méditations de toutes sortes sur la grandeur et la décadence des gens de sa profession.

« Ah ! où sont les neiges d'antan? nous disait-il l'autre jour avec un soupir dans la voix. Et comme, curieux, nous insistions, et que le nègre est très bavard de son naturel, il continua sans se faire prier : Anciennement notre métier était à nul autre pareil. Il est vrai que le commerce rapportait beaucoup alors, et notre face de bernardin témoignait que nous faisions nos orges. C'était l'âge d'or dans toute l'acception du mot, le paradis sur la terre. Et d'abord nous avions carte blanche pour toute la durée de la campagne. Notre choix fait, nos marchandises emballées, nous partions du pied droit pour telle ou telle escale, et bonsoir la compagnie! on ne nous revoyait plus — quand on nous revoyait — qu'à l'époque du règlement. C'est à peine si de loin en loin on troublait notre douce quiétude en nous adressant de courtes notes, dont d'ailleurs nous ne tenions aucun cas, que nous jetions au panier les trois quarts du temps. Non, mais ne voyez vous pas la prétention de ces gens à bedaines qui s'imaginaient comme cela, tout naturellement, que nous étions à leur disposition, parce qu'ils nous allouaient par campagne trois ou quatre chiffons de mille? Serviteurs! nous avions d'autres chats à fouetter. Libres comme l'air, nous achetions les produits à des prix dérisoires que nous déterminions nous-mêmes en commun, sans nous soucier des ordres purement platoniques de nos chefs. Et quand d'aventure on nous dépêchait quelqu'un pour juger *de visu* de l'état de nos affaires, ce qui était d'ailleurs un mauvais symptôme, on y mettait de la forme — les convenances avant tout, que diable! — c'est-à-dire qu'on avait le soin de nous aviser de cette visite au moins huit jours à l'avance, ce qui nous permettait de mettre un peu d'ordre dans nos affaires et de réparer les quelques brèches faites à nos marchandises, ou à notre caisse, en recourant à l'obligeance d'un confrère, qui à charge de revanche, bien entendu, nous prêtait volontiers ce dont nous pouvions avoir besoin pour masquer notre déficit, — et le tour était joué.

« Heureux temps! heureuse vie! Rien que d'y songer je me surprends à pleurer comme un veau... Ah! c'est que nous nous arrondissions, alors. Le vent soufflait en poupe. Et si parfois l'argent glissait entre nos mains trop larges aussi vite qu'il y était entré, il en restait toujours quelque chose. Des chevaux, par exemple, ou des femmes, ou des chalands, ou des esclaves, que sais-je? Ce qui ne nous empêchait pas de nous offrir des armoires à glace, des lits à baldaquin, des tapis de Symrne et autres bibelots de valeur. Je passe sous silence les terrains ou les immeubles dont nous nous rendions acquéreurs au hasard de la rencontre et que nous placions en toute hâte sous le nom d'une de nos légitimes. Que voulez vous? la vie est semée d'écueils... Tel tient aujourd'hui le haut du pavé qui demain battra une dèche noire. On ne sait jamais ce qui peut arriver, et la prudence la plus élémentaire... bref, croyez-nous si vous le voulez, nous ne refusions rien à notre « gueuloir ».

« Allez faire tout cela maintenant! On nous a coupé les vivres net, ras bus. Bien mieux! les négociants sont stupéfiés ou feignent de l'être par le chiffre des pertes que nous leur faisons. Moi, c'est plus fort, ça me tombe. Je vous le dis entre nous, la main sur la conscience(?), ce sont les maisons elles-mêmes qui les provoquent ces pertes, qui en sont la cause, et qui après nous jettent la pierre. Tenez! je vous en fais juge. Lorsque nous partons pour une escale quelconque du fleuve Médine, Kaye ou Bafoulabé, elles ont le soin, avec un ensemble touchant, de nous majorer au préalable les marchandises d'environ 50 0/0,

9.

— et observez, s'il vous plait, que la majoration est d'autant plus forte que le point terminus est plus éloigné, — sous le prétexte fallacieux que nous ne leur rendons pas les comptes au gré de leurs désirs. Je ne suis pas curieux, mais je voudrais bien savoir où ils finissent, leurs désirs ! Que dites-vous de la chose ? Pour moi, cette façon de procéder est un encouragement, incite à mal faire. Aussi, nous, pas bêtes, nous nous disons individuellement, mais unanimement : J'emporte, par exemple, 50,000 francs de marchandises, c'est donc, si je sais compter, 25,000 francs que la maison de commerce, dans sa profonde sagesse, a soigneusement mis en réserve, et dont l'affectation est d'ores et déjà toute tracée... Et, sans plus tarder, de mettre ces 25,000 balles à l'ombre, ou tout au moins, en attendant que la somme soit réalisée, de nous en créditer sur notre grand-livre *ad hoc*... Joignez à ce qu'il vient d'être dit qu'en cours de route on nous donne fréquemment l'ordre — et il ne s'agit plus aujourd'hui de plaisanter, sans quoi on nous balaie séance tenante — de vendre les marchandises au-dessous du prix auquel elles nous ont été facturées, et qu'il arrive souvent, pour mettre le comble à la mesure, que le prix de réception des produits est inférieur à celui de notre achat (toutes choses, je le confesse ingénument, dont je n'ai jamais pu comprendre le sens), et vous vous expliquerez alors pourquoi nos comptes s'obstinent à ne jamais vouloir balancer.

« Vous voyez de reste combien est précaire notre situation par rapport à ce qu'elle était autrefois, et combien aujourd'hui nous sommes dépaysés, j'ose dire bouleversés ! En règlement de comptes, là où autrefois le négociant se laissait tondre comme un mouton (il est vrai qu'alors il majorait les marchandises à des taux fantastiques), il se rebiffe maintenant et va même jusqu'à crier comme si on l'écorchait vif. N'est-ce pas l'abomination de la désolation ? Et si encore tout se bornait là !... En finirais-je si je voulais vous donner un aperçu de toutes les mesquineries, de toutes les vexations auxquelles nous sommes en butte en l'an de grâce 1896 ? Nous avons vécu, Monsieur. (Il n'employait jamais ce vocable qu'avec une certaine solennité.) Mais ce qu'il y a de plus grave, ce qui nous fait envisager l'avenir d'un œil sombre, c'est que nous sommes littéralement traqués, oui, traqués, comme on traque des fauves, des animaux malfaisants, au point que, si la chose était possible, nous en perdrions le boire et le manger... Vous riez ? Je ne point, moi ! En effet, nous ne pouvons plus faire un pas sans qu'on ait constamment l'œil sur nous, ou sans avoir à nos trousses une meute de surveillants, de gardes-chiourmes à face pâle. Aujourd'hui, c'est un blanc qui surgit on ne sait d'où, comme d'une boîte à malice, et qui, sans aucun préambule, sans même vous donner le temps de vous retourner, se donne le malin plaisir d'inventorier vos marchandises de fond en comble, en coulant de-ci de-là des regards méfiants, comme si nous n'étions pas des gens au-dessus de tout soupçon ! Demain, c'est un autre blanc qui, sous le prétexte de voir du pays — on ne nous la fait plus ! — nous arrive encore à l'improviste, l'air détaché, et nous demande à brûle-pourpoint en quel état se trouve notre caisse, dont il se rend compte jusqu'au dernier sou... Après-demain, encore un autre blanc qui nous arrive dessus, toujours sans crier gare, en coup de vent, pour se rendre compte, insinue-t-il, de la façon d'opérer, et prendre « par la même occasion » (admirez cette opportunité !) livraison de nos produits. Et la traite se passe ainsi pour nous, de décembre en juin, fiévreuse, agitée dans des transes perpétuelles, flanqués d'inévitables blancs — oh ! ces blancs ! — dont nous sommes imprégnés, saturés, dégoûtés !... »

Pauvre chéri ! Eh bien ! à part un certain parti pris de pessimisme, tes doléances sont justifiées dans la première partie de ton discours. Tu as cinquante fois raison de prétendre, vieux criminel, que les temps ont changé et que le commerce est dans le marasme ; mais où tu exagères, où tu mens effrontément, c'est quand tu viens pleurer dans notre gilet et nous déclarer avec cynisme que tu es le plus malheureux des hommes. Aujourd'hui encore (n'es-tu point payé pour le savoir ?) qu'un des tiens donne des résultats incompréhensibles à la maison pour laquelle il opère, on le fait appeler et, confidentiellement, avec tous les égards qui lui sont dus, on le prie de bien vouloir fournir des explications sur le découvert inexpliqué qu'on lui montre du doigt (1). Les explications données — et on se sert toujours du même cliché, poncif en diable, — on lui fait un petit sermon, un speech où on a eu le soin au préalable de bien peser les termes pour ne pas blesser sa susceptibilité. Après quoi, on le renvoie... jusqu'à l'année suivante. Qu'un pauvre diable d'Européen, lui, se trouve dans le même cas, mais on le traitera de turc à more et, s'il a la chance de n'être point traîné en cours d'assises, il se verra tout au moins chassé ignominieusement !

Pourquoi deux poids et deux mesures ?

---

(1) C'est par centaines de mille francs que se chiffrent les pertes que les traitants font annuellement subir aux maisons de commerce. Mais on objectera : Pourquoi les intéressés assistent-ils d'un œil paterne à la dilapidation de leurs fonds ? Ne pourraient-ils pas mettre un frein à ces débordements ? Que si, qu'ils le pourraient, en coupant le mal dans sa racine, mais ils n'en ont cure ! Demandez-leur pourquoi.

CHAPITRE VIII

L'ASPASIE NOIRE

Tout d'abord, lecteur bénévole, chaussez vos lunettes et dégustez ce poulet tourmentant auquel nous laissons toute sa saveur locale, respectant et la forme et le fond :

« Saint-Louis, le 19 novembre 1895.

« Mon cher bien-aimé,

« Je demande de vos nouvelles au soleil chaque fois qu'il se lève et à l'éclair chaque fois qu'il brille. Je passe les nuits sans dormir, la passion me plie et me froisse entre ses mains ; néanmoins je souffre sans me plaindre.

« Cruel ami, si vous vous obstinez à m'abandonner, le glaive de l'absence me percera de mille coups. Que si vous accordez à mes yeux la faveur de vous revoir, j'estimerai cette faveur plus grande que toutes celles dont naguère vous me fîtes jouir...

« Et ne croyez pas qu'un autre amant ait aussi part à ma tendresse : le cœur d'une femme n'est jamais assez vaste pour contenir deux attachements (?).

« Ayez donc pitié d'une amante en proie aux souffrances de l'amour et qui, séparée de vous, sent ses entrailles se déchirer et s'en aller par lambeaux (?!)

« Oui, si le destin accorde à mes yeux la faveur de vous revoir, je vous bénirai en le priant de nous réunir pour toujours.

« M. Aly Samadou vous salue, demande de vos nouvelles et s'informe de l'état de votre santé. Pour lui, il se porte fort bien.

« Je n'ai point assez de paroles pour vous décrire votre portrait tracé dans le fond de mon cœur. En effet, vous riez et on voit aussitôt briller vos dents : on dirait la lueur d'une étoile autour d'un astre ; découvrez-vous votre visage au milieu d'une nuit profonde, le monde entier, d'Orient en Occident, brille de nouveau de la plus éclatante lumière !

« Oui, un penchant irrésistible m'entraîne vers vous. Ce penchant, je le sais, me porte à mille extravagances, mais que ne serait pas capable de faire une amante enchaînée par les liens de l'amour?

« Je vous prie de me donner un boubou, un pagne de liménéas et enfin un boubou de satinette.

« On dit que la patience est un remède à tous les maux, et toutefois elle aigrit les miens au lieu de les calmer. Quoique votre portrait soit tracé dans le fond de mon cœur, mes yeux souhaitent d'en revoir incessamment l'original, et ils perdront toute leur lumière s'il faut qu'ils en soient encore longtemps privés.

« Ne vous imaginez pas que mes paroles disent plus que je ne pense. Hélas ! de quelques expressions que je puisse me servir, je sens bien que je pense plus de choses que je ne vous en dis. Que ne puis-je vous les dire, ces choses !... Mes yeux qui sont dans une veille continuelle et qui versent incessamment des pleurs en attendant qu'ils vous revoient, mon cœur affligé qui ne désire que vous seul, les soupirs étouffés qui m'échappent chaque fois que je pense à vous, mon imagination qui ne représente plus d'autre objet que vous seul, mes inquiétudes, mes tourments qui ne me donnent aucun relâche depuis que je vous ai perdu de vue, sont garants de ce que je vous écris.

« Je vous prie de me donner au plus vite possible,

c'est-à-dire à la fin du mois, de l'argent, car la fille de ma tante s'est mariée.

Une demi-vierge.

« Adieu, ma chère âme, face de lune, éclat du soleil, plaisir des yeux, délices du cœur, etc., etc., etc.

« Mes larmes m'empêchent de vous en dire davantage... Adieu... Adieu !

« P.-S. — Surtout n'oubliez pas l'argent. »

Comment trouvez-vous le morceau ? Certes, cela n'est point du Sévigné, mais on n'ignore pas que l'auteur ne vise pas au beau style, encore que le sien soit étoilé d'images. Ce n'est ni une Staël ni une Ninon. Si donc celle qui écrivait ces lignes enflammées « passe ses nuits sans sommeil », c'est la passion qui la plie, ainsi qu'elle le dit en termes phosphorescents, la passion seule qui l'empêche de dormir, et non les lauriers de Gyp ou de Mme Séverine. D'ailleurs « de quoi n'est point capable une amante enchaînée par les liens de l'amour ?... » Cependant, pas de signature. Il semble que la chaste enfant, qui ne voulait point se compromettre, avait comme l'intuition que sa lettre tomberait entre des mains profanes.

Et quel lyrisme, Seigneur ! quelle véhémence ! quels transports ! nous ne sachions pas que l'amour ait jamais été chanté sur ce ton... » par une négresse. On sent son âme palpiter. Mais, hélas ! nous avons le cœur percé (pour nous servir du style pompeux cher à cette amante éplorée) quand nous songeons que l'infidèle à qui s'adressaient ces propos incendiaires s'est montré aussi froid qu'un Esquimau. Bien plus ! Il n'a pas daigné envoyer un traître sou à sa belle (Entre nous, peut-être flairait-il le coup du lapin.) Il convient aussi d'ajouter que la personne chargée de lui traduire cette missive brûlante, ou ennuyée ou incapable d'interpréter tant de sentiments, s'est bornée à exposer sommairement le but de la lettre, clairement indiqué du reste. Il y a cent contre un à parier que si celui qu'on appelait si poétiquement « face de lune », et si suggestivement « délices du cœur » (sans parler des troublants, etc.), avait eu connaissance de ces belles choses, il aurait immédiatement délié les cordons de sa bourse et, à moins que d'être un cancre invétéré, y aurait été tout au moins d'un pagne de liménéas ou d'un boubou de satinette…

* *

Où diantre, direz-vous, la galanterie va-t-elle se nicher? Nécessité fait loi. Aussi bien sous la zone torride que dans les cercles polaires, qu'elle soit noire ou blanche, jaune ou cuivrée; qu'elle ait nom Laïs ou Aïda, Doumbé ou Rarahus ; qu'on la qualifie d'hétaïre ou d'horizontale : la femme qui se vend s'impose. C'est un mal, objectera-t-on, soit; mais c'est un mal nécessaire, une digue dans la société.

Voyons, penseurs et moralistes au chef branlant, podagres ratatinés et ex-grelotteux, où en serait le genre humain, pour ne pas dire vos épouses, sans les thyades et mimallonides bachiques ? Sans elles, la femme légitime, aussi haut juchée qu'elle soit, ne serait-elle pas en butte aux malsaines obsessions des vétérans du célibat? Sans elles, l'Agnès candide atteindrait-elle désormais ses quatre lustres encore pourvue de sa virginité ? Sans elle — conséquence fatale d'une dissolution propagée — ne verrait-on pas croître et multiplier

Les maris dont partout on montre au doigt le front ?

Sans elles enfin, pâles vieillards, vestiges de maris, et surtout vous, oh! vous surtout, gens obèses, gras comme des pourceaux acarnaniens, ne frissonneriez-vous pas dans vos rondeurs charnues, à la terrifiante perspective de voir croître et prospérer sous votre aile tutélaire quantité de marmots pleurards vous appelant fallacieusement *papa*, mais vis-à-vis desquels, cela va sans dire, vous n'auriez qu'un semblant de paternité?... Au reste, la prostitution est commune à tous les pays. A Babylone, toutes les femmes étaient tenues de se prostituer au moins une fois dans leur vie, et chez les Lydiens les filles n'avaient le droit de se marier qu'après avoir gagné leur dot.... comme vous savez. Eclatant hommage rendu à Vénus populaire!

Quand elle n'est pas enrôlée dans le bataillon des professionnelles, la négresse, contrairement à la croyance générale, ne se livre pas impunément au premier venu, surtout si ce dernier est un blanc, et que ce blanc ne comprend pas un traître mot de la langue. Bien qu'assez encline à l'amour, il faut bien se garder de prendre à la lettre ce que certains voyageurs, estimables à bien des titres, ont avancé relativement aux prétendues inclinations de la femme noire pour l'Européen (1). La vérité pure est que la négresse n'a pas le moindre penchant pour l'homme blanc, qui lui inspire plutôt de la répulsion; et si d'aventure, elle vous recherche avec un empressement marqué... ô honte! ô douleur! bel Antinoüs, ce n'est point pour vos attraits physiques, pour les charmes de votre personne, mais bien pour les présents qu'elle espère obtenir de votre générosité! d'où l'on peut sagement inférer que sous toutes les zones on se heurte à cette vérité inflexible: pas d'argent, pas de... femme!

---

(1) Tout d'abord, dit l'un d'eux, ces belles curieuses se contentèrent d'admirer mon stock d'objets européens, montres, brosses, miroirs, photographies, etc. ; mais ensuite, devenant plus hardies, elles s'attaquèrent sans trop de gêne à ma personne; elles m'ôtèrent mon tarbousch, palpèrent mes cheveux (les effrontées!), y passèrent leurs doigts, et se mirent à m'inspecter la peau, particulièrement aux endroits où, sous le vêtement, elle avait gardé sa teinte naturelle... Elles aboutirent à cette conclusion, c'est que, bizarrerie à part, je n'étais pas le moins du monde un échantillon aussi repoussant de l'espèce humaine qu'on le leur avait dit, mais encore l'une d'entre elles poussa son empressement auprès de moi jusqu'à me faire des propositions... d'hyménée, s'entend, et l'autre me déclara sans vergogne que, dans ce cas, elle n'éprouverait aucune répugnance à partager le sort de sa compagne.

En effet, que la négresse soit ou non une irrégulière, elle ne se montre généreuse de ses noirs appas qu'autant que l'on se montre prodigue de pièces blanches... C'est d'un regard soupçonneux qu'elle consi-

Une élégante.

dère tout bipède, noir ou blanc qui voudrait — à l'œil — emboîter le pas sur le sien. Et ne vous flattez point, saisissant la balle au bond, d'écouler machiavéliquement votre stock de mauvaise monnaie : vous en seriez pour vos frais. Les pièces espagnoles et argentines n'ont pas cours ; quant aux italiennes et aux portugaises, elles perdent au «change» de 30 à 40 0/0. C'est a prendre ou à laisser. Les noirs eux-mêmes sont tellement convaincus que les sujettes autochtones payent les soupirs... en espérances, qu'ils ne s'aviseront au grand jamais de faire une proposition incongrue à une personne du sexe, s'ils savent n'avoir en poche un honnête viatique capable d'appuyer leur brûlante déclaration, l'offrande au temple de Cythère étant de rigueur pour s'en rendre les divinités favorables.

Et à y regarder de près, cet éloignement qu'éprouve la négresse pour l'Européen est assez naturel. Si vous voulez entendre, par exemple, pousser les hauts cris à une demoiselle de race blanche, proposez-lui un nègre pour époux. Inversement, la femme noire nourrit à l'égard de l'Européen le même préjugé, et c'est dans l'ordre même des choses, quelque mortifiant que cela soit pour notre amour-propre.

Il est bien vrai que cette dernière ne s'effarouche, et ne se scandalise que difficilement, c'est peut-être ce qui a donné matière à certains bruits (mais de ce qu'une négrillonne s'avise de battre la chamade, tolère ou se prête même à certaines privautés, qui paraîtraient licencieuses en France, il ne faut point conclure que les choses en sont au point où vous pourriez le supposer); et les propos grivois aussi bien que les gestes risqués ne semblent point alarmer sa pudeur plus que de raison. Ce laisser aller s'est d'ailleurs communiqué aux hautes couches de la société, et il n'est point rare d'entendre tomber des plus jolies bouches de menus discours dont la traduction — sans être bégueule — ne laisserait pas de nous embarrasser.

De fait, il arrive plus de quatre fois, qu'une mère offre sa fille, celle-ci présente, et sans la moindre circonlocution ; un frère, sa sœur ; un mari, sa femme, etc. Et même il n'est point rare de voir une ingénue s'offrir elle-même d'un front serein... Halte-là ! Ne vous emballez point. Ne prenez pas ces paroles au pied de la lettre, ainsi que l'explorateur précité semble l'avoir fait bénévolement, si vous ne voulez vous exposer à une fâcheuse méprise. Ce ne sont là, comprenez-le bien, que des propositions badines, formulées parfois sérieusement, auxquelles on ne doit pas attacher la moindre importance, dont on doit se borner à répondre par un évasif *Bism-illâhi!* Accepte-t-on l'invitation, par exemple, et la fait-on suivre d'une mise en demeure immédiate, c'est, en effet, une autre affaire. La belle atermoie, ou équivoque ou tergiverse, et plante là l'enflammé adorateur qui peut s'écrier comme le héros de Racine :

Brûlé de plus de feux que je n'en allumai...

*
* *

Dès qu'apparaissent les premiers symptômes de la nubilité, vers dix ou onze ans, on permet à la fille de laisser pousser ses cheveux (et nous nous laissons à penser combien il devait lui tarder) qu'elle portait jusqu'alors fort courts, sinon complètement ras. C'est également arrivée à cette période de son existence, sa vocation étant décidée, qu'elle s'apprête à jeter son bonnet par-dessus les moulins, si elle n'a déjà lâché le culte de Vesta pour celui de Lucine. Dans les centres, Rufisque, Dakar, St-Louis, les gamines sont perverties pour ainsi dire à la mamelle, et la prostitution y fleurit sous tous les aspects. A vrai dire, il semble que tout conjure pour faire trébucher la malheureuse : Le climat d'abord, c'est-à-dire l'influence de l'air ambiant; les mauvais exemples ensuite, la manière de vivre, de coucher, de dormir pêle-mêle dans la même case, sur la même natte, un soupçon d'étoffe sur le corps. Trop de promiscuité est nuisible et il suffit parfois d'une étincelle pour embraser un grand feu...

> Ah ! n'insultez jamais « la négresse » qui tombe,
> Qui sait sous quel fardeau la pauvre âme succombe !
> Qui sait combien de jours « son cœur » a combattu
> Quand le vent du malheur soufflait sur sa vertu !

Un grave principe d'erreur chez nos péripatéticiennes du trottoir, en Europe, c'est de s'en aller partout beuglant à l'oreille des promeneurs ennuyés : Mon gros chéri, ma petite boule de billard, et autres niaises épithètes de cet acabit. Telles jadis les grues chassaient les pygmées épouvantés. Il en va tout autrement au Sénégal, et ce en l'honneur des belles du terroir. Jamais une fille, si dévergondée soit-elle, n'accoste un Européen et même un indigène, si elle ne le connait point, pour lui faire d'insidieuses propositions. Jamais non plus, dans le sens que l'on sait, elle ne l'interpelle ni de loin, ni de près. Point de signes équivoques, de regards en coulisse, ni d'œillades assassines. Pas davantage de ces *Pssit!* ou de ces *Hum!* à double entente que nos aventurières lancent d'un bout de rue à l'autre, quand descend le crépuscule, à la manière dont un charretier crierait à ses bêtes : *Holà, Ho!*... C'est à peine si, flânant de quartier en quartier, elle se montre un peu moins que timide, exhibant un sein nu sans trop s'effaroucher, riant, jacassant et se dandinant tout le long du chemin.

Chez nous, le fashionable ne recherche pas toujours la femme pour la femme même, mais bien pour ce qui se dégage d'elle, comme de la fleur le parfum, et pour ce nous ne savons quoi qui fait qu'elle fait... Il lui importera peu qu'elle n'ait que peu ou point d'esprit, que ses mains soient laides, que ses dents soient fausses, que ses cheveux soient teints, que sa poitrine soit en étoupe et ses hanches en coton, pourvu qu'elle ait des allures capricantes, un certain, cachet, du chic, pour parler la langue du jour; — pourvu qu'il puisse la produire en public comme on produit une bête de prix, sans compter qu'il serait du dernier ridicule, parmi les gens de la haute gomme, les snobs de son entourage, de ne pas tout au moins faire savoir qu'on la connait; mais vienne sur ce point un ostrogoth qui la proclame niaise, un quidam qui la trouve ramollie, un fils de preux quelconque qui crie à la contrefaçon, et vous allez voir s'éclipser soudain toute la sequelle d'adorateurs comme si le diable était après. La raison saute aux yeux : on a eu le malheur de dire tout haut ce que l'on savait tout bas.

Sous la ligne, au contraire, la vanité ne joue en l'espèce qu'un rôle tout à fait effacé, si elle en joue aucun; et le malechanceux Européen n'a le plus souvent recours aux bons offices des âmes noires que poussé à bout par une température tropicale et une force indépendante de sa volonté. L'homme est tributaire de la nature et doit se soumettre à ses lois. Multiples par suite sont ses devoirs. Il en est qu'il remplit machinalement, inconsciemment en quelque sorte, comme il en est d'autres où il met le meilleur du sien. C'est un de ces devoirs qui, sous tous les dehors de la félicité la plus parfaite, est parfois un des plus laborieux à accomplir. En effet, outre la couleur de la peau à laquelle, à vrai dire, on se fait assez vite, on ne saurait croire combien est nauséabonde l'odeur que répand la Nigritienne, lors même qu'elle se tiendrait proprement (et l'on sait de reste qu'elle ne prend des bains généraux que pendant la saison des pluies), elle ne laisse pas de sécréter par tous les pores une matière grasse et fétide qui est un signe révélateur de sa présence dans un lieu et dont l'odeur *sui generis* subsiste et frappe encore l'odorat un certain temps après la disparition de la belle : mais quand cette dernière se trouve échauffée, il se dégage alors de tout son être des émanations tellement âcres, si subtilement violentes que, même à distance, on en demeure comme frappé d'asphyxie. Il semble, d'autre part, qu'il y ait chez elle parti pris de se tenir sale — d'une saleté horrifique — et elle ne néglige rien pour atteindre ce but. Outre ses dispositions naturelles qui la servent on ne peut mieux, elle s'enduit l'étoupe qui lui tient lieu de cheveux de toutes sortes de déchets à base graisseuse : suif, huile d'arachide ou de coco, beurre rance, etc. ; le tout additionné d'un sable fin et noirâtre, irréductible cambouis d'où se dégage une odeur indéfinissable dont il est aisé cependant de se faire une idée. Comme cadre, en bandoulière, quelques gris-gris reluisants de crasse où sont enchâssés une foule de grouillants animaux.

Sous de pareils auspices, on s'imagine facilement dans quelles dispositions d'esprit... et du reste le patient doit se trouver, et ce que peut être alors ce qu'on appelle le plus doux des plaisirs. Tel, cependant qui, doué d'excellentes intentions, en tête à tête avec cette momie vivante, s'arrête à mi-chemin, pantelant ; tel autre, aussi hardi que présomptueux... mais glissons.

Il est toutefois des intrépides — soyons franc — qui obtiennent un résultat appréciable ; mais de mémoire d'homme nous ne sachions pas qu'on y ait jamais signalé aucune de ces prouesses si communes dans les climats tempérés ; et le plus souvent, s'il ne se montre circonspect dans son choix et mesuré dans le plaisir, le triste vainqueur ne recueille pour prix de ses exploits qu'un certain rhume qui n'a que de vagues rapports avec l'inflammation de la membrane pituitaire. Et si encore la malheureuse daignait relever ce travail fastidieux, lui donner un certain ragoût, du relief, du montant! mais elle n'en a cure; et quand d'aventure elle interpelle ou interrompt en plein labeur, ce n'est point, comme on pourrait en caresser l'espoir, pour exhorter, exciter au combat, mais bien pour remémorer insidieusement certaine promesse ou objecter plus prosaïquement encore qu'il se fait tard…

Que si enfin — quelque diable poussant cette pseudo-amoureuse — on observe avec surprise qu'elle remue, s'agite sur sa couche ou pousse des soupirs à fendre les cailloux, c'est (un néophyte ne s'y tromperait point) sans la moindre sincérité, sans aucun accent de conviction et parfois même si malencontreusement qu'on ne tarde pas à regretter sa résistance passive l'instant d'avant où, de marbre, on eût dit qu'elle offrait aux dieux le vin et l'encens — et à se convaincre qu'on a dans les bras, suivant l'heureuse expression de Michelet, « moins une femme ayant des entrailles qu'un violon sans âme qui crie sous l'archet » !

CHAPITRE IX

LA GROTTE DE SOR

Pourquoi pas? Qu'y trouve-t-on à redire? Lourdes aurait-il le monopole de l'article? Eh bien, non! la petite ile de Sor, près Saint-Louis, aura, elle aussi, sa grotte, et les Sénégalais n'en seront pas plus fiers pour ça! Oui, une bonne petite grotte, copiée exactement sur son illustre sœur, où, quand vient le crépuscule, dévots, curés et nonnes iront processionnellement, qui, une bouteille à la main, qui portant un cierge, siroter entre *Pater* et *Ave* quelques bons verres d'eau...

Hélas! après avoir chanté, déchantons.

La petite ile de Sor, près Saint-Louis, possède une grotte, c'est très vrai; cette grotte, comme toute grotte qui se respecte, a une fontaine, c'est encore vrai; cette fontaine, à l'exemple (toujours) de celle de Lourdes, possède une eau dont les vertus sont, cela va sans dire, inimaginables, universelles, c'est toujours vrai; eh bien! malgré tout cela, et quelque douleur que nous éprouvions à le dire, la grotte, commercialement parlant, ne couvre pas ses frais, si on en juge au moins par la chapelle (1) attenante, inachevée depuis tantôt trois ans que les travaux ont commencé, et dont l'aspect lamentable arrache un pleur au plus endurci. Eh quoi! direz-vous, que signifie cette tiédeur

---

(1) Il convient d'ajouter néanmoins que, tout récemment, la chapelle en question a été en partie terminée, si elle ne l'est déjà. *Meâ culpâ! Meâ maximâ culpâ.*

La grotte de Sor

coupable? Les fidèles ont-ils donc un rocher à la place du cœur, ou bien n'ont-ils plus la foi? Vous n'y êtes point. Si, ces braves gens ont la foi, encore qu'un peu chancelante, seulement, voilà, ils ne se payent pas de mots, ils en veulent aujourd'hui pour leur argent, et, en bonne logique, ils n'ont pas tout à fait tort. Mais aussi a-t-on idée d'une pareille chose : Une grotte, une grotte authentique sans la plus petite apparition, sans le moindre miracle ! C'est inouï, en vérité.

En outre, — nous devons vous couler ceci dans le creux de l'oreille, — certains fidèles et non des moindres, s'emparant d'un prétexte à notre avis fallacieux, ont déclaré nettement, en termes peu évangéliques, qu'ils en avaient *soupé* de l'eau de la grotte, eu égard aux propriétés curatives de cette eau qui se traduisent par... par... enfin par des selles trop réitérées. C'était lui porter un coup fatal.

Au fond, nous nous imaginons que les pieux administrateurs de la grotte de Lourdes doivent rire sous cape de cette quasi-déconfiture, car si l'on hait les plagiaires en littérature, on ne déteste pas moins cordialement les imitateurs dans l'industrie : or, c'est là une contrefaçon, une sorte de plagiat, ou nous ne nous y connaissons pas.

Tout de même, messieurs de Lourdes, un bon mouvement! on se doit ça entre gens du métier, que diable ! Toute rancune cessante, — fi ! la vilaine chose ! — accourez au secours de votre cadette qui agonise et dont l'unique tort, dans sa naïve candeur, a été de voir des gogos partout. Accordez-lui quelques subsides, vous qui avez du pain sur la planche, ou bien si, malgré notre éloquence grandiloquente et notre exemple généreux (nous nous inscrivons facilement pour notre disponible), on ne peut parvenir à vous arracher un maravédis, dépêchez-lui bien vite une doublure de la Paillasson, laquelle lança Lourdes grâce à ses merveilleuses apparitions, sans préjudice d'une douzaine de vos meilleures béquilles, vous savez? de celles de derrière les fagots. C'est le moins que vous puissiez faire pour adoucir ses derniers moments.

CHAPITRE X

LE NATUREL CHEZ LUI

Sans savoir exactement quelle maison occupait Vénus dans l'horoscope le jour de sa naissance, sans savoir s'il est né sous les Gémeaux, sous le signe de la Balance ou sous celui du Scorpion, nous pouvons affirmer néanmoins que l'Africain, qui fait consister sa félicité dans les plaisirs du corps, est aussi heureux qu'un abbé commendataire, aussi heureux que le pou qu'il héberge et qui est, nous vous l'avons marqué en quelque endroit, son hôte de prédilection, son compagnon d'enfance et de vieillesse. Nul souci ne le hante, ce quiétiste fainéant, aucun tracas ne l'obsède, et il n'a pas la moindre ambition. Ainsi donc, il ne peut que faire de vieux os, et c'est là où tendent tous ses vœux. Il boit à sa soif, mange à sa faim, se couche quand bon lui semble, se lève quand il lui plaît sans que personne y trouve à redire, quitte à vivre sans cesse sur les confins de la pauvreté (et c'est généralement son cas), gueux comme Job.

Et n'allez point croire que le gaillard est aussi matinal que la légende nous le représente. S'il se lève bon matin d'aventure, c'est que la chaleur est excessive et le chasse au dehors. S'il fait frais, au contraire, il demeure pelotonné sous ses hardes jusqu'à ce que le soleil ait suffisamment réchauffé l'atmosphère. Alors seulement il daigne faire son apparition, bien que légalement il dût se lever au point du jour pour faire sa prière. Sa tenue est alors des plus négligées : un immense boubou, sorte de chemise sans manches, l'enveloppe entièrement; et à moins que le vent ne souffle en tempête... mais ce sont là des questions de détail, auxquelles même les femmes n'attachent pas une grande importance. D'ailleurs ce déshabillé est admis chez les naturels les mieux qualifiés, marabouts et notables, et devient même parfois une tenue de sortie, du moins le matin, la culotte sur l'épaule afin qu'on n'en ignore, tel le paysan chez nous portant ses souliers sur son dos.

Sa garde-robe est d'ailleurs assez restreinte et comprend d'habitude un boubou, un thoubé et quelquefois un pagne ou, s'il est élégant, un tambassinbé qui complète l'accoutrement. D'habitude, c'est-à-dire dans les quatre cinquièmes des cas, il ne quitte son costume ou son costume ne l'abandonne que lorsqu'il tombe en loques. Il couche parfois tout habillé, il l'est si légèrement! Certains d'entre eux cependant ont parfois des effets de rechange. Au reste, point dégoûté du tout, il substitue volontiers le costume appartenant à sa femme au sien propre (mais il n'y a pas réciprocité), et il n'est point rare de rencontrer des hommes affublés d'un pendalle, vêtement essentiellement féminin, en guise de culotte ou d'un boubou également de femme à la place de leur tobe ou turki (1). Ils vont en général la tête rasée, quelquefois nue jusqu'à l'âge adulte, et certains même toute leur vie, à l'exemple d'Annibal et de César. Certains aussi se coiffent d'un bonnet, et par-dessus le bonnet arborent un chapeau (principalement les traitants et les dervis) fait de jonc et d'herbes tressées, aux bords larges et de forme conique. Quand leurs moyens le leur per-

---

(1) L'Africain n'a pas le même scrupule que Platon qui refusa une robe qu'on lui offrait, prétextant qu'étant homme, il ne pouvait décemment s'affubler d'un vêtement féminin.

mettent, ils portent des sandales qui ne leur protègent que la plante des pieds, ce qui suffit néanmoins pour les défendre du sable brûlant et des épines.

Un bûcheron bambara.

Nous parlions tantôt de la prière. Il est rare si le noir ne la termine pas par quelque invocation pathétique, ou quelque muette incantation, non sans rendre grâce à Dieu et à Mahomet d'avoir bien voulu lui laisser son bacane (son nez, par extension sa vie), et en les suppliant à grands cris de ne le rappeler là-haut que très tard, le plus tard possible, si tant est qu'il ne puisse demeurer ici-bas indéfiniment... Puissance de l'attraction de la terre qui fait que noir ou blanc, jaune ou cuivré, et quelque calamiteuse que soit la vie, on cherche à s'y cramponner à tout prix !

A l'adversité la plus grande, il oppose le plus grand stoïcisme. Advient-il que sa femme le fasse *becco cornuto*, c'est-à-dire *bicorné*, il use benoîtement de la réciproque, dent pour dent ! La récolte donne-t-elle, cela est fort bien ; ne rapporte-t-elle pas, tant pis, ma foi ! *le fatum mahometanum* est là pour un coup. Les plus avancés, les moins fatalistes cherchent néanmoins à forcer la veine en faisant la charité à l'instigation de MM. les marabouts qui les entretiennent soigneusement dans cette croyance, puisque ce sont eux les premiers bénéficiaires (1).

Le naturel vient-il à perdre son père, auquel il tenait bien, ou son chameau auquel, toutes proportions gardées, il tenait presque autant, n'allez point croire au moins que pour cela ses yeux vont s'en aller en eau. Le noir a, d'ailleurs, les larmes difficiles. Indubitable-

---

(1) Dans le courant de l'année 1893, vers 2 heures de l'après-midi, il y eut une éclipse de soleil qui dura 15 minutes environ. La conséquence de cela, c'est que les nègres, frappés de terreur, galopaient de toutes leurs forces, croyant leurs derniers moments venus, pour aller mourir au milieu des leurs. Les marabouts, eux, d'une voix lugubre, chantaient les prières des morts, et allaient de porte en porte, sinistres, exhortant à la charité pour tâcher d'apaiser la colère de Dieu. A Saint-Louis, afin de prévenir la panique et d'empêcher les fauteurs de désordre, on avait eu soin, la veille, d'en informer les indigènes, au son du tam-tam, ce qui fit que les derviches avides en furent, là du moins, pour leurs frais de prières. Un spectacle analogue se produisit lors de l'éclipse de lune qui eut lieu dans la nuit du 10 au 11 mai 1895, avec cette différence, toutefois, que la plupart des indigènes qui se trouvaient cou-

ment, il devrait, au moins dans le premier cas, en éprouver une douleur indicible, mais sa raison qui veille lui dit aussitôt : « Halte-là ! A quoi bon perdre la tramontane ? J'ai, hélas ! perdu l'auteur de mes jours ; mais, à tout bien considérer, il n'y a dans ce fait rien d'extraordinaire puisque c'est dans l'ordre même des choses. La nature, nous enseigne-t-on, ne produit qu'à la condition de corrompre ; et si tout change, rien ne périt. Quant à mon dromadaire, c'est pour moi une perte non moins sensible par ce fait seul que le produit du travail de ce brave animal me permettait de vivre doucettement, mais, tout bien considéré, plutôt lui que moi ! Dieu est grand et Dieu est bon. Dieu est juste surtout. S'il a donc jugé à propos de me séparer de ce digne compagnon, c'est qu'il doit avoir assurément des raisons qu'il ne juge pas à propos de me communiquer, et que tôt ou tard il me gratifiera d'un nouvel animal. Il n'y a point de mal sans compensation. Me basant sur ces considérations, pourquoi irais-je me dépenser en vaines invectives contre l'inflexible destin et murmurer contre les ordres de la Providence ? Un esprit bien fait espère une bonne fortune dans la mauvaise. Ce malheur est arrivé par

---

chés (il était 2 heures du matin), réveillés précipitamment par quelques-uns de leurs coreligionnaires, se levèrent en toute hâte, persuadés que la fin du monde était proche et qu'ils ne verraient plus le jour ; « la lune étant prise » suivant leur expression. Ce n'était encore là que la première impression sur le disque : Mais dès que, un peu plus tard, la lune fut couverte d'une épaisse teinte rougeâtre, sanguinolente, ce fut pour le coup un haro, une débauche de *La illa, illa Allah !* Tous les marabouts maraboutant de l'endroit, pour qui l'aubaine était bonne, avaient été quérir leurs plus gros in-octavo, et, à la lueur des torches fumeuses, lançaient vers le ciel d'interminables chants, aussi obscurs que ceux des prêtres saliens, auxquels personne n'entendait mot, coupés de temps à autre, au beau milieu d'une pieuse tirade, par cet appel insidieux à la poche des fidèles : *Sakaten sajarh !*... (Faites la charité !)

concomitance. Et puis, c'est certain, si ce que je demande doit arriver, il arrivera, quand je ne ferais rien, et s'il ne doit point arriver, il n'arrivera jamais, quelque peine que je prenne pour l'obtenir. Non, non ! N'aggravons pas le mal. L'organisation humaine est un ensemble de rouages qu'il ne faut point trop malmener sous peine d'en rompre l'harmonie. Enfin, le fait de me lamenter ou de m'arracher les cheveux ne fera point revivre les chers disparus (1) ».

Ce à quoi l'indigène tient avant toutes choses, c'est

(1) Le fatalisme n'est pas étranger à l'inertie, à l'insouciance qu'on reproche aux sectateurs de Mahomet. « Parle-t-on de l'avenir ? Dieu y pourvoira ; c'est toujours leur réponse ; à toutes leurs phrases ils ajoutent : S'il plaît à Dieu ; enfin, lorsqu'il leur arrive un malheur, il ne leur échappe d'autre exclamation que celle-ci : Dieu l'a fait ! Dieu l'a voulu ! » Si les musulmans attribuent tout à une puissance aveugle, c'est parce que cette doctrine est d'accord avec leurs penchants, masque leur insensibilité et flatte leur irréductible paresse. N'empêche que c'est là une philosophie lâche et coupable, propre aux peuples simples et indolents. Une pointe de fatalisme ne messied peut-être pas à l'homme en ce que cette doctrine peut inspirer la résignation, le courage passif; mais il s'agit de savoir prendre le bon de ce système et d'en rejeter le mauvais. Un fatalisme outré est stupide. Au reste, d'après Stuart Mill, les gens les plus envieux du monde sont précisément les Orientaux. Ce sont, dit-il, de faux résignés. Leur résignation est de mauvais aloi. Ce qui doit arriver arrivera, dit l'Africain, ce qui doit être sera. Ce sont là vérités de La Palisse. Oui, ce qui doit être sera, a-t-on pu dire avec raison, mais il s'agit de savoir ce qui doit être et si ce qui sera — ce qui doit être, donc — n'est pas précisément ce que nous aurions voulu. Certes ! confirme Leibnitz, tout l'avenir sera déterminé par des raisons au nombre desquelles figurent les volontés des hommes. Et maintenant si le nègre part de ce principe faux entre tous que tout ce qui est devait être inéluctablement, il est un moyen bien simple de le confondre, de le prendre en flagrant délit de contradiction : Tombez sur lui à bras raccourcis, zou dessus l'œil, zou sur le groin, zou sur le dos du sagoin, et rossez-le d'importance. S'il proteste — et soyez convaincu qu'il protestera — passez outre, c'est-à-dire n'hésitez point à vous accrocher à ses oreilles, et à lui crier de toute la force de vos poumons « que c'était écrit », « que Dieu l'a voulu de la sorte ». Il y a cent contre un à parier qu'il trouvera l'argument détestable, encore qu'il soit sien.

de n'être gêné en quoi que ce soit ; et la vie n'a pour lui de charmes que d'autant qu'elle est exempte d'efforts. Il est si doux de se laisser vivre quand on n'est astreint à aucune occupation assujétissante et que le corps et l'esprit jouissent d'une commune liberté ! Être et ne pas penser, n'avoir point à s'occuper d'âme qui vive, ne pas plus songer au lendemain qu'à la veille, à l'avenir qu'au présent ; vivre, en un mot, dans une béatitude animale, au gré de la bête qui est en soi : tel est le rêve, prosaïque si l'on veut, que le nègre seul est à même de réaliser ! Aussi, de quels soins jaloux n'entoure-t-il pas sa chère guenille, et combien il lui parait peu croyable qu'il y ait sur terre des gens assez dénués de raison, de sens pratique, pour chercher à attenter à leurs jours. Il est sans exemple que les hommes des premiers âges se tuassent sans motifs, outre qu'il est démontré scientifiquement qu'une fois mort on ne ressuscite plus... Dans quel but alors se détruire ? Sait-on ce qui nous attend ailleurs ? Heu ! le Coran nous parle bien de l'immortalité de l'âme en termes assez vagues ainsi que de l'unité de Dieu. Il nous enseigne, sans trop de conviction, qu'il y a un paradis avec des jouissances toutes sensuelles, et qu'une houri au moins est réservée à chaque naturel qui s'est montré sur terre fidèle musulman. Tout cela est fort beau... en dogmes ; mais, à moins que de raisonner comme une moule, il est clair comme le jour qu'un tiens vaut mieux que deux tu l'auras. Se détruire, bon Dieu ! Et pour quelle raison, somme toute ? Parce qu'on sera dans une situation précaire,

> Point ne se fault courroucer aux affaires ;
> Il ne leur chault de toutes nos colères,

ou qu'on aura forfait à l'honneur, ou parce qu'on brûlera inutilement pour une mijaurée qui n'en vaut peut-être pas la peine ? A d'autres ! Que l'Anglais se pende haut et court, il lui en chault peu ; que l'Américain se brûle la cervelle, c'est son affaire ; que le Chinois s'ouvre le ventre, il n'y voit aucun inconvénient ; mais que lui, nègre authentique, s'empoisonne, par exemple, ou s'asphyxie ou se découse... Brrr ! *Yalla théré !* Que Dieu le lui défende ! Il n'y a guère que les gens qui manquent de suc nerveux qui en arrivent à cette extrémité, mais, grâce au ciel, il n'est point dans ce cas. Et puis, l'existence n'est pas déjà si longue pour qu'on s'avise bêtement d'aller la raccourcir, outre que s'il n'est pas toujours dans le pouvoir de l'homme de détruire ce qu'il a créé, à plus forte raison serait-il inique, absurde, contraire à la plus étroite logique de vouloir anéantir une vie qui lui a été dévolue par une force indépendante de sa volonté.

C'est pendant la saison sèche (époque qui correspond chez nous à l'hiver et au printemps) que l'indigène est le moins occupé. Les travaux de culture ne l'absorbant pas — s'il n'est jamais absorbé par aucun travail — une fois les arachides battues et vendues, il se livre à un farniente complet, à moins qu'il n'ait un état quelconque ou qu'il n'occupe ses loisirs à aller chercher dans la brousse des fagots ou de l'herbe pour faire des sakètes qu'il vend ou dont il se servira. Pendant ce temps, la femme ne reste pas toujours oisive ; elle raccommode des hardes, file du coton, tresse des corbeilles ou layos, et tandis que l'un fabrique des ustensiles agricoles, d'ailleurs fort rudimentaires et toujours en en prenant à son aise, rapièce des calebasses ou confectionne des vases en argile, l'autre, la négresse, s'occupe de piler le mil (1), de passer la farine au

---

(1) Tout le monde sait ou est censé savoir que le couscous n'est autre chose que du mil pilé, dont on a extrait le son (*thior*) et la repasse (*sanjhal*) et cuit à la vapeur. Il constitue la principale nourriture des indigènes dans toute l'Afrique, et, séché au soleil, il a l'avantage inappréciable de pouvoir se conserver

tamis, de traire les chèvres, de battre le beurre, de faire la cuisine — ou de bavarder avec quelque commère voisine. Ce n'est que quand arrive le mois de mai que tout le monde dans la gent masculine grouille et s'agite. Il convient en effet de commencer à défricher les champs et à gratter la terre (nous employons l'expression de gratter à dessein) en prévision des pluies qui ne sauraient tarder. Le nègre a le culte de l'agriculture, ce qui ne l'empêche point d'être guerrier à ses heures et d'être médiocre dans chacun de ces états. On arrache les mauvaises herbes qui poussent drues, on coupe les arbustes épineux qui sont légion, puis on fait des petits lots qu'on brûle sur place et on entoure le champ d'une haie broussailleuse de

Femme pilant du mil.

---

presque indéfiniment. Nous en avons fait, du reste, l'expérience. Le couscous provenant du petit mil est réputé le plus fin et le meilleur. Parfois, les négresses jettent dans le pilon,

manière à ce que les animaux n'y puissent pénétrer.

Dès les premières pluies, la terre étant suffisamment détrempée et ameublie approximativement, on vaque aussitôt aux semailles, et pour ce faire, il n'est point trop de toute la maisonnée. Parfois même, si le terrain à cultiver a beaucoup d'étendue, on loue ce jour-là, et pour la circonstance, du personnel supplémentaire moyennant un repas copieux, c'est-à-dire une franche lippée. Au petit jour, tout le monde se rend aux champs,

---

où se trouve déjà le mil, quelques poignées de riz, ce qui donne au couscous une couleur blanchâtre et en modifie agréablement le goût. Il se mange d'ailleurs d'une foule de manières, soit au naturel, simplement délayé dans de l'eau (et on juge alors combien il rend de services au nègre voyageur), soit accommodé avec du poisson ou de la viande, ou mélangé avec des haricots, du giraumon, du manioc, etc. Encore que peu apprécié par les Européens nouveau venus dans la colonie, le couscous n'en constitue pas moins un mets très rafraîchissant, très nourrissant surtout, et nous ne saurions trop en recommander l'usage aux personnes destinées à vivre dans la colonie, même un laps restreint, et surtout aux voyageurs et aux explorateurs. Malheureusement, les femmes, ou les jeunes filles commises à sa préparation le font parfois d'une façon dégoûtante, et nous avons vu (gens délicats, fermez les yeux !) une jeune gamine en train de piler, se moucher copieusement — avec les doigts, parbleu ! — et s'essuyer ensuite les phalanges avec complaisance sur les parois de son pilon..... Nous avons vu, de nos propres yeux vu — ce qui s'appelle vu — une négresse passant au tamis sa farine, son enfant à califourchon sur le dos, jambe de çà, jambe de là, poser celui-ci sur le sol pour lui laisser satisfaire un besoin légitime, le nettoyer ensuite minutieusement avec le premier objet qui se trouvait à sa portée, puis, sans se laver les mains, se remettre à son ouvrage, c'est-à-dire manipuler sa farine avec la satisfaction du devoir accompli. Toutes ces choses, fort naturelles, à la vérité, ne laissent pas néanmoins de jeter un certain froid, et tempèrent dans une large mesure l'enthousiasme de l'amateur de couscous le plus fervent. Quant à nous, qui l'aimons à la folie lorsqu'il est frais, nous ne le considérons jamais que d'un œil soupçonneux sur une table étrangère à la nôtre ; et quelque vif que soit le désir que nous éprouvions d'y faire honneur — et de ménager la susceptibilité de l'amphitryon — nous ne pouvons nous arracher de l'esprit cette gamine se mouchant après son pilon ou cette commère... débarbouillant son marmot.

adultes, enfants, vieillards et esclaves (1) des deux sexes, à l'exception cependant d'une femme qui reste au logis pour préparer le repas du matin et le porter aux travailleurs.

On procède d'abord, à tout seigneur tout honneur, à l'ensemencement du mil ; puis on passe successivement au maïs, aux arachides, aux melons, pastèques, etc. ; mais les champs de mil sont toujours distincts de ceux d'arachides, et *vice versa*. Vers cette époque — juin, juillet, août — on sème aussi quelques haricots hâtifs à travers les graminées, et enfin, en août-septem-

---

(1) On distingue deux sortes d'esclaves : les esclaves ordinaires et ceux dits captifs de case. L'esclave ordinaire est une sorte de monnaie courante qui circule de main en main, soit contre espèces, soit en échange contre des animaux, soit contre une femme, avec soulte s'il y a lieu. Le captif de case, au contraire, est stable et demeure avec le maître en compagnie duquel il vaque aux occupations journalières, et partage ses jeux et ses distractions. Ce dernier pourrait dire à bon droit, comme Diogène en servitude : C'est celui qui me traite et me nourrit qui me sert. Personne n'ignore que, de nos jours encore, les Africains annexés ou soumis au protectorat pratiquent l'esclavage sur une grande échelle, et au mépris de l'article 7 du décret du 17 mars 1848, qui est pour eux lettre morte. Dans le Haut-Fleuve, le premier venu peut, sous le nez des autorités, se payer le luxe d'un esclave moyennant 10 ou 12 pièces de Guinée, filature la plus commune, ce qui, sur les lieux, représente une somme d'environ 100 francs. Depuis un siècle, à vrai dire, les prix n'ont pas changé sensiblement, si ce n'est quant à la nature du détail. Il semble même qu'il y ait eu baisse sur « l'article », baisse qui ne peut provenir, à notre avis, que du coup fatal porté à cette triste industrie par le décret susnommé, si nous en jugeons au moins par la citation suivante :

« Articles payés pour une femme et son enfant.

3 pièces de toile guinée, valeur en Angleterre..	75 sch.
30 livres de poudre de traite	30
100 pierres à fusil.	12
1 mètre drap écarlate ordinaire	16
1 beau pagne de soie	15
Liv. st.. .	7 8 sch.

12

bre, on termine les semailles en faisant encore de grands champs de ces légumineux que les naturels mangent indifféremment verts ou secs.

* * *

L'Éthiopien n'a pas d'heure fixe pour prendre ses repas, à moins qu'il ne soit ouvrier ou employé dans un magasin. Il mangera facilement le matin en se levant et de fort bon appétit, comme il attendra le coup de huit ou de neuf heures si le premier déjeuner n'est point prêt. Ensuite, le second s'effectuera vers midi ou une heure, et le soir, le dîner aura lieu entre sept heures et neuf heures. Certaines négresses, femmes d'intérieur, sont très soigneuses et attachent une grande importance à la question du ménage. D'autres, au contraire, s'en désintéressent complètement, ne songent qu'à vagabonder par les rues, à pérorer et à cancaner avec les bonnes langues de l'endroit, jusqu'à ce que la faim les talonne et les force à rentrer au logis. Pendant ce temps — comme dans la chanson — le mari, taciturne, culotte des pipes ou se livre à des réflexions qui ne sauraient être folichonnes, eu égard à la détresse de son estomac.

Vous n'êtes point sans avoir remarqué que la faim est mauvaise conseillère; elle assombrit considérablement les idées et rend irritable et grincheux le meilleur des garçons. Prenez un homme au hasard, avant le repas, qu'il soit Turc ou Chinois, blanc ou noir, et examinez-le après, quand il a le ventre dûment rempli, qu'il vienne de savourer un faisandeau aux truffes ou qu'il se soit repu dans une calebasse de couscous; qu'il ait encore à la bouche le nectar dont il vient de s'abreuver, bourgogne ou chambertin, ou que d'un doux renvoi il marque que le lait caillé agit en son estomac ; que, bien campé dans son fauteuil, les pieds sur les chenets et le havane aux lèvres, son esprit se perde, dans la fumée bleuâtre de son cigare, ou que, accroupi sur le sol à l'ombre d'un tamarinier, le brûle-gueule aux dents, il s'apprête, en ruminant

Type de jeune fille.

ses gloutonneries, à se livrer aux douceurs de la sieste (1) : quelle différence avec notre homme de tan-

---

(1) La sieste ! On se croirait littéralement perdu dans ce pays si on ne pouvait faire sa méridienne, c'est-à-dire une heure ou deux de sieste après le repas de midi. D'aucuns

tôt! Approchez, approchez du civilisé, si vous êtes un solliciteur, et n'ayez rien à redouter du barbare tant qu'il digérera !

Il est bien vrai qu'on accorde souvent à la sortie de table ce qu'on aura refusé avant avec une obstination entêtée. Mais, ce dont on ne se doutait guère sans doute, c'est que le nègre sait tout cela aussi bien et même mieux que nous. Qui a donc pu lui dire que le repas pouvait avoir sur notre esprit une influence aussi fâcheuse? A-t-il quelque chose à solliciter d'un Européen en effet et s'aperçoit-il à un de ces riens si apparents — outre qu'il est rare qu'on ne saisisse pas une petite moue désapprobative sur le visage de celui à qui on dit : J'ai un petit service à vous demander — que ce dernier n'est pas abordable ou se trouve mal disposé, son premier soin est de s'enquérir, dans l'entourage du blanc si celui-ci a déjeuné, et si surtout il a bien déjeuné. Si la réponse est affirmative, il se hasarde à y aller de son petit boniment avec la quasi certitude du succès. Dans le cas contraire, s'il a vent qu'une sauce a été servie froide ou que le rôt est brûlé, il

---

même ne voient pas le moment de sortir de table pour aller se précipiter dans leur lit, où ils se jettent tout habillés. Certes ! le corps a besoin de repos après l'ingestion des aliments, mais ce repos ne doit être que relatif. Aussi, qu'advient-il ? Aussitôt couchés et endormis, ceux qui ont cette funeste habitude tournent dans leur couche, se retournent, mouillent leurs draps, rêvent qu'un requin leur mange la jambe ou qu'une cheminée leur tombe sur la tête, et finalement se réveillent ahuris, courbaturés, livides, les cheveux collés sur les tempes, l'œil hagard, hébétés, idiots, — et par-dessus tout d'humeur grondeuse pour le restant de la journée. Eh ! Si le sommeil vous gagne en sortant de table, circulez, faites un voyage autour de votre chambre, déclamez-y au besoin à huis clos; ou bien, si vous êtes trop puissant, qu'il fasse trop chaud ou que la déclamation ne vous tente point, prenez une berceuse, installez-vous-y confortablement et lisez une nouvelle, à moins que vous ne réfléchissiez... Que diantre, on peut occuper l'esprit un tantinet sans que la digestion en pâtisse !

s'esquive prudemment, laisse écouler un laps raisonnable, puis revient à la charge quand il soupçonne qu'un café généreux a fait disparaître cette fâcheuse impression.

On se doute que le menu, chez les Sénégalais, est peu varié. A part les plats de résistance, que nous avons déjà cités (lajh, riz et couscous), les haricots, le poisson sec, la volaille, la viande sont autant d'aliments qui entrent dans leur ordinaire. L'exiguïté du menu n'exclut pas la quantité; et s'il n'y a qu'un plat, il est copieux. Quand un notable nègre convie à dîner, il y a certainement de quoi manger son soûl, quelque voraces que soient les invités. D'ailleurs, chez les noirs qui se piquent de savoir vivre, il est de bon goût de ne point tout manger. C'est bon à la plèbe de paraître affamé. L'invité de marque qui se respecte touche à peine aux aliments qu'on lui offre, affecte de manger très peu, sachant très bien qu'il se dédommagera chez lui, si le cœur lui en dit. L'amphitryon est très sensible à cet acte de haute convenance, à cette marque de délicatesse.

Rien de plus étrange que de voir les indigènes prendre leurs repas en commun. Accroupis les uns auprès des autres, un rictus goulu aux lèvres, ils se massent en rangs pressés autour de la précieuse calebasse qu'ils couvent à la dérobée du plus tendre de leurs regards; puis le plus âgé prêchant d'exemple, non sans avoir au préalable marmotté le traditionnel *Bism-illâhi* (1), répété machinalement par quelques-uns des

---

(1) *Bism-illâhi!* Expression favorite des Ouoloffs, qui n'a pas d'acception bien définie. Il n'est point de naturel qui ne la profère au moins vingt fois dans le jour sous un prétexte quelconque, parfois sans but bien déterminé. Ils disent: *Bism-illâhi!* comme nous dirions, nous : Volontiers ! c'est curieux ! c'est étrange ! etc. Toute réflexion qui sort de l'ordinaire implique un *Bism-illâhi*. Ça en est comme le complément indis-

convives, on n'aperçoit plus soudain que des bustes penchés, des têtes qui montent ou qui descendent, des mains — la droite — plonger dans le récipient et y confectionner prestement, cependant qu'avec méthode, d'énormes pelotes de nourriture voiturées sans trêve à la bouche et happées avec un bruit de cachalot. Il ne s'agit point d'emboucher avec grâce, mais de déployer, chacun en ce qui le concerne, le plus grand pouvoir d'intussusception. Au contact de ces mains plus ou moins propres, les aliments ne tardent pas à prendre une couleur caractéristique, et il faut avoir un estomac de Teuton pour les ingurgiter en cet état. Au sortir de l'écuelle, généralement nette de ce qu'elle contenait, il est d'usage de se lécher les doigts à pleine bouche, puis successivement, de se les essuyer avec sérénité le long des jambes ou des bras. Alors seulement, il est de bon goût — et ce, jusque dans les couches les plus élevées de l'aristocratie — de lâcher (Mon Dieu, pourquoi ne pas le dire!) plusieurs rots, d'indiscutables rots, bien nourris, bien accentués, indices non équivoques du parfait contentement de l'estomac... Et observez que l'indigène, dans son amour du vrai, vous envoie ça « nature », dépouillé de tout artifice, de toute atténuation — tels ils se présentent — avec

---

pensable. Tantôt véhément, criard, entonné souvent à tue-tête, il se termine par une note brève, ou selon le cas, s'en va mourir en une gamme décroissante. Il marque tour à tour l'étonnement, la surprise, la stupéfaction, surtout lorsqu'on lui adjoint le mot : *diame!* Mais il est principalement affirmatif. Exemple : Viens-tu déjeuner ? *Bism-illâhi!* Partons-nous ensemble ? *Bism-illâhi!* Tiens, c'est toi ! *Bism-illâhi!* Comment, ton père est mort ! *Bism-illâhi!* Quelle chaleur ! *Bism-illâhi!* etc., etc. L'intonation seule donne la mesure, indique le sens. Tandis qu'il est bref dans l'affirmation, il est, au contraire, prolongé lorsqu'on manifeste la surprise, le chagrin, notamment à la pénultième sur laquelle on appuie outrageusement : *Bism-illaaâhi*.

une mimique que vous pouvez aisément vous représenter dans le silence de votre cabinet, si le cœur vous en dit, et, détail caractéristique, si l'éructation ne se présente pas naturellement, ce qui est rare, soit dit par parenthèses, il la fait naître volontiers par un sentiment de coquetterie que d'autres se chargeront d'expliquer... Un repas, en effet, ne saurait congrûment se terminer

Agapes intimes.

chez les naturels de ce pays, sans l'accompagnement obligatoire de ces... hoquets suggestifs que nous ne nous permettrions point, nous, dans la plus stricte intimité. Et quelle variété! quelle abondance. C'est un concert inénarrable dont on ne peut se faire qu'une idée fort vague; et quelque habitué que l'on soit à cette audition étrange, on ne peut, à chaque émission nouvelle, réprimer un nouveau mouvement de dégoût...

CHAPITRE XI

DEUX MOTS SUR LA TRAITE DANS LE CAYOR

Bien que la conquête du Cayor date d'une trentaine d'années, ce n'est guère que depuis dix ans qu'on y jouit d'une sécurité à peu près complète. Cette contrée est saine, mais extrêmement chaude à la suite des vents d'est qui y règnent presque sans intermittence pendant la saison sèche, et aussi à cause de son éloignement de la mer. On y constate fréquemment 43° et même 45° à l'ombre.

Drelin! Drelin! Drelin!... Entendez-vous le son fêlé de la cloche qu'agite frénétiquement, sur un signe du chef de gare, et avec des gestes simiesques, un moricaud mi-vêtu à l'européenne et mi à la mode du pays — nu-pieds ce nonobstant — tout fier du vacarme qu'il répand autour de lui? C'est le signal du départ, après que le conducteur, chef du train, a eu donné le coup de sifflet traditionnel. Pfou! Pfou! Pac! Pac!... Et sur les lignes de rails incendiées de soleil, le convoi poussiéreux (le sajarre, comme disent les noirs), oscillant d'une manière inquiétante, s'ébranle cahin-caha avec un cliquetis de vieille ferraille et ce craquètement particulier aux boiseries qui se disjoignent, remorqué par une locomotive antédiluvienne, qui — asthmatique comme un asthme — pousse sans interruption des hou plaintifs et chevrotants, — telle une catarrheuse qui expectore ses poumons. Contournant la baie de Rufisque, venant de Dakar, et après avoir coupé diagonalement le Diander, nous traversons

Thiès, sur la frontière du Baol, puis, courant à l'est avec la vitesse fantastique de 21 kilomètres 916 mètres à l'heure, nous voici dans le Cayor. Ah! non! ce n'est point le cas de s'écrier :

> C'est là que je voudrais vivre,
> Vivre, aimer et mourir...

Représentez-vous, sous un ciel qui rougeoie, une

Peulhs habitant le Cayor.

plaine interminable, parsemée de buissons rabougris et d'arbustes épineux, avec, par-ci par-là, de gigantesques baobabs chauves aux troncs crevassés et tordus par les ans. Le panorama ne varie point, si ce n'est aux approches de Gaye Mecké où l'on traverse une forêt de rôniers, imposants dans leur immobile rectitude. Que de rôniers! que de rôniers! Et plus ça change, pendant une heure de parcours, et plus c'est la même chose!

L'ennui naquit un jour de l'uniformité.

Les stations se succèdent, la poussière vous enveloppe, la chaleur s'accentue, — et l'impression demeure la même, une impression de désespérante monotonie comme d'un pays ravagé par tous les fléaux du ciel et de la terre.

Combien peu enviable est le sort de l'infortuné Européen obligé de vivre dans cette solitude, au milieu de cette brousse aride et désolée! Car, il faut bien le dire, le pays ne produit rien, ou à peu près, qui puisse rentrer à un titre quelconque dans l'alimentation du blanc. A part les volailles et les œufs qu'on a presque pour rien, hormis les personnes qui mangent volontiers du riz et du couscous, on chercherait vainement autre chose qui se puisse congrûment mettre sous la dent (1).

Point de bœuf qui fournit d'ailleurs une viande d'une qualité contestable, dure et dépourvue de jus, depuis l'épizootie de 1892 qui a ravagé l'espèce bovine. Quelques moutons, il est vrai, mais combien coriaces! et si maigres et si étiques, au moins dans la plupart des cas, que l'aspect seul d'un de ces misérables animaux, dont le gigot n'est pas plus gros que la cuisse d'un chien, vous ôte toute velléité d'en manger. Par surcroît, les bouchers (si tant est qu'on puisse donner ce nom à ces mauvais égorgeurs) ne tuent qu'irrégulièrement, crainte que la viande, qui se corrompt rapidement avec cette chaleur tropicale, ne leur reste pour compte. Il est vrai qu'ils ont la ressource de pouvoir la découper en lanières et de la faire sécher au

---

(1) Qu'on observe bien, que nous ne faisons pas allusion aux grands centres situés sur la ligne également, Thiès, Tiaouane, etc., où rien ne manque et où l'on mange, paraît-il, tout aussi bien, sinon mieux, que dans la capitale. Nous parlons des petites stations, telles que Kébémer, Guéoul, etc.

soleil, mais tout cela ne fait point l'affaire du blanc. Pas de poisson, bien entendu, et des légumes encore moins. Si, pourtant un peu de persil et quelques pâles radis — en caisse : il faut économiser l'eau ! Reste le gibier qui est abondant et varié, et d'un bon marché dérisoire (1) ; mais on ne saurait en vivre exclusivement. Enfin les fruits du pays, à part de rares exceptions, — la banane et la goyave, par exemple, sont tout bonnement détestables. Force est donc à l'Européen de faire venir ce dont il peut avoir besoin du premier ou du deuxième arrondissement, ce qui ne laisse pas de lui revenir fort cher, heureux encore quand les denrées arrivent en bon état !

Depuis l'annexion du Cayor, ou plutôt depuis la construction du chemin de fer Dakar-Saint-Louis (1885), la culture de l'arachide a pris dans cette région une extension remarquable, tout à fait imprévue. Aujourd'hui, c'est par millions de kilogrammes que chacune des stations de la ligne expédie aux marchés principaux, Rufisque et Saint-Louis, mais surtout Rufisque, cependant c'est à peine si les nègres cultivent la dixième partie des terres qu'ils ont à leur disposition.

Les principaux centres de production se trouvent situés de préférence dans les territoires faisant partie du deuxième arrondissement (Rufisque déjà nommé), beaucoup plus favorisé que la capitale. Cela tient,

---

(1) Le lièvre vaut 0 fr. 50 (quelquefois moins) ; la pintade, idem ; la perdrix grise, la caille de Barbarie, le pigeon vert, le pigeon ramier, 0 fr. 25 pièce. La caille de France que nous avons de décembre en mars, seule maintient son prix, en raison de son peu d'abondance, et vaut 0 fr. 50 l'une. La poule de pharaon, de 0.30 à 0 fr. 50 ; l'outarde, 2 fr. à 2 fr. 50 ; la biche, de 2 fr. 50 à 5 fr. ; le sanglier, à peu près le même prix ; et le reste à l'avenant. Ajoutons qu'on achète généralement le tout contre marchandises, ce qui diminue le prix d'achat d'environ 30 à 40 0/0.

semble-t-il, à ce que les pluies y sont plus abondantes, les villages plus ramassés et surtout plus peuplés ; et enfin, peut-être, à ce que la terre y est aussi de meilleure qualité.

Cependant la nature du terrain est à peu près la même dans toute cette région, c'est un composé d'argile plus ou moins dense, de sable plus ou moins argileux, très fertile en certains endroits. Malheureusement l'eau est très rare dans cette contrée, et lorsqu'on désire en avoir chez soi on est obligé de faire creuser la terre à plus de cent pieds de profondeur (exactement 120 pieds), ce qui constitue d'abord une dépense très sérieuse, et encore n'est-on pas toujours assuré du succès (1). Par une faveur spéciale, la com-

---

(1) Nous en parlons, hélas! en connaissance de cause. A X..., qui nous compte parmi ses fervents, sinon parmi ses pionniers (oh ! nous n'en sommes pas plus fier pour ça !) et dont un jour ou l'autre nous décrirons les charmes ; à X... — les bains — le mot n'est pas de nous — coquette station estivale, nous ne dirons pas balnéaire, où, grâce à une température de four à chaux, on va prendre des bains de vapeur comme à Dax des bains de boue ; à X..., en un mot, où tous les ans, à époque fixe, quand vient en France la saison des frimas, nous allons faire notre cure habituelle — la cure du porte-monnaie — nous nous étions mis dans l'esprit, idée fatale ! d'avoir de l'eau chez nous, à nous, à quelque prix que ce fût, pour n'être tributaire de personne ; mais pour ce faire il ne s'agissait rien moins que de creuser un puits, ce qui n'était point banal en raison des faibles moyens dont nous disposions. Les gens les plus avisés du village, ceux réputés par le flair, consultés sur l'opportunité de l'endroit à choisir, dans notre concession, après bien des hésitations qui nous laissèrent perplexe sur l'infaillibilité de leur jugement, finirent enfin par nous indiquer une place soi-disant sans pareille, d'où l'eau devait jaillir abondamment, et où ils commencèrent d'abord à cracher à tour de rôle, sans doute pour conjurer les esprits, après avoir fait de nombreux signes cabalistiques, tout ce qu'il y a de mieux dans le genre. Le lendemain, sans plus tarder, nous avions fait le choix d'un puisatier, un grand diable de Peulh, maigre comme un fakir et silencieux comme un ermite, fort entendu, disait-il, à sa partie ; et de deux Toucouleurs, indolents (nous dirions bien : rosses, si le mot ne détonnait désagréablement) pour tirer la corde à laquelle était adapté le seau en peau de bouc. Tout

Demba War, président de la confédération des chefs du Cayor, et son griot ordinaire.

pagnie du chemin de fer, grande dispensatrice d'eau sur la ligne — et à laquelle nous nous faisons un devoir de rendre publiquement hommage, — accorde aux commerçants échelonnés d'un bout à l'autre, de Dakar à Saint Louis, une quantité d'eau suffisante pour leurs besoins personnels, à la charge par eux de l'envoyer quérir au puits de la gare (1).

---

alla bien les premiers jours. Le trou béant s'approfondissait à vue d'œil. Nous nous frottions les mains vigoureusement et faisions des châteaux en Espagne. Certes ! sans parler des tracas nombreux, des tribulations de toutes sortes, les frais allaient leur train, car il fallait nourrir et appointer ces gens qui, à eux trois, mangeaient comme six ; mais nous fermions les yeux n'entrevoyant que le résultat. Cependant ce manège durait depuis cinq semaines, lorsqu'un beau jour (admirez la fatalité de notre étoile !) l'un des laptots vint en toute hâte nous aviser que le puisatier demandait à ce qu'on le remontât sur-le-champ. Nous crûmes d'abord que l'eau l'envahissait sachant que le gaillard ne se gênait nullement pour donner libre cours à son ventre au fond de l'abîme ; mais lorsque, faisant de nos mains un porte-voix, nous lui demandâmes de quoi il retournait et qu'il nous eût répondu que le puits menaçait de s'effondrer, force nous fut de le hisser et d'interrompre à tout jamais ce malencontreux travail. Le pire, c'est qu'après avoir fait de fortes dépenses pour creuser ce précipice, il en fallut faire de non moins fortes pour le combler !

(1) A ce propos, sur cette même ligne, il nous a été donné de connaître un chef de gare, se disant naturel de Paris, qui avait la suave habitude, lorsqu'il était d'humeur rageuse, ou qu'il avait absorbé un nombre illimité de verres d'absinthe, de chasser les négresses du puits de la gare à grands coups de soulier dans leur « frontière du rein ». Chacun, à vrai dire, dans un pays où les distractions sont rares, se distrait comme il peut. D'autres fois aussi, pour varier les exercices, il leur courait sus, s'emparait des calebasses qu'elles portaient sur la tête et les écrabouillait. Ces amusements, d'un goût douteux, le faisaient rire comme une baleine. Mais ce qu'il y avait de grave, c'est que les Européens, eux aussi, avaient à se plaindre de ses procédés soldatesques. Très convaincu de son importance, il s'imaginait fermement que sa qualité de chef de gare, en ces pays perdus, équivalait au titre de membre du gouvernement, lui donnait droit de cuissage et de jambage. Aussi, ne pouvait-on obtenir une cruche d'eau de ce nouveau principicule — quand on l'obtenait — qu'après un échange suivi de notes diplomatiques plus ou moins aigres-douces. Hâtons-nous d'ajouter, d'ailleurs, que ce monsieur est un phé-

Les habitations, sommairement construites en bois, souvent sans plafond (sauf dans les stations où l'eau est à peu de profondeur et par conséquent abondante, ce qui permet d'édifier des constructions plus confortables, soit en pierres ou en briques), se composent généralement d'un magasin de détail, d'une ou de deux chambres et d'une pièce attenante pouvant servir de dépôt. C'est assez dire que le bien-être n'y brille pas précisément, et que, malgré la véranda ou les tentes dont les baraques sont entourées, on s'y grille le jour et on y prend froid la nuit.

La période des affaires, la traite pour autrement parler, — et il est bien entendu qu'il ne s'agit ici que de la traite des arachides, et non de celle des esclaves qui ne se fait plus que sur une petite échelle, par les Dioulas, encore que dans l'intérieur des terres, — ne commence guère que dans la seconde quinzaine de novembre, bat son plein en décembre et janvier (quelquefois aussi un peu plus tard), diminue sensiblement en février-mars, et se termine généralement à la fin avril.

Au début, c'est par petites quantités qu'arrivent les produits, le plus souvent portés sur la tête par des femmes, des enfants et des vieillards. C'est ce qu'on appelle le *diejhat*. Peu après, les charges devenant trop lourdes, les ânes sont substitués aux personnes ; puis vient le tour des bœufs et des dromadaires — quelquefois même des chevaux — qui charroient sans relâche, sur l'échine, jusqu'à épuisement complet de la récolte.

D'habitude, les propriétaires des graines suivent ou précèdent leurs produits pour assister en personne à

---

nomène d'une espèce bizarre et que, d'une manière générale, on n'a qu'à se louer des agents et tout particulièrement du haut personnel de la compagnie.

la vente, en quoi ils agissent fort sagement. Parfois aussi, lorsqu'ils ont une certaine confiance dans le chamelier ou porteur, ils chargent ce dernier de ce soin, dont il s'acquitte en fraudant généralement quelque peu (1). Les arachides sont immédiatement pesées et payées argent comptant.

---

(1) Si le nègre calculait davantage, ou s'il n'était pas aussi imprévoyant, c'en serait bientôt fait de la culture de l'arachide, sans laquelle cependant l'avenir de ce pays serait sérieusement compromis. Il est admis, en effet, et les résultats corroborent ce dire, que 50 kil. de graines mises en terre produisent environ 500 kil., année moyenne. Ce n'est pas que le rendement ne puisse être supérieur à celui-là ; il pourrait au contraire atteindre 15, 20 et même 25 pour 1, mais il faut tenir compte que le tiers au moins des graines semées, ou ne germe pas, ou devient la proie des rongeurs et des oiseaux de toutes sortes. De plus les chiens du pays et surtout les chacals sont très friands de l'arachide et s'entendent fort bien à la déterrer avant la germination. Établissons donc la situation d'un cultivateur indigène qui a, par exemple, semé 300 kil. de graines et qui doit, dans l'ordre des choses, récolter 30 barriques ou 3.000 kil. de ce produit. Le prix de la barrique étant de 15 fr. sur les marchés de la ligne (quand il n'est pas de 10 francs et même de 7 fr. 50 les 100 kil.), c'est donc, en comptant largement, 450 francs que le naturel vendra ou plutôt devrait vendre sa récolte... Il ne faut pas oublier, en effet, que les traitants ont cela de particulier, c'est qu'ils trouvent le moyen de faire des cadeaux à leurs clients non seulement sans bourse délier, mais encore avec quelque profit pour eux. Passons maintenant au chapitre de la dépense. Si notre homme n'a pas eu le soin de conserver sa semence — et c'est ce qui arrive neuf fois sur dix, — il se voit alors dans l'obligation de l'emprunter aux commerçants de l'endroit, payable à la récolte, qui la lui font à raison de 40 francs les 100 kil., soit 300 kil. à 40 francs égale 120 francs. Il lui faudra maintenant des bras, concurremment avec les siens, pour entretenir et cultiver ses champs. Pour cette quantité de graines, il sera donc obligé de prendre trois hommes, à la fin du mois de juin, qui, moyennant le couvert (?), travailleront pour lui le matin et se réserveront pour eux l'après-midi. La pension d'un nègre étant cotée à raison de 15 francs par mois (un peu moins cher qu'en France, par parenthèses), c'est donc sur 45 francs qu'il faudra tabler tous les mois, et jusqu'à la fin octobre, c'est-à-dire quatre mois à 45 francs = 180 francs + 120 francs = 300 francs. Mais ce n'est point tout. Et les charrois ? Les chameliers et autres propriétaires d'animaux ne transportent pas les produits pour rien, tant s'en faut ! Il faut

Durant cette période agitée les commerçants ne savent où donner de la tête, ce qui ne les empêche point, dans la plupart des stations, de se regarder en chiens de faïence. Chacun d'eux, en vertu de cet axiome : La force prime le droit, ne manque point de prendre aux gages une ribambelle de solides gaillards et, fort de son équipe, se trouve prêt à toutes sortes d'éventualités. En outre, grâce à cette sage précaution qui lui permet de détacher des éclaireurs aux endroits par où débouchent les caravanes, il s'assure de la plupart de ses clients, qui risqueraient sans cela d'être arrêtés en route par une foule de traitaillons de bas étage, ainsi que de ceux qui, ayant des soldes de compte en suspens, s'égareraient volontiers dans les comptoirs les plus reculés.

Dans ce chaos, chacun agit un peu à sa guise, suivant son inspiration bonne ou mauvaise, gâchant à qui mieux mieux. « Ah! tu vends les indiennes à raison de 0 fr. 60 le mètre? Bien! Je vais les vendre, moi, 0 fr. 50. Ah! tu achètes les produits de telle nature à raison de 16 francs les 100 kilos? Parfait! Je vais, moi, les acheter à raison de 17 francs et viens y voir! » Mettez, dit Montaigne, trois Français aux déserts de Libye, ils ne

---

donc, une fois les arachides séchées et préalablement dépouillées de la paille (qui n'a guère de valeur marchande, puisqu'à Saint-Louis même elle ne se vend guère plus d'un sou le kilo), recourir forcément à ces derniers qui établissent des prix proportionnellement aux distances. Ils prélèvent d'habitude 1 franc par 5 francs de la valeur brute ou bien 1 franc par 4 francs, si le centre de production se trouve plus éloigné. Autrement dit, sur une charge d'arachides d'une valeur marchande de 50 francs, c'est 10 francs qui reviendront au porteur dans le premier cas et 12 fr. 50 dans le second : c'est-à-dire, pour nous résumer, que sur la somme de 450 francs provenant des 3,000 kil. supposés, 90 francs au minimum seront dus à l'entrepreneur de charrois. Actif : 60 francs ! Ainsi donc voilà comment sera rémunéré un labeur de quatre longs mois, en admettant encore que les pluies aient été abondantes (car il faut beaucoup d'eau à l'arachide), et que les sauterelles n'aient point fait leur apparition. C'est peu.

seront pas un mois ensemble sans se harceler et s'égratigner. Impossible d'y mettre le holà, les négociants eux-mêmes qui ont des comptoirs dans ces contrées ayant toutes les peines du monde pour demeurer maîtres chez eux, avec leurs propres fonds. On dirait qu'un vent de discorde souffle sur le pays pendant ces quelques mois. Mais il y a cela de remarquable, c'est

Un intérieur de magasin (Cayor).

que les rapports ne tardent pas à se détendre au fur et à mesure que les arrivages diminuent; et, dès qu'il n'y a plus une seule graine, les hostilités cessent comme par enchantement...

Quoi qu'on puisse croire, tout n'est pas rose dans le métier de commerçant dans le Cayor. En dehors d'une surveillance de tous les instants (car le naturel a les mains aussi lestes que crochues) (1), sans parler des négresses qui vous font exhiber maintes pièces de tissus et qui, dédaigneuses, sans un mot d'excuse, vous les laissent ensuite sur le comptoir, chiffonnées, sens dessus dessous, après vous avoir fait perdre un quart d'heure inutilement ; sans parler des nègres qui, eux, vous font défaire à grand'peine deux ou trois kilos de tabac, qu'ils trouvent dès l'abord fort joli, puis qu'ils

---

(1) Ce qui ne l'empêche point de mentir avec une impudence déconcertante. Pris la main dans le sac, *flagrante delicto*, il nie carrément sans se troubler, ou bien s'il voit que son système ne tient pas debout, qu'on persiste, qu'on le menace, il prend un ton badin et insinue que c'était pour plaisanter. Lugubre plaisanterie ! Cependant le commerçant soucieux de ses intérêts n'insiste pas, se borne à reprendre sa marchandise, non sans administrer séance tenance une maîtresse correction au délinquant qui, le lendemain, reviendra faire des achats comme si rien ne s'était passé, et demeurera peut-être un des plus « fidèles » clients de la maison. Pour le noir, le vol n'est pas considéré comme un crime, surtout s'il s'agit de dépouiller un blanc. Le croira-t-on ? Certains même en tire vanité. Nous en donnons pour preuve que cette anecdote, dont nous garantissons scrupuleusement l'authenticité. Un indigène se présente dans un magasin, à Saint-Louis, tenu par un Européen, et aussitôt, se tournant vers celui-ci, lui adresse force compliments et rentre dans d'interminables salamalecs. Le dialogue suivant ne tarde pas à s'engager :

Le nègre, *avec effusion, la main tendue*. — Que je suis donc heureux de te revoir, mon cher blanc !

L'Européen, *bâillant*. — Ce m'est non moins agréable, je t'assure...

Le nègre. — Me reconnais-tu au moins ?

L'Européen. — Comment donc !

Le nègre. — Quel est mon nom, alors ?

L'Européen. — Eh ! mais... Samba, je crois... Ah ! non... Biram !

Le nègre, *scandalisé*. — Eh quoi ! est-ce ainsi que vous avez de la mémoire, vous autres ? Je m'appelle Aly !

L'Européen, *cherchant*. — Aly ?... Aly ?...

Le nègre. — Eh oui ; Aly, Aly Dioup, ton voleur !

L'Européen. — ? ? ?

Le nègre. — Ton ancien voleur, enfin ! Celui que tu as fait condamner l'année dernière à six mois de prison, tu sais bien !

L'Européen. — Ah ! vraiment ?... Enchanté !!!

vous plantent là, changeant tout à coup d'avis, éparpillé sur le comptoir, sous le prétexte qu'il est trop court ou de mauvaise qualité; sans parler de bien d'autres choses encore, messieurs les clients noirs ne se gênent point pour grimper sur le comptoir, d'où il est fort difficile de les faire déloger. Sans se préoccuper s'il vous incommode ou non, l'un s'y étend de tout son long, les pieds ballants et commence par vous inonder de ses sueurs pestilentes. L'autre, accroupi, s'évente ou égrène son chapelet, psalmodiant l'éternel et somnolent *La illaha*. Celui-ci mastique du kola (1) et, la bouche toute barbouillée d'ocre, lance des jets de salive (2) au hasard, aussi bien à travers vos jambes que dans un baril de cassonade. Celui-là fume comme une locomotive et vous envoie toute la fumée sur votre visage. D'autres enfin se mouchent copieusement et s'essuient les phalanges enduites de sérosité sur les bords du comptoir, tandis que le plus grand nombre, vous soufflant au nez leurs haleines, geignant à l'unisson, trépigne des pieds, réclamant à grands cris de l'eau, beaucoup d'eau; des biscuits, beaucoup de biscuits, et encore beaucoup plus de sucre ! Des vieux hors d'âge, eux, exhibent leurs bouches édentées et

---

(1) On sait que les indigènes des deux sexes font une consommation considérable de ce fruit (bien que se vendant un prix assez élevé, environ 3 francs le kilo), que Liebig assimile chimiquement à la caféine et à la théine.

(2) Les naturels (hommes ou femmes) crachent avec une crânerie toute juvénile, paraboliquement, et ce parfois à plusieurs toises de distance. Ils ont un talent particulier pour faire passer la salive entre les dents d'un brusque coup de langue, et l'expulser au dehors sous forme de jet, non sans lui faire décrire de savantes trajectoires. Ils semblent prendre un certain plaisir à cet exercice que nous ne leur disputons point et auquel nous ne trouverions rien à redire, s'ils n'avaient tous autant les uns que les autres la fâcheuse habitude, après avoir mangé du kola, d'envoyer sur nos parquets des crachats multicolores, longs d'une aune, dont les traces sont fort difficiles à faire disparaître.

exigent du *lajh*... De tous les côtés, les interpellations se croisent et s'entre-croisent, ce qui n'empêche point les négrillons de piailler et leurs mères de leur administrer des fessées. Au milieu de ce vacarme, considérablement augmenté au dehors par les ânes qui chantent leurs chansons et les dromadaires qui poussent leurs cris harmonieux, on a toutes les peines du monde à répondre à une multitude de questions partant de vingt bouches à la fois (outre qu'il ne faut pas perdre de vue une seule minute les mains crochues de tous ces gens), dans le genre de celles-ci :

« Combien la barrique d'arachides, aujourd'hui ? — Tu sais, si tu ne me donnes pas un boubou cette fois-ci, je vais chez un tel et ne reviens plus chez toi. — Dis donc, tu n'as pas d'eau à me donner pour faire boire mon âne ? — Vous autres, les blancs, qui connaissez tout, ou qui vous piquez de tout connaître, quand pleuvra-t-il ? — Moussa Paté, ton ami, te fait bien dire le bonjour... et te prie de lui envoyer, par mon intermédiaire, de quoi fumer. — A propos, tu sais, le drill bleu que tu m'as vendu l'année dernière a déteint. Mauvais, ça ! — Si ma femme accouche d'un garçon, je veux qu'il s'appelle comme toi, qu'il porte ton nom : Jacques ! — Eh bien ? On ne pèse donc pas aujourd'hui ? — Est-ce que tu penses à nous quand tu es en France ? Pas bien sûr, hein ? — Réponds-moi, tu n'as pas un remède à me donner pour mon chameau qui a la gale ? — J'ai soif ! — Nous avons faim ! »

On répond évasivement, bien entendu — ou on ne répond pas — à toutes ces questions saugrenues dont on a quotidiennement les oreilles fatiguées, et on passerait outre si certains malpropres personnages, installés sur le comptoir, mettant le comble à la mesure, ne s'avisaient de se pourchasser les poux un peu partout, non sans les écraser ensuite lentement, à grands

Etablissement commercial dans le Cayor.

coups de pouce, avec un bruit inoubliable... Ecœuré (on le serait à moins), aussi fatigué par la chaleur qu'énervé par les cris de tous ces braillards qui vous appellent de tout côté, qui pour acheter, qui pour vendre; à demi asphyxié par une atmosphère surchargée de miasmes méphitiques, tiraillé par les uns, conspué par les autres auxquels on ne répond pas assez vite, — et la voix prise à force de vociférer, — la colère vous monte à la tête, et, perdant toute mesure, vous cambronnisez de-ci et de-là en gratifiant les plus insupportables d'énergiques « *Léqual doul* » (1), ce qui est beaucoup plus local et surtout beaucoup plus senti...

---

(1) *Léqual,* mange; *doul,*... du pain (traduction libre). Dans tous les cas, cette locution est fort prisée des nègres, quand ils veulent se débarrasser des importuns.

CHAPITRE XII

DU MARIAGE SOUS L'ÉQUATEUR

On sait que les indigènes des deux sexes se marient de fort bonne heure, dès qu'ils sont nubiles le plus souvent, à l'exemple de Mahomet qui, d'après la légende, épousa la jeune *Ayesha* à l'âge de six ans, bien que déjà mûr lui-même, et cohabita avec elle deux ans plus tard. S'ils ne s'allient pas toujours entre gens d'une même race (parfois le Toucouleur s'unit à une femme peulhe, le Sarakolé à une Ouoloffe, le mandingue à une Bambara, le maure... à une mauresque seulement), ils ne consentiraient pour rien au monde à entrer dans certaines familles qui sont entachées héréditairement, comme s'ils entrevoyaient une ignominie rétroactive pour leurs ancêtres. Telles sont, dans le nombre, les personnes issues de castes particulières, et en général toutes celles ayant un état manuel : cordonniers, tisserands, forgerons, etc. Chez les Romains aussi, tous les artisans étaient des esclaves. Ces derniers surtout — les forgerons — sont aussi mal notés que les griots, dont nous avons parlé ci-devant, et constituent une véritable classe de parias. Ce mépris injustifié — car de tous les états celui-là est le plus indispensable chez un peuple agriculteur — provient de ce qu'un forgeron aurait, au début, trahi le prophète. C'est là une tache à l'huile aux yeux de tout bon musulman.

Il paraît qu'autrefois, à Sparte, il en était de même entre la noblesse et le peuple. Non seulement il était défendu à un grand seigneur d'épouser une femme de basse condition, mais encore il ne pouvait avoir de relations avec elle, ni même s'en approcher, sans se compromettre irrémissiblement. Les ignorants, tout comme les griots, étaient tenus de crier en marchant, afin qu'ils ne heurtassent personne, et étaient relégués dans tel ou tel quartier. Nulle durée de temps, nulle richesse ne pouvaient faire qu'un roturier devînt noble. Les mariages étaient défendus d'un métier à un autre. Sous aucun prétexte, un serrurier (1) ne pouvait s'allier à une famille de maçons, et *vice versa*, et les parents instruisaient leurs fils et leur rappelaient, dans toutes les circonstances de la vie, qu'ils étaient appelés à leur succéder : singulière chose tout de même de voir que des coutumes, qui existaient il y a mille ans et plus chez des blancs, existent de nos jours encore, mais en Afrique et chez des nègres !

Cordonnier maure.

Personne n'ignore sans doute que MM. les beaux-parents noirs ne se ruinent point pour marier leurs

---

(1) Ajoutons que les préjugés sont tellement enracinés chez les nègres qu'ils ne sauraient voir un forgeron, même européen, d'un très bon œil. Ils s'imaginent très sérieusement que nous professons le même mépris qu'eux à l'égard de cette intéressante corporation.

filles. C'est même pour eux, nous pouvons le dire hardiment, une source de profits, car le gendre doit tout donner et ne rien recevoir — que la femme (1). Heureux parents qui trouvent ainsi à caser leurs filles, non seulement sans bourse délier, mais encore avec bénéfices! Heureuse fille qui, après avoir jonglé avec la vertu, au vu et au su de tout le monde, trouve encore le moyen de se marier honorablement quand il lui plaît de se ranger! Heureux gendre, enfin, que tu serais à envier... si tu n'étais à plaindre!

Le principal objectif du nègre en se mariant, c'est d'avoir une lignée, une progéniture abondante. Il n'est point disciple de Malthus, lui. Tout au contraire, il voudrait que sa famille fût aussi nombreuse que celle du roi Priam, et il dit comme le Lacédémonien : Je veux une épouse et je la veux fertile. Si la femme est inapte à la reproduction, ce qui est assez rare, par parenthèses, il divorce aussitôt, ou pour mieux dire la répudie (à peu près comme un fermier met à la réforme ou se défait d'une bête stérile) et se met en quête d'une autre plus féconde, et ainsi de suite jusqu'à ce qu'il ait trouvé ce qu'il lui faut. De sa nichée, il n'a qu'un souci médiocre : il engendre et les petits poussent tout seuls, presque sans soins, tels de jeunes animaux (2).

L'Africain n'est pas ce que nous pourrions appeler un dilettante en amour. Il n'est point voluptueux, c'est-

---

(1) Ce ne peut être que pour cette raison que les indigènes ont un faible prononcé pour les enfants du sexe féminin, bienveillance qu'ils reportent, du reste, sur tous les animaux appartenant à ce sexe-là. Ainsi, au Sénégal, une jument a plus de valeur qu'un cheval : la vache vaut un tiers de plus que le taureau ; l'ânesse est beaucoup plus estimée que l'âne, la chèvre que le bouc, la brebis que le mouton, la poule que le coq, etc., etc.

(2) On attribue la fécondité des unions chez les Africains à ce qu'ils ont l'habitude de se nourrir de poisson. Ce ne saurait être pourtant une raison déterminante, puisque dans l'intérieur

à-dire qu'il n'aime jamais que physiquement et ses mœurs sont rudes. Rendons-lui cette justice — il est vrai que l'opération de la circoncision y est pour quelque chose — c'est qu'il n'est guère sujet aux troubles érotiques, aux perversions sexuelles. Il a une manière bien à lui de manifester son amitié qui passerait chez nous pour quelque peu étrange. On en peut logiquement inférer que dans l'intimité la plus étroite, avec une personne du sexe, ses caresses les plus folles, les plus dévergondées consistent ou plutôt se bornent à lui masser vigoureusement les côtes... Cependant l'Éthiopien n'est pas insensible aux charmes de Vénus : au contraire il mérite, prétend-on, quelque gloire dans ce genre de combat et le nombre de femmes qu'il convoite atteste la disparité de ses appétits ; mais il dédaigne les moyens lascifs (l'exemple de César se faisant chatouiller par Cléopâtre lui paraissant efféminé au superlatif et digne de Sardanapale), et sans jouer au Caton, il fait l'amour par bousculades et gourmades, c'est-à-dire plante un homme comme qui plante un tamarinier... C'est assez dire que le baiser laisse froid cet amoureux transi, mais froid comme un glaçon. Jamais il n'est venu à l'esprit d'un noir, si enflammé soit-il, d'embrasser sérieusement une femme, si jolie soit-elle. Au fait, ne voyez-vous pas un de ces moricauds arrondissant ses grosses lèvres en forme de bourse, s'apprêtant à donner un baiser ?... Ce n'est pas qu'il soit incapable de démonstrations, qu'il manque d'entregent... à sa manière : ce qu'il désire, il le sait faire entendre sans équivoque possible ; seulement il

---

des terres, où naturellement le poisson frais brille par son absence, les indigènes sont aussi prolifiques que ceux qui habitent sur le bord des lacs, d'où il résulte que la diète ichtyophagique n'a qu'une influence relative sur les produits de la génération. Il faut chercher ailleurs. On prétend cependant que le manioc... mais de quoi nous mêlons-nous.

n'a rien d'anacréontique, et le fait d'appliquer ses lèvres sur une figure féminine, si charmante soit-elle, lui paraît puéril, enfantin, bon tout au plus pour les peuples occidentaux...

« Lorsque (à Kouka) quelqu'un dans la haute société demande la main d'une jeune fille à son père, nous dit Nachtigal, celui-ci, avant de donner son consentement, fait d'abord vérifier, par une femme âgée de la famille ou de l'entourage, l'intégrité de ladite fille : si l'on découvre quelque chose de fâcheux, de suspect, le père refuse de dire oui, et se met en quête d'un épouseur pauvre, dans une situation dépendante, qui ne puisse que s'estimer trop heureux de prendre une femme dans une bonne famille et de palper une riche dot. Le cas se présente assez souvent à Kouka où les jeunes filles jouissent d'une liberté sans pareille, s'en vont le soir n'importe où, à la danse, restent absentes aussi longtemps qu'il leur plaît, et peuvent même, à l'insu de leur père, découcher toute la nuit. Vu la fréquence des accidents qu'entraînent de toute nécessité les mœurs indépendantes des jeunes gens, on ne fait pas, d'ordinaire, grand bruit de la chose, et plus d'un époux désillusionné garde un silence qui se comprend de reste. Il n'en est pas moins vrai que le sentiment de la délicatesse exige chez les gens bien élevés la susdite constatation préalable. »

En tout cas, voilà des exemples que devrait méditer maint beau-père.

Dans la partie occidentale, la femme ne porte rien à son mari, c'est entendu, si ce n'est sa personne, et son trousseau (?) composé de hardes qu'on ne saurait estimer à un très haut prix. Elle apporte aussi son expérience des choses de la vie, ses défauts et ses qualités, et parfois un ou plusieurs rejetons que le mari, homme pratique avant tout, est porté à voir d'un assez bon œil, si ce sont des filles ; c'est assez

Esclave mauresque.

dire que la vertu de sa Lucrèce lui importe peu. En revanche, si ce sont des garçons, de jeunes mâles incapables encore de s'utiliser, il prie poliment sa femme de les confier au premier marabout venu, de s'en débarrasser, en un mot, jusqu'à ce qu'ils soient en âge de pouvoir rendre des services. C'est donc à lui, épouseur, à apporter le numéraire, et ce n'est pas comme un vain peuple pense pour les besoins de la communauté. Ce capital ou ce qui le représente (à défaut de la somme complète, on peut facultativement se libérer avec des pagnes ou des animaux) est toujours placé à fonds perdus par le bailleur, car c'est le chef de la famille ou, en son absence, la belle-mère qui reçoit le tout et en use à sa volonté, sans avoir aucun compte à rendre à personne, comme d'un bien acquis.

Sachant donc, car il n'est ni assez naïf, ni assez romanesque, que ce n'est point en bayant aux corneilles ou en poussant des soupirs à la Walter Scott qu'une femme lui tombera dans les bras, le nègre en mal d'hyménée a le soin de prendre ses dispositions à l'avance, sans savoir encore au juste pour qui sa flamme brûlera. Il s'agit en effet (et c'est pour lui une question de vie ou de mort) d'amasser un petit pécule sans lequel il n'est point de femme possible, ce qui le contraindrait fatalement à vivre et à mourir dans la peau d'un célibataire (1). Or, il est sans exemple qu'un nègre ne se marie pas. « Un homme, du moment qu'il reste célibataire, encourt dans ce pays une certaine mésestime, et son état provoque des jugements qui n'ont rien de flatteur pour sa personne; mais la chose prend une autre importance lorsqu'il s'agit d'une femme, qui n'est consi-

---

(1) Lorsqu'un indigène est sur le point de se marier, et qu'il a dans ce but réuni l'argent nécessaire exigé par les parents de la future, son premier soin est d'aller trouver un commerçant des plus proches (car dans son village il trouverait difficilement un Crésus ayant quatre ou cinq louis disponibles) et le prie, après lui avoir confidentiellement exposé le cas, de vouloir bien lui changer ses espèces contre d'autres représentant une somme équivalente. Cet échange de fonds est absolument de rigueur pour que le mariage soit heureux.

dérée que comme un instrument de procréation. Cela, d'après les indigènes, ne peut tenir qu'à des causes peu naturelles, et les réflexions les plus désobligeantes ne manquent point de circuler de bouche en bouche. » Aussi n'y a-t-il point de Vénus qui n'ait son Adonis officiel.

Ce n'est pas que, sans jouer au don Juan, l'indigène soit incapable de faire des conquêtes; bien rares en effet sont ceux qui, avant de boucler leur vie de garçon, n'ont pas jeté leur gourme, comme on dit, n'ont pas eu des *thiojos;* mais, à la longue, ces liaisons passagères lassent, et il vient un temps où, tout nègre que l'on soit, on éprouve le besoin de faire soigner sa sciatique ou son asthme, de faire une fin. L'idée du mariage une fois arrêtée, mûrie et réfléchie, nul obstacle ne saurait l'en détourner. On ne saurait croire quelle ténacité il apporte dans l'accomplissement de son projet, et on a peine à s'imaginer combien il en coûte à un naturel, habitant l'intérieur des terres, pour économiser en espèces sonnantes la misérable somme de cent francs, somme qui lui suffit amplement pour se procurer dans le peuple une femme sortable. Ses efforts sont d'autant plus méritoires que le nègre est très imprévoyant, très gaspilleur, qu'il ne sait pas résister au désir de satisfaire ses caprices, en grand enfant qu'il est, et que, sans jamais manquer du vivre, — la nature généreuse y pourvoyant, — ses revenus sont prodigieusement restreints.

C'est donc sou à sou qu'il économisera, se privant du superflu, et parfois même du nécessaire, traînant des mois entiers, crasseux, des vêtements en loques, tirant, dans toute l'acception du mot, le diable par la queue.

Amour, amour, quelle est donc ta puissance pour amollir ainsi le cœur le plus insensible et rendre économe l'homme le moins apte à économiser ! (1)

Une fois en fonds, l'esprit plein des plus riantes images, il laisse alors parler ouvertement son cœur. Son choix fait, quand il a jeté son dévolu sur celle dont il veut faire la compagne de ses jours — après avoir été agréé par les parents de celle-ci, qui ont pleins pouvoirs, et qui disposent à leur gré de leur fille, — quand enfin le prix de la jeune fille, longuement débattu, a été définitivement fixé, et que le montant total ou partiel a été versé entre les mains des beaux-parents, alors seulement il est permis au jeune homme de faire ouvertement sa cour (*dojhane*); et, ma foi, le gaillard, bien que fruste de manières et d'expression, ne s'en tire point trop mal pour un moricaud. Il s'entend assez à faire le Jupiter chez sa Danaé. Sans tourner le madrigal, il ne laisse pas que d'être très entreprenant, aime à débiter des fadeurs, des compliments à mi-sucre, et excelle surtout dans la plaisanterie facile, toutes choses qui conviennent aux femmes de tous les pays. Ce qu'on aime en effet chez ces dernières leur déplaît souvent en nous : la réserve, qu'elles prennent — souvent à tort — pour du dédain ou de la fierté. D'ailleurs, sans détester le langage fleuri, le nègre ne se pique point d'atticisme; et aux finesses de l'esprit, il substitue volontiers les gauloiseries salées.

Mais avant que de faire la roue, son premier soin, après les présents d'usage offerts à sa future (2), est

---

(1) Il y a des indigènes qui, à l'occasion de leur mariage, s'endettent souvent pour plusieurs mois. Ce n'est du reste que par raison d'économie que certains d'entre eux, et non des moindres, épousent leurs esclaves légitimement.

(2) Les présents varient selon que la poche du galant est plus ou moins lestée, et suivant qu'il est plus ou moins généreux, plus ou moins enthousiaste de la belle. Le plus souvent, ils consistent en colliers en or, bracelets d'argent et autres

de circonvenir les parents de cette dernière et de les éblouir par son faste et sa générosité. Il ne se sent pas de joie, à l'instar du corbeau de la fable, de s'entendre faire son éloge à la ronde. Aussi gratifiera-t-il le père d'un bonnet de feutre rouge, ce à quoi ce dernier se montre très sensible; la mère, d'un pendalle; la sœur, d'un mouchoir madras ou de soie; le frère, d'un boubou ou d'un thoubé; et la tante ou l'aïeule, d'une chèvre. Il n'oubliera ni les plus jeunes ni les plus vieux, aura un bon mot pour tous, et donnera à chacun selon son âge et son goût. Entre temps, — car il a eu le soin d'emporter dans sa poche un nombre respectable de pièces de cinquante centimes, jamais plus de dix toutefois — il glisse çà et là, d'un air détaché, une pièce blanche (une seule à la fois, par exemple!) aux compagnes de la jeune fille, à ses « demoiselles d'honneur », ainsi qu'aux membres les plus marquants de la société (1). Puis il bourre tout ce monde de noix de gouros, dont il a fait ample provision pour la circonstance, et distribue à tout venant des feuilles de tabac qu'il a eu le soin, malgré sa générosité apparente, de choisir aussi minces et aussi légères que possible, dans un but qui saute aux yeux. C'est un spectacle étrange que de voir tout ce monde-là mastiquer et, tour à tour, fumer, cracher, et jacasser à qui mieux mieux. En même temps, les amis de la famille, eux aussi, bénéficient de ses largesses, ramassent les miettes, si on

---

cadeaux de moins d'importance. Si l'épouseur est aisé ou qu'il affecte de le paraître, il se saignera à blanc en gratifiant sa future d'une jeune esclave. C'est là un cadeau princier.

(1) Le fait d'accepter de l'argent ne constitue rien d'humiliant pour un nègre, à quelque classe qu'il appartienne; il l'accepte au même titre qu'un don en nature, avec cette différence qu'il reçoit toujours la monnaie avec une satisfaction mal déguisée. Mendiants infatigables, on retrouve autant de quémandeurs chez ceux qui se piquent d'appartenir à une famille noble que dans les plus basses classes de la société.

peut dire, sans parler d'une tourbe d'étrangers et d'intrus, ou de voisins avides, toujours en quête d'une pipe de tabac ou d'un fragment de gouro.

*
* *

Le prix de la femme noire — puisque enfin il faut appeler les choses par leur nom — varie suivant les conditions sociales, le rang occupé par la personne, son degré de roture ou de noblesse. C'est ainsi, et cela tombe sous le sens, qu'une famille aisée se montrera plus exigeante pour le placement d'une de ses filles, qu'une autre de basse extraction. Il y a des femmes de tous les prix. Il y en a depuis 21 fr. 25, somme rigoureusement nécessaire pour payer les frais de la cérémonie à l'officiant, au marabout, jusqu'à mille francs et plus. Il y en a aussi pour rien, et ce sont celles-là souvent qui reviennent le plus cher...

Quel que soit le montant du prix convenu, il est d'usage de ne prendre livraison de la femme que « contre remboursement ». Seuls peuvent déroger à cette sage coutume les rares phénomènes qui désirent, ou dont les moyens permettent de se libérer par anticipation. C'est assez dire qu'il est fort rare que la somme convenue soit versée intégralement lors même qu'il serait aisé au contractant de le faire. Il est dans les habitudes du nègre d'aimer à faire compte, et il préfère de beaucoup jouer le rôle de débiteur que celui de créancier.

Dans les quatre cinquièmes des cas, le gendre futur se borne à donner un tant à valoir sur la dot ou bien en paye la moitié le jour de la prise de possession, renvoyant à une date ultérieure, indéterminée — après toutefois la consommation du mariage — le règlement du solde, qui traîne parfois indéfiniment. Ajoutons qu'une fois qu'il tient la femme, le madré se soucie fort peu de faire face à ses engagements. Il ne s'exécute à la longue, quand il s'exécute, que relancé sans cesse, l'épée dans les reins, et encore n'est-ce pas sans rechigner ou sans chercher à se faire faire une petite réduction. Tout dépend, au surplus, du naturel des beaux-parents. Il en est de pacifiques, sans caractère,

Jeunes filles (Cayor).

ennemis du bruit et de la chicane, qui, las d'être lanternés et plutôt que de se faire du mauvais sang, finissent par faire abandon de leur créance. Mais ils ne sont pas tous d'aussi bonne composition. Il en existe d'abominablement grincheux, qui ne veulent rien entendre, rien savoir, pour qui un sou est un sou, et qui exigent l'observation rigoureuse du traité. Malheur au gendre qui a affaire à une de ces têtes de turc! Il n'est pas encore au bout de son rouleau. Pour peu qu'il se fasse tirer l'oreille pour le payement des arriérés, il se voit menacé tout net du retrait de la femme — en l'état — c'est-à-dire grosse ou non, menace qui est parfois suivie d'exécution si on fait mine de n'en tenir aucun compte, et si surtout — car cela dépend beaucoup d'elle — l'infante veut bien s'y prêter.

En passant, il convient de rendre hommage à la négresse qui, le plus souvent, reste neutre en ces questions délicates, feignant de tout ignorer, ou affectant de ne prendre parti ni pour ses parents ni pour son mari.

Lorsque la situation est tendue à ce point, ce dernier ne laisse pas que de se montrer perplexe, parfois même profondément découragé, surtout s'il n'a qu'une seule et unique femme. Mettez-vous à sa place, homme sensible, et dites-nous, là, franchement, si le sort de ce malheureux n'est pas à tous égards digne de pitié. Quoi! être dûment marié devant M. le marabout, avoir une femme absolument légitime, l'avoir pressée toute nue contre son corps, l'aimer comme tout mari qui se respecte — fût-il cent fois nègre — doit aimer sa femme, et se la voir brutalement ravir par un sanglier de beau-père ou une guenon de belle-mère sous le prétexte fallacieux que les doublures se touchent! Horreur!!!

D'une part, se dit le pauvre hère avec une logique inattaquable, étant donné le triste état de mes ressources (car ma bourse est comme qui dirait un corps confisqué) il m'est matériellement impossible, au moins présentement, de parfaire la somme demandée; d'autre part, si je m'entête à demeurer dans cette impasse, si je persiste à ne pas donner satisfaction à ces juifs, ils me soufflent conjointement mon Hélène, et je perds de ce chef et la peine que je me suis donnée pour la conquérir, et ma première mise de fonds. Que faire? Quel parti prendre? Allah! Mohamed! (1) Conseillez-moi!...

Il y a cela de remarquable chez le nègre, c'est que, en quelque situation critique qu'il se trouve, il ne perd jamais la tête quand son intérêt immédiat est en jeu.

Jugeant toutefois que ses lumières personnelles sont insuffisantes pour trancher une question aussi épineuse, il court, il vole chez les pères conscrits de la tribu, la plupart d'anciens compagnons d'infortune, et là, en cénacle assemblés, il leur soumet le cas sans fausse honte comme sans cérémonie.

Les Africains sont prodigues de conseils, on le sait, aussi le palabre est-il orageux. Cependant on finit par s'entendre, et il est décidé qu'on enverra un délégué à ce nouveau Pâris avec pleins pouvoirs pour mener à bonne fin cette laborieuse négociation. De préférence il sera choisi parmi les plus fins, car le cœur de bronze, au point où sont les choses, ne se payera point de mots.

Seulement, fait observer sagement le plus ancien, il est un point sur lequel je crois devoir appeler votre attention (et il paraît ici s'adresser plus particulièrement au gendre) : Je crois qu'il serait imprudent de se présenter les mains nettes. Il n'est rien de tel que de petits cadeaux pour faciliter une entrée en matière, d'où dépendra peut-être le sort de cette grave question. En affaires, on ne saurait jamais s'entourer de trop de précautions.

---

(1) On sait que le naturel prononce Mohamed pour Mahomet.

Consulté sur l'état de ses finances, le gendre, toutes poches dehors, est au regret d'avouer qu'il manque totalement d'humide radical, qu'il n'a de disponible que la somme insignifiante de... 1 fr. 10 ; mais, ajoute-t-il aussitôt, j'ai une chèvre que j'offre volontiers, ainsi que le boubou que je porte sur moi et dont je puis parfaitement me dévêtir.

— Prenons tout, dit le plus sage, et le boubou et les vingt-deux sous qui serviront à acheter une douzaine de kolas et la chèvre, que nous pourrons offrir en holocauste à ce tyran de beau-père. Puissent ces présents adoucir son cœur et le rendre miséricordieux !

Ainsi dit, les sous convertis en gouros, le boubou sur un bras, et de l'autre main tirant la chèvre par une corde, le fondé de pouvoir s'ébranle majestueux, très pénétré de l'importance et de la gravité de sa mission (1).

— Va ! va ! dit le gendre infortuné, tous mes vœux t'accompagnent, dépeins bien l'état d'âme en lequel tu me trouves... et sors vainqueur d'un combat dont ma femme est le prix !

Est-ce à dire que le délégué obtiendra gain de cause,

---

(1) On ne saurait jamais croire combien le nègre est habile dans l'art de négocier, et quel tact, quelle ruse il déploie pour arriver à ses fins. A un grand empire sur lui-même, il joint une prudence sans égale, une compréhension rapide, surtout en ce qui touche les affaires relatives à l'état de la contrée, et la riposte chez lui part souvent comme une flèche. Il suffit d'assister à un de leurs palabres, qui ne manquent pas d'une certaine dignité, et de prêter l'attention à ce que disent les orateurs, qui se succèdent les uns après les autres, sans être jamais interrompus, pour se convaincre de la profondeur et de la finesse de leurs arguments. Certes, leur diplomatie est cauteleuse, toute faite de duplicité et de mensonges ; mais on ne peut se défendre d'un geste d'étonnement, on n'en demeure pas moins saisi de voir des gens si près de la nature émettre des vues ingénieuses, parfois subtiles et profondes, qui ne viendraient souvent pas dans l'esprit de personnes qui se piquent d'être éclairées.

qu'il reviendra la bouche pleine des paroles de cet ancien : J'allai, je vis, je vainquis ? Rien n'est moins prouvé. Si, faisant force de génie, il s'est montré bon diplomate, si surtout le beau-père n'est pas absolument dépourvu d'entrailles, il courra le risque de ramener la femme *conditionnellement*, c'est-à-dire sur les promesses en chrysocale et avec la garantie de l'ambassadeur que le gendre s'engage à lui payer, dans un délai déterminé, la somme restant due. Dans le cas contraire, l'ours tient ferme, empoche les cadeaux, mais refuse de lâcher la dulcinée, qui se prête passivement à cette comédie.

CHAPITRE XIII

DE LA CIRCONCISION

Nul ne peut se dire musulman s'il n'est circoncis. Cette prescription de l'Islam est rigoureusement observée par tous les adeptes, mais il nous a paru cependant que cette cérémonie, qui fait époque dans la vie du négrillon, et qui marque en quelque sorte son émancipation, manque un peu de solennité, de grandeur. Toutes proportions gardées, la circoncision est au noir ce que la communion est au blanc, avec cette différence que, l'opération faite, celui qui en a été l'objet est déclaré majeur et peut se marier si bon lui semble. Néanmoins, comme tout dégénère, on est surpris aujourd'hui de voir de tout jeunes gamins s'enrôler dans la phalange, arborer la robe virile et se faire circoncire — l'opération, dans chaque village, n'a lieu qu'une fois l'an — en compagnie d'autres beaucoup plus âgés qu'eux. Autrefois, et il n'y a pas encore bien longtemps, on n'était digne de figurer dans cette cérémonie que lorsqu'on était à même d' « ouvrir une lutte » (1). Quoi qu'il en soit, c'est vers 14 ou 15 ans (approximativement, car les nègres n'ont pas d'état civil) que les jeunes gens se font circoncire, mais ils se basent moins sur l'âge que sur la force et la taille du sujet. Tous les garçons désireux d'y participer se rassemblent dans un

---

(1) C'est-à-dire lutter le premier avec quelque avantage.

lieu déterminé à l'avance par l'opérateur, préalablement revêtus d'un costume *ad hoc* dont l'extravagance dépasse tout ce que l'imagination peut rêver. Là, l'individu en question (et c'est parfois un marabout de haute envergure), armé d'un couteau fraîchement aiguisé, retranche avec flegme, cependant qu'avec dextérité, une partie du prépuce, puis, sans autre forme, jette quelques pincées de sable sur la plaie pour arrêter l'hémorragie et engage l'opéré à aller prendre du repos (1).

Anciennement les préliminaires de l'opération pratiquée de toute antiquité donnaient lieu à plus de mouvement, bien que les choses se passassent à peu près de la même manière qu'aujourd'hui.

« Pendant mon séjour à Sanjarra, en 1827 (on devine qu'il ne saurait être question de nous), je fus témoin d'un usage très extraordinaire. Un jeune prince, qui voulait embrasser la religion mahométane, se disposait à se faire circoncire. Pour s'y préparer, il s'était d'abord revêtu d'un costume spécial; ensuite, accompagné d'une troupe de musiciens et de jeunes gens, il parcourait toutes les rues voisines pour y lever des contributions dont il s'emparait, soit en les demandant, soit en les prenant par adresse ou par force; car c'était un privilège accordé aux adeptes, qui leur permettait également d'attaquer les passants pour les rançonner : celui-ci les saisissait fortement, les serrait et les frappait avec les cornes attachées à la tête de bois qui enveloppait la sienne, et par ce moyen, il était sûr de n'être jamais refusé, d'autant qu'il était secondé par ceux qui l'accompagnaient. Dans l'intervalle de cet exer-

---

(1) Dans certaines contrées on fait aussi une sorte de circoncision sur les jeunes filles dans le but d'empêcher certaines parties de prendre un trop grand développement, et aussi dans quelques cas de phimosis ou de paraphimosis.

cice fatigant, auquel il mêlait maintes extravagances, ses acolytes le rafraîchissaient avec des branches d'arbres dont ils se servaient comme d'éventails, et parfois l'engageaient à s'asseoir : alors il restait quelques minutes sans mouvement et sans parole, puis il recommençait avec plus de violence et avec une sorte de fureur convulsive. Cet exercice avait lieu pendant les trois heures les plus chaudes de la journée, ce qui, joint au poids de ses vêtements, causait au jeune homme une fatigue extrême ; aussi il ne reparut que le lendemain à la même heure, et j'appris qu'il devait se mettre ainsi en spectacle pendant toute une lune. »

Assurément cette narration est exacte. Aussitôt circoncis, le drôle se croit grandi de plusieurs condées. Il se sent quelque chose, il est quelqu'un ; car il n'ignore pas les privilèges attachés à ce grand acte, dont le moindre est d'être considéré comme adulte. Plein de suffisance, il a le verbe haut et marche, infatué de sa personne, avec une fatuité ridicule. Le fat, à l'instar du paon, ne sait que s'admirer ; mais en quoi il diffère de l'autre, c'est qu'on ne l'admire point. Cependant on se montre d'une mansuétude peu commune à l'égard de ces jeunes gens qui, forts de l'impunité dont ils savent pouvoir jouir, se permettent toutes sortes de licences durant les fêtes de la circoncision. N'ayant à redouter aucune loi répressive durant ce laps de temps — qui est en effet d'une lune à l'autre, — ils s'en donnent à cœur joie. On les rencontre par groupes, armés de lances, affublés de costumes grotesques, d'écheveaux de coton multicolores, tapageurs, agressifs, bousculant au passage les personnes qui ont le malheur de ne point leur convenir, ou qui ne prennent pas leur requête en considération. D'ailleurs, si on ne leur donne pas de bonne volonté, ils prennent par la force, ils volent sans plus se gêner tout ce qu'ils rencontrent sur leur chemin, et notamment des volailles et autres oiseaux de basse-cour qu'ils égorgent, font cuire aussitôt et mangent en commun. Tant pis pour les ménagères imprévoyantes qui ne prennent pas leurs dispositions en vue de ces déprédateurs !

Une autre plaisanterie, goûtée surtout par les plus facétieux, consiste, un peu avant le dîner, et en manière de passe-temps, à culbuter toutes les marmites qui se trouvent sur le feu (1), chavirant ainsi la pitance du soir ou bien à y jeter dedans, à l'insu de la cuisinière, quelques poignées de sable ou de détritus divers. Ce qu'on se tord !...

Circoncis.

---

(1) On n'ignore pas sans doute que les négresses font généralement la cuisine en plein vent, dans la cour où tout le monde a accès, quelquefois devant la case même, et que les repas sont assez souvent pris au dehors.

CHAPITRE XIV

DES EMPLOYÉS DE COMMERCE
AU SÉNÉGAL

Fuyez comme la peste ces esprits timorés ou chagrins qui, soit par conviction, parti pris ou ignorance, vous déclarent solennellement que l'homme n'est pas cosmopolite et ne saurait vivre là où il n'a pas pris naissance. L'homme, et surtout l'homme blanc, peut, en répondant aux desiderata d'une bonne hygiène, vivre impunément sous toutes les latitudes. Dans ce pays, l'hygiène doit principalement porter sur les points suivants : d'abord être sobre et réglé dans ses habitudes. Par extension, se garantir le plus possible du soleil dont on connaît les pernicieux effets; éviter avec soin les refroidissements et tout ce qui peut les provoquer, les boissons froides et les courants d'air quand on est en transpiration; ne point se coucher en laissant les fenêtres ouvertes; proscrire rigoureusement les trop nombreux apéritifs, et en particulier l'absinthe, dont on fait dans la colonie une consommation inquiétante; changer fréquemment de linge de corps; se méfier ou plutôt n'user de la femme qu'avec modération et surtout avec circonspection... En observant ces préceptes élémentaires, l'Européen, une fois acclimaté, pourrait jouir d'une immunité à peu près complète; mais le malheur est qu'il ne les suit que par-dessous la jambe. Les jeunes gens en général qui habitent cette colonie commettent imprudences sur imprudences, et en mettent soigneusement les suites sur le compte du climat. Pauvre climat!

Il y a cela de remarquable, c'est qu'il y a quelque vingt ans les Européens faisaient dans la colonie, sans rentrer en France, un séjour bien plus prolongé que maintenant, et néanmoins — le fait est indéniable — le pays était beaucoup plus malsain. Dans ces dix dernières années surtout on a considérablement assaini, et on assainit encore tous les jours. Il est vrai qu'à l'époque dont nous parlons on festoyait ferme dans la colonie, et les exploits bachiques y étaient invraisemblables. On jouait surtout un jeu d'enfer (1) au baccara, et surtout à l'écarté. La passion du jeu atteignait le paroxysme. On passait couramment les nuits blanches à brasser les cartes, ce qui n'empêchait point les gens de banqueter et le champagne de couler à flots.

Ça, c'est le Sénégal d'antan. Aujourd'hui, on est devenu plus pratique, plus pondéré, et il semble même (nous surprendrions-nous à le regretter ?) qu'un vent de sagesse souffle sur le pays. On dirait que les jeunes, frais émoulus de la métropole, guindés, guédés, brédés, cherchent à expier les folies des anciens. Quoi qu'il en soit, il résultait autrefois de ce genre de vie, de cette vie de bohème, que, gaspillant dans l'espace d'une nuit le gain de plusieurs mois, les fonds étaient constamment à la baisse dans la poche de l'employé, et le voyage en Europe, caressé quelques années à l'avance,

---

(1) Pour en donner une idée, nous dirons qu'un négociant (et il existe encore) décavé par son employé, poussa l'audace, la frénésie du jeu, jusqu'à lui jouer un de ses immeubles en « cinq points d'écarté ». La chance, il est vrai, favorisa le patron, qui rentra dans ses débours ; mais que le contraire advint, ce qui était dans les choses possibles, que la déveine au contraire s'acharnât contre lui, et voilà notre homme réduit à passer sous les ordres de son employé !

était renvoyé d'une saison à l'autre, et finalement demeurait à l'état de projet.

* * *

Ne vous tourmentez donc point, Madame, car peut-être vous représentez-vous votre fils pâle, exsangue, débilité, se morfondant sur le grand livre ou se rôtissant au soleil, ou encore, mélancolique, débitant de la cassonade à l'ombre d'un comptoir poudreux. Et sachez d'abord, Madame, que chacun de ces états a son charme. Entre deux bordereaux, si votre fils a le goût des lettres, il accouchera sans tapage de quelques grands vers tragiques imités de Shakespeare ou, élégiaque, fredonnera au beau milieu d'un passavant :

« C'était, dans la nuit brune,
« Sur le clocher jauni,
        « La lune,
« Comme un point sur un i... »

Certes ! nous le confessons sans peine, le débit de la mélasse ou du girofle n'a en soi rien de poétique, mais il a, en revanche, d'inestimables compensations sur lesquelles notre pudeur native nous empêche de nous appesantir... Il n'est pas jusqu'à la situation d'employé dit d'extérieur qui, à côté de ses travers, n'ait son charme propre, savoir : tailler des bavettes sous le prétexte de mettre en ordre un magasin, culotter des pipes sur les quais de Saint-Louis, en aspirant à plein nez d'exquises senteurs, siroter de nombreux apéritifs à la glace et se gargariser les amygdales, en faisant trier les gommes, avec quelques bons verres de limonade frappée... Vous voyez, Madame, que, de quelque façon que vous envisagiez le sort de M. votre fils, celui-ci n'est point à plaindre, tant s'en faut ! Au surplus, il a pour principe (et sur ce

Le forum.

point il est intransigeant) de se faire le moins de bile possible, fort de ce que — excellente raison ! — le foie en ce pays n'est déjà que trop surmené. Aussi les roses fleurissent-elles sur son teint, et vous ménage-t-il la surprise, Madame, de vous démontrer que la réputation du Sénégal est surfaite abominablement. Il est gras, joufflu, dodu comme un petit cochon de lait ; il abhorre la médecine, par exemple ! a les purges en exécration, et n'a qu'un souci unique (combien léger, Seigneur !...), son ventre, son malheureux ventre qui clandestinement s'arrondit, dépassant les limites de l'embonpoint classique, et dont la courbe sans cesse envahissante choque ses sentiments d'esthète. Observateur soigneux des règles de l'hygiène, il pratique l'escrime avec rage, avec désespoir, sans doute avec l'arrière pensée de faire descendre son abdomen ; et, emporté par son zèle obésifuge, s'astreint à toutes les horreurs du régime sec.

Avons-nous dit qu'il adore le billard, et qu'il raffole, comme tout Bordelais qui se respecte, de la manille aux enchères ? C'est ainsi qu'il exulte quand il fait une série de douze points (dame ! ce n'est pas un Vigneau), et il manque tomber en pâmoison lorsqu'il a le bonheur de pouvoir s'écrier, d'une voix que l'émotion étrangle : *Messieurs, la générale !...* Bon, citoyen avec cela — et mieux que personne vous le savez, Madame, — il a fait ses onze mois de service, parce qu'il ne pouvait pas faire autrement. Néanmoins les tripatouillages de la politique ne le séduisent point, et qu'il s'agisse d'élire M. X... ou M. Z..., il s'en soucie comme un poisson d'une pomme. Le matin toujours debout à six heures, il est rare qu'il ne se couche pas le soir sur le coup de dix, — à moins qu'il ne soit retenu au cercle par quelque culotte intempestive dont il cherche à se débarrasser au profit d'un collègue, avec toutes sortes de ménagements. Les plaisirs cynégétiques, qui ne sont, neuf fois sur dix, que des prétextes à « gueuleton », ne le laissent pas insensibles, et s'il ne se livre pas aux douceurs de la pêche à la ligne, c'est que le poisson est tellement abondant dans les eaux sénégalaises, qu'il n'a nulle velléité de se livrer à cette distraction fastidieuse, à ce plaisir suranné. Heureux garçon ! Heureuse vie ! Les jours pour lui s'écoulent sereins, et il songe moins au clocher de la paroisse qu'à certaine gente demoiselle dont nous nous garderons bien de trahir ici l'incognito... — Ce qui ne l'empêche point de monter à bicyclette !

Congratulez-vous, Madame, votre fils est le modèle des employés.

* * *

D'une manière générale, il est donc entendu et compris que MM. les employé de commerce, au Sénégal, ne sont pas trop à plaindre, qu'ils sont même fort bien traités. L'employé dont nous venons de parler vit et existe ; il a même de nombreux frères. Peut-être même demeurons-nous au-dessous de la vérité, — tant nous avons l'exagération en antipathie. Mais qu'est-il besoin d'insister outre mesure, de mettre les points sur les *i*? En faisant une peinture trop colorée, trop détaillée surtout, nous risquerions de tourner la tête à ses jeunes cadets, qui sans doute ne demandent que plaies et bosses ; nous pourrions sans le vouloir leur mettre l'eau à la bouche et les inciter à émigrer en masse vers les rives fleuries (?) du Sénégal. Pour le coup, c'est alors que les féroces amateurs d'épidémie (1) ne nous béniraient pas !

---

(1) Exemple, celui-là, mort du reste, qui insinuait qu'une « bonne » petite épidémie était nécessaire de temps à autre pour éclaircir les cadres (probablement qu'il ne se comprenait point dans ces cadres-là), terroriser les postulants et augmenter ainsi la solde des employés qui en réchappaient.

A part de rares exceptions, les employés mangent à la même table que le chef de la maison, et ont toujours, après le repas de midi, une heure disponible pour faire la sieste, si tel est leur bon plaisir. L'ordinaire y est fort bon, et le vin, qu'on tire de Bordeaux ou de ses environs, est excellent. Par malheur l'appétit ne répond pas toujours aux sollicitations pressantes d'un menu varié. Ainsi donc, outre des appointements rémunérateurs, ils jouissent tous ou à peu près d'un bien-être et d'un confort auxquels nombre d'entre eux n'étaient point habitués dans la métropole (1).

Mais (où n'y en a-t-il pas ?) il y a un cheveu, — et puis on n'est jamais content. Le cri général, universel, est qu'on s'éreinte en pure perte et qu'on ne réalise pas assez d'économies. A parler franc, il est bien difficile aujourd'hui, pour les nouveaux venus — et même pour pas mal d'anciens — de se créer une situation dans la Sénégambie, une situation, s'entend,

---

(1) Il nous vient à ce sujet une réflexion que nous ne saurions passer sous silence, dussions-nous même la voir mal interpréter par ceux qu'elle concerne. Il nous semble en effet que certains petits jeunes gens, oubliant trop vite la situation modeste ou souvent précaire dans laquelle ils se trouvaient avant d'habiter la colonie, se montrent peu après leur arrivée d'une suffisance peu commune, d'une fatuité singulière.

    Et l'on voit des commis
        Mis
    Comme des princes
    Qui jadis sont venus
        Nus
    De leurs provinces.

Et tel, chez lui, ne mangeait souvent que des rogatons, qui, ici, fera le dégoûté de tout, et du meilleur. Il est de bon ton de se plaindre sur tout et à propos de tout, et comme le disait fort bien Paul-Louis :

« Un gueux qui, quand il vint, n'avait pas de souliers, roule carrosse ici et trouve tout détestable. On ne vit qu'à Paris, où l'an passé peut-être il dînait à vingt sous, quand on payait pour lui ; et le tout pour faire croire... » J'en aurais trop à dire, basta !

qui compense le sacrifice qu'on fait en désertant ce beau pays de France. Le Sénégal, que beaucoup de naïfs prennent pour le Pérou ou comparent à l'ancienne Californie, est trop, beaucoup trop couru. Il regorge d'employés, ce qui fait que les salaires baissent dans la proportion que le personnel augmente. A moins d'être doué d'aptitudes toutes particulières, ou d'être favorisé par une chance insolente, on court le risque de terminer sa vie dans la peau d'un rond-de-cuir ou d'un boutiquier, avec toutefois la perspective alléchante d'aller en Europe tous les trois ans, aux frais de la *princesse*, ainsi qu'on dit en langage imagé pour aller se mettre au vert trois ou quatre mois durant, c'est-à-dire radouber ses rhumatismes, se défaire des fièvres intermittentes ou de la jaunisse, consommer quantité d'eaux de Vichy — soigner sa maladie de foie, surtout faire la fête — et, de toutes les manières, manger religieusement les quelques sous qu'on aura à grand'peine économisés...

Vous croyez peut-être que nous plaisantons, que nous nous livrons à quelques facéties faciles ? Point du tout, nous n'avons jamais été aussi sérieux de notre vie. Demandez plutôt au premier Sénégalais venu. Le mal est là, nous le touchons du doigt... mais le remède ? dira-t-on. Il s'agit bien de découvrir une plaie si on n'indique pas le moyen de la panser. Le remède ? Ah ! voilà... poussons d'abord plus avant et procédons par ordre ; essayons de bien déterminer la nature du mal, et nous verrons après...

* * *

Un employé, selon ses aptitudes ou son ancienneté, pourra gagner de 900 à 3,000 francs par an, nourri, logé et blanchi. Nous parlons des employés subalternes. Prenons donc, si vous le voulez bien, une moyenne de

2,400 francs, c'est-à-dire 200 francs net par mois. Peut-être même comptons-nous trop rondement et faisons-nous les patrons plus généreux qu'ils ne le sont... Tranquillisez-vous : nous ne sommes pas anarchiste ! Nous avons en effet à la mémoire, comme si cela datait d'hier (excusez encore cette digression dans laquelle nous tâcherons de ne point nous perdre), le cas de ce tout jeune homme qui avait contracté avec une maison du Sénégal un engagement de 3 ans, aux appointements somptueux de 600 francs par an, nourri, logé, blanchi, etc., suivant l'usage généralement établi.

Vous voyez que, même en ces temps préhistoriques (nous vous faisons rétrograder en arrière de près d'un quart de siècle), où le Sénégal charriait de l'or, la générosité des chefs de maisons, de certains du moins, n'avait nullement besoin d'être refrénée. Quatre mois, quatre longs mois, pensez ! après l'expiration de son engagement, notre jeune homme qui, comme sœur Anne, ne voyait rien venir, et qui attendait anxieusement que son patron daignât lui donner signe de vie, — sous forme, s'entend, d'une augmentation de solde, — reçut enfin de son inestimable chef une lettre sous enveloppe grand format, dont le début alléchant lui procura de douces palpitations, et où les phrases coulaient limpides comme de l'eau de roche. Mâtin ! Se peut-il que le sieur de Buffon ait écrit : le style c'est l'homme. Voici d'ailleurs la teneur de cette lettre extraordinaire, véritable chef-d'œuvre d'escobarderie :

« Gorée, le...

« Cher Monsieur,

« Vous n'êtes pas sans savoir que l'engagement qui vous liait à ma maison a expiré le 20 mars dernier.

« J'ai, en conséquence, l'avantage de vous informer qu'à partir de ce jour, dix-huitième du mois, pour vous donner un témoignage de ma satisfaction (bien, ça !) et vous prouver combien je vous tiens en haute estime (cher homme !), j'ai décidé de porter, sans transition aucune, vos émoluments de 600 francs par an qu'ils étaient à... (tais-toi, mon cœur !) à 75 francs par mois, j'ai bien dit : soixante-quinze francs, — nourri, logé, mais point blanchi (!!!).

« J'ai tout lieu d'espérer que le sacrifice que je m'impose (sacrifice, brigand ! si je ne me retenais...!), augmentera encore, s'il est possible, votre activité naturelle, et que vous saurez l'apprécier comme il convient.

« Agréez, cher Monsieur, etc. »

Bone Deus, le coup était rude. Tant de belles phrases, un tel luxe d'épithètes congratulatoires, tant de « cher Monsieur, » pour en arriver à un si piètre résultat ! (1) Sans autrement réfléchir, outré de tant d'impudence, notre jeune fou prit ses cliques et ses claques, calma au galop ses malencontreuses palpitations, et dégringola les escaliers quatre à quatre. Il court encore...

Il est bon d'ajouter que ce patron — et c'est là son excuse — était Marseillais.

On objectera peut-être que nous citons une exception et c'est très vrai; n'empêche cependant que les employés, à l'heure présente, sont encore bien moins rémunérés qu'ils ne l'étaient autrefois, — la solde de France, à peu de choses près, — et qu'on en trouve plus aux appointements de 600 à 1,800 fr. par an que de ceux qui ont 3 ou 4,000 francs. Et cela s'explique. Sans parler de la marche rétrograde, si on peut ainsi dire, des affaires, sans parler des bénéfices qui tendent tous les jours à devenir de plus en plus rares, il est

---

(1) Dans le pays, il faut compter sur quinze francs par mois au minimum pour le blanchissage et le repassage. Vous voyez d'ici ce qu'il resta de cette mirifique augmentation de solde.

notoire qu'autrefois, et il n'y a pas de cela bien longtemps, l'idée seule de partir pour cette partie de l'Afrique donnait la chair de poule aux plus déterminés. On ne se décidait à prendre cette grave résolution — quand on n'y partait pas à la suite d'un coup de tête — qu'après avoir mûrement réfléchi, pesé le pour et le contre, s'être tâté dans tous les sens, et après avoir fait, dans tous les cas, le sacrifice de sa vie.

Quand on disait à quelqu'un, à cette époque, qu'on partait pour le Sénégal, on l'emplissait d'étonnement, d'admiration ou de terreur, mais ce dernier sentiment paraissait dominer. Il vous regardait, ce brave homme, comme si vous étiez perdu sans retour, d'un air de dire, au fond : Mon pauvre ami, je ne voudrais pas être dans ta peau ! Les femmes un peu mûres se signaient, les jeunes filles lui serraient la main tendrement, « pour la dernière fois », et les hommes entre deux âges, eux, hochaient la tête d'un air entendu. Combien nous sommes loin de cette époque, cependant bien peu éloignée ! Aujourd'hui les employés regorgent, pullulent dans cette colonie, venant des quatre points cardinaux ; et nous nous sommes laissé dire que les maisons, même en France, sont assaillies, débordées par les postulants de tout âge, envahies de demandes d'emplois. L'offre dépasse de beaucoup la demande, comme disent ces bons économistes. On va au Sénégal maintenant avec désinvolture, à peu près comme on irait à Royan ou à Arcachon — avec cette différence néanmoins que le but est tout autre.

**

Il serait curieux et intéressant tout à la fois de rechercher l'origine des Européens qui habitent cette grande colonie (grande par sa superficie, ne vous y méprenez point), dans sa partie française. Constatons d'abord que les étrangers proprement dits y sont peu nombreux. Restreints sont en effet les Anglais et les Belges. On y trouve cependant quelques Italiens, occupés le plus souvent à des travaux inférieurs, tels que terrassements, etc.; quelques Suisses et un certain nombre d'Allemands. En ce qui concerne la France, les centres qui ne produisent pas toujours des phénix, soit dit en passant, fournissent proportionnellement moins de sujets que les cantons et les bourgades. Cela ne laisse pas de paraître singulier. Exceptionnellement, Marseille exporte bon an, mal an un nombre illimité de Phocéens, qui se distinguent non seulement à leur *assent*, mais encore à une parcelle de Canebière qu'ils remorquent toujours après eux. Bordeaux aussi y paraît avec quelque avantage. Tous les jours, spectacle attendrissant, les Chartrons fraternisent avec Sainte-Ulalie et Saint-Nicolas *pige le coup à Saint-Michel*. Néanmoins nous estimons que le chef-lieu de la Gironde pourrait faire meilleure figure en raison de ses multiples relations d'affaires avec la Sénégambie. Me croira-t-on ? Paris, l'unique Paris, est, de toutes les grandes villes, la moins bien représentée. Et quoi ! Messieurs de la Ville Lumière, auriez-vous la *frousse*, comme on dit à l'Institut ? Bien entendu qu'il ne saurait être question des gens — et ils sont nombreux, ceux-là — qui se disent Parisiens et qui ne sont pas du tout Parisiens. Dans ce capharnaüm, ce méli-mélo, toutes les professions ou à peu près y sont représentées, à part les libérales qui ne comptent que quelques avocats sans cause échappés du barreau, certains abbés sans bénéfices, quelques fruits secs de l'École centrale, et quelques bacheliers ès n'importe quoi qui, avec leurs diplômes en poche, s'imaginaient très sérieusement attraper la lune avec les dents...

Ici, c'est un ancien calicot qui se reconnaît tout

d'abord à son sourire avantageux et à son air suffisant, là, un ex-commis voyageur dont la verve désopilante, sinon la platine, vous étourdit; Cet autre, un ancien frère de la doctrine chrétienne qui, après dix ans de professorat, a jeté son froc aux orties. A votre droite, c'est un fils à papa qui a donné de la tablature à sa famille, et qu'on a détaché au Sénégal en expiation de ses fredaines ; à votre gauche, un ex-ténor méconnu, rengainant ses trilles, en train d'auner de la cotonnade (bravo, bis!) ; et au centre, sur la voie publique, quelque ancien sous-off de cavalerie qui, du haut de son siège, hue cocotte en roulant sans cesse des yeux irrités... Beaucoup de scribes, comptables de tous crins, Inaudi en herbes, clercs d'huissier où de notaire en rupture de copies; douaniers sans fraude ; et des négociants qui, en France, n'ont pu réussir dans leurs affaires, et des magistrats rendus aux douceurs de la vie privée qui... mais chut! passons. Les arts; les sciences mêmes, l'industrie y sont représentés; tout en un mot, hormis les millionnaires, qui, eux, ne le sont que par procuration... Il n'est point de cheval de retour, ayant fini de bien faire dans l'un où l'autre hémisphère, qui ne soit agréé *illico* dans quelque hospitalière administration. Vous sursautez, bonnes gens ? Apprenez donc que les administrations locales quelles qu'elles soient, si difficultueuses en général (et croyez bien que dans cette colonie elles ne font point exception à la règle), ne sont de bonne composition que pour le recrutement de leur personnel, ce qui ne veut point dire qu'elles n'occupent exclusivement que des personnes tarées : Mystère... et administration ! Sur ce point — mais sur ce point seulement — l'inéluctable fo-òrme trouve grâce. O corps vertueux d'administrations, philanthropes incontestés, de tels actes ne peuvent demeurer sous silence, et nous ne pouvions faire moins que de les honorer publiquement, dût votre modestie en souffrir !

Aussi bien, nous laisserons aux annalistes ou aux chercheurs sagaces le soin de montrer leurs petits talents de statisticiens. Pour nous, ennemi juré des études abstraites, nous nous bornerons à rappeler que le département de l'Ariège, chef-lieu Foix, arrive bon premier, devançant de plusieurs longueurs les 85 autres départements ; mais aussi c'est l'*Ariège*. Demandez plutôt au premier Sénégalais que vous rencontrerez. Partout, dans le pays, on ne voit, on ne rencontre que des Ariégeois, dont le nombre ne peut être comparé qu'aux étoiles du ciel et aux sables de la mer, soit qu'ils viennent de Pamiers, de Saint-Girons, des cantons circonvoisins ou de Foix même. Et l'on dit que le Français est casanier ? Pas moins ! dirait l'autre. Vous n'êtes pas sans savoir que, depuis quelques années, les sauterelles, délaissant l'Algérie, se jettent à corps perdu sur le Sénégal, qu'elles envahissent, qu'elles infestent. Eh bien ! imaginez (oh ! pour avoir une idée du nombre, simplement) une nuée de ce genre d'insectes ailés...

Il est matériellement impossible, avec la meilleure volonté du monde, de faire un pas dans la rue sans heurter un Ariégeois, dont l'accent caractéristique trahit bientôt le terroir, car, soit dit sans offense, il s'exprime du nez, parle comme s'il jouait de la flûte. On en trouve aussi bien dans le commerce que dans les administrations, dans les boutiques comme dans les bureaux; à Rufisque et à Dakar, à Gorée et à Saint-Louis, dans le Haut-Fleuve et au Niger, dans le haut Sénégal et au Rio-Grande ; et aussi sur l'eau, et dans les brousses à plus de mille lieues de la côte ; et sur les marigots, voire les chutes, et aussi, vietdaze ! jusque sur les frondaisons des baobabs et des tamariniers !...

Non, l'Ariège n'est plus dans l'Ariège : elle est toute en Afrique !... Aussi ne vous est-il point permis d'ignorer que, dans le pays, spontanément et d'un commun accord, on ne désigne plus ces prolifiques bipèdes sans plumes que sous le nom expressif de *mange-mil*, qui est celui d'un passereau qui pullule au Sénégal — comme les Ariégeois. Et, croyez-nous si vous le voulez, s'il est un sobriquet bien justifié, c'est celui-là.

Cependant le département du Tarn, limitrophe, ne pouvait, supérieur en nombre, demeurer impassible. Il ne pouvait assister froidement à cette levée en masse sans éprouver quelque secrète jalousie et faire voir lui aussi qui il était. L'honneur du drapeau était en jeu. Piqué au vif, il fit appel à ses fidèles Albigeois, et, en leur montrant du doigt la carte d'Afrique, article Sénégal, il prononça ce mémorable discours :

Sus !

C'était court, mais c'était bon. Les grandes pensées viennent du cœur ; et les pyramides d'Egypte elles-mêmes, en fait de paroles historiques, n'étaient que de la petite bière en comparaison. Ce fut un bien beau jour.

Mais d'abord, Messieurs de l'Ariège, et vous aussi bouillants Albigeois, une minute, s'il vous plaît. N'inférez point de tout ceci que nous voulons, aux yeux des peuples futurs, vous faire passer pour ce que vous n'êtes point. Éloignez de votre esprit une pensée aussi coupable. Non, non ! Nous le disons bien haut, vous n'êtes pas plus c...hose que nous, gens d'ailleurs, tant s'en faut ! Et la preuve — voyez un peu jusqu'où va notre simplesse, — nous voudrions que vous fussiez imités, copiés, plagiés, par d'autres, s'entend.

C'était, disions-nous, un bien beau jour. Tous les sujets autochtones en état de porter les armes (et quelles armes!), voire les borgnes et les boiteux, se levèrent comme un seul homme, électrisés, impatients de gagner les rives embaumées du Sénégal, et plus impatients encore, nous le soupçonnons, d'entraver la marche des Ariégeois. C'est à qui des chefs-lieux fournirait le plus gros contingent. Bien entendu, Castres eut à cœur de dépasser Albi ; Albi, Gaillac ; et Gaillac, Lavaur. Point de canton ni de commune qui ne se surpassât, qui ne mît sur pied tout ce qu'il pouvait avoir de mieux comme sujets-types. On en parle encore dans le département. Il ne fallait point, — concevez, c'était là le danger, — que l'Ariège aux doigts crochus pût encore étendre ses ramifications, monopolisât davantage cette colonie, détînt, en un mot, le grand record ; et puis on est Albigeois ou on n'est pas Albigeois : Sus donc! Mazamet même (Rodrigue, qui l'eût cru !), Mazamet qui n'était autrefois connu que par ses torchons et ses draps, est en passe aujourd'hui de devenir célèbre grâce à cette scie déliquescente qui fait rage là-bas, et qui ne pourrait être comparée qu'à la talentueuse scatologie des *z-homards*. Y êtes-vous ? Oyez alors et concentrez vos concepts :

Mazamet,	(un temps normal)
Cinq minutes d'arrêt,	(Idem)
Buffet!	(Ibidem)

Et allez-y !...

Nota, Nota ! Pour savourer le sel attique en tout état de cause, il est indispensable, à la fin de chaque ligne, d'appuyer sur la syllabe *et*, et notamment sur le *t* final, en suivant la progression suivante :

Maza-met !
Cinq minutes d'ar-rêt !!
Buf-fet !!!

Et si votre rate ne se dilate pas comme une éponge,

c'est qu'il lui est manifestement impossible de s'épanouir (1).

Faut-il conclure maintenant ? Eh bien, malgré cette louable émulation, les Albigeois ne sont encore que des... demi-mange-mil !

*
* *

S'il en est temps encore, revenons à nos moutons. Nous disions tantôt que la solde moyenne d'un employé de commerce, au Sénégal, était de 2,400 francs par an, soit 200 francs par mois. Ce sont là des appointements qui sont généralement alloués aux personnes de capacité moyenne. Nous avions ajouté que ledit employé était nourri, logé, blanchi, défrayé de tout, en un mot, et, s'il est malade, soigné sans bourse délier aux frais de la maison. Passons alors, maintenant qu'il n'a nul souci de la vie matérielle, aux dépenses diverses et à ses petits besoins personnels. Vous, qui lisez ces lignes, vous conviendrez sans peine, n'est-ce pas ? qu'à moins d'être un ermite accompli, un ours, un sauvage, on ne peut congrûment se calfeutrer dans sa chambre, ses occupations terminées. Un employé qui se respecte doit, sans dépasser la mesure, savoir à quoi l'honneur l'oblige... mais commençons par le commencement.

L'Entretien. — Etant donné qu'en raison de la chaleur extrême et conformément à nos principes, on est obligé de changer fréquemment de linge, on commencera par en être abondamment pourvu. En outre, sans être ce qu'on peut appeler un pschuteux accompli, on est tenu de se vêtir d'une façon correcte, encore

---

(1) On fait ce qu'on peut. Le climat d'ailleurs ne contribue pas seulement à la vigueur du corps, mais aussi à celle de l'esprit : or, l'air du Sénégal, bien que fluide et léger, n'est pas précisément subtil comme celui d'Athènes...

que très légèrement, d'où il résulte qu'après être passé partout, et malgré une sage économie, on est obligé d'affecter pour le moins 40 francs par mois à ce chapitre-là, ci . . . . 40 fr.

Le Cercle. — On n'y joue point d'argent. A la cotisation près, on ne dépense guère plus au cercle qu'au café (encore qu'on l'ait élevée de 5 à 10 francs), et on a l'avantage inappréciable de ne pas se trouver en contact avec toutes sortes de rastaquouères, une des clauses des statuts spécifiant que l'élément étranger au commerce devait être exclu de ce lieu de rendez-vous (1). Durant les premières années de la fondation de ce cercle, nous n'aurions peut-être pas osé conseiller aux nouveaux venus d'en faire partie, car à cette époque on s'y culottait ferme — jamais que des consommations toutefois, mais en quel nombre, Dieu bon ! — tandis qu'aujourd'hui, paraît-il, on s'est beaucoup assagi, on songe davantage à l'avenir, et puis les temps sont durs. A part donc quelques types fabuleux, noceurs impénitents, on se borne à y siroter la verte, voire le picon-grenadine, le plus bourgeoisement du monde. C'est pourquoi, au lieu d'avoir à payer des notes fantastiques s'élevant mensuellement jusqu'à 100 et même 150 francs, — le plus clair de la solde, — l'employé modèle aujourd'hui en est quitte avec une quarantaine de francs environ, ci. . . . . 40 fr.

Dépenses prévues. — Le titre seul en dit assez, ce semble. Point n'est besoin de mettre davantage les points sur les *i*. On peut faire, en effet, un excellent employé et n'être pas de bois. Or, en votre âme et conscience, à moins de se livrer à des pratiques que la morale réprouve, pouvons-nous faire moins que d'inscrire quarante autres francs (décidément ce

---

. . . . qu'on est devenu moins rigoriste.

chiffre est fatidique !) à ce nouvel article. Certes, l'allocation est minime si on considère la grandeur et la complexité du sujet... Mais passons. Il faut compter et les chiffres sont inexorables, ci. . . . . . . 40 fr.

Enfin, consacrons la somme de dix francs au chapitre des dépenses imprévues (tabac, etc.), ci.... 10 fr.

En totalisant ces divers chiffres, nous obtenons la somme rondelette de 130 francs (et encore comptons-nous très sommairement, car nous ne parlons point de ceux qui jouent, ou qui ont cheval à l'écurie (1), ou qui aident leurs parents pauvres), qui, déduite de celle de 200 francs, laisse un actif de 70 francs par mois, soit 840 francs dans l'année ou, si vous préférez, le capital prodigieux de 2,520 francs au bout de trois ans, époque à laquelle l'employé, anémié jusqu'à la moelle des os, a droit à son congé pour la France. Il part donc joyeux et content...

Eh bien ! — vous l'avez déjà pressenti — soixante sur cent reviendront au Sénégal gros-jean comme devant, c'est-à-dire les poches littéralement retournées, à sec; dix, des impeccables, auront sauvé du naufrage une somme pouvant varier entre 1,000 et 1,500 francs, mais n'en seront pas moins gueux pour ça ; vingt autres rapporteront des miettes, et les dix derniers retourneront... endettés ! Observez qu'il ne s'agit ici que des employés pondérés, ainsi que nous vous le disions tout à l'heure, de ceux qui, durant leur séjour dans la colonie, ont mené une existence réglée, sinon exemplaire. Quant aux autres, les jouisseurs, il va de soi qu'ils ont toutes les peines du monde à équilibrer leur budget, quand ils l'équilibrent, et ils se trouvent souvent fort dépourvus, comme la cigale de la fable, quand arrive

---

(1) Il s'est fondé récemment, à Saint-Louis, une société sportive sous la présidence de M. S. Gardette.

l'époque de prendre leur congé, dont ils ne peuvent pas toujours profiter, *faulte de monnoie*.

Tels sont les faits sommairement exposés. Que les intéressés y remédient, — s'ils peuvent !

Mais le remède ! clame-t-on.

Le remède ? Parbleu ! ne voyez-vous pas qu'il est dans la nature même du mal !

CHAPITRE XV

LE NÈGRE CONSIDÉRÉ DANS SES RAPPORTS AVEC L'EUROPÉEN

Le naturel est très civil, si étrange que cela vous paraisse. Il est très civil en ce qui touche l'acte solennel de la salutation, et c'est tout. Dame! que vouliez-vous de plus! En vous rencontrant, sans même vous connaître, il est rare s'il ne vous gratifie point d'un salut plus ou moins cérémonieux, et se montrera très surpris, en revanche, si vous négligez de le lui rendre, en quoi il a parfaitement raison. Le matin, il demandera de vos nouvelles, bien qu'au fond l'état de votre santé le préoccupe fort peu, et, l'après-midi, si la journée se passe bien ou s'est bien passée. « Il a l'équivalent de nos *bonjour, bonsoir, bonne nuit;* mais il pousse plus loin que le Français les soins de la civilité, car il a encore une formule intermédiaire qu'on pourrait traduire par *bon midi,* ou bon milieu du jour. » Il se montre très prodigue de poignées de main, mais ne se découvre pas le chef en notre présence ou rarement, par esprit d'imitation alors; sa façon de marquer le respect, quand il pénètre chez un particulier, de même quand il rentre dans la mosquée, étant de se déchausser et de laisser ses sandales sur le seuil.

L'indigène n'est point susceptible. Cependant, si on veut le blesser à vif, il n'est rien de tel que de l'insulter dans la personne de sa mère. C'est la plus sanglante injure qu'on puisse lui adresser, et il est rare que le plus apathique ne bondisse sous l'outrage. Dans leurs discussions entre eux, après s'être traités réciproquement de polissons, de bâtards et d'autres aménités de ce genre, il est rare s'ils ne finissent pas par dauber sur leurs proches, vivants ou morts. On n'a pas idée, en ce cas, de la grossièreté des propos échangés, surtout quand la négresse entre en lice. « J'ai vu à Bandaï, disait un auteur déjà cité, deux femelles en colère passer des gros mots à l'action, et si le poignard ne fut pas l'*ultima ratio* des combattantes, cela tient à ce qu'on les sépara juste à temps. »

Lorsque arrive le dernier jour de la semaine, le premier soin du nègre, qu'il soit ou non d'ailleurs à votre service, consiste à vous demander « son dimanche », c'est-à-dire un pourboire, une gratification quelconque, et notez que le dimanche, leur dimanche à eux, sous la ligne, c'est le vendredi! Si, débonnaire, peut-être aussi pour vous en dépêtrer, vous lui glissez la pièce, vous vous engagez tacitement à la lui donner les dimanches et jours fériés suivants, tant il est vrai que les petits cadeaux renouvelés finissent à la longue par être considérés comme dus. D'ailleurs, il y a du griot dans chaque Africain. Et la preuve, faites un cadeau à l'un d'eux, et vous verrez s'il ne vous congratule pas dans toutes les règles. Bien entendu, les louanges seront proportionnées à l'importance du don. Si vous donnez dix sous, par exemple, vous serez bon; si vingt sous, vous serez très bon; si deux francs, vous serez extrêmement bon; si cinq francs, oh! diantre! vous n'avez point de pareil, *amoul mojhom!* mais si vous ne donnez absolument rien, vous serez... *d'ougat!*

De même quand vient un jour de fête comme la Noël, Pâques, etc., le naturel vous demande aussitôt « la fête » le plus naturellement du monde. A plus forte raison vous la demande-t-il, et avec insistance, quand arrive le jour de la *tabasqui*, de leur premier de l'an, ou de toute autre réjouissance locale. Que si vous manifestez votre surprise d'avoir toujours à donner et jamais à recevoir, il vous répond, placide : Toi, blanc; moi, noir...

Mais pardon! Il serait injuste de ne point dire que l'Africain sait être généreux à l'occasion : « Voici, dit l'un d'eux avec un geste large, voici un cadeau que je te porte, — un cadeau, tu entends? » Et il insiste, il souligne le mot, tant il a de la peine à se familiariser lui-même avec l'étrangeté de son procédé. Ce disant, il montre, amarrées par les pattes à l'extrémité d'un bâton, deux étiques volailles aux plumes hérissées. Confus d'une générosité aussi intempestive, et sachant par expérience que le nègre donnerait facilement un œuf pour avoir un bœuf, vous essayez doucement de le dissuader, prétextant que c'est trop d'honneur qu'il vous fait. Vous alléguez subrepticement (et entre temps vous constatez sans surprise qu'un poulet a la pépie et l'autre une patte cassée), vous alléguez que la volière est pleine, qu'en ce moment vous êtes fort occupé, que, etc., etc.; mais le donateur tient bon, et pour cause. Que ne vas-tu au marché? lui criez-vous, excédé; les volailles se vendent comme du beurre! Peine inutile. Le gaillard se gendarme, feint de prendre une mine outragée. Est-ce ainsi, dit-il, éludant la réponse, et ce à haute voix afin que ses coreligionnaires n'en perdent pas un seul mot, est-ce ainsi que, vous autres blancs, vous faites cas des attentions (!) qu'ont pour vous les pauvres noirs? Vous protestez vaguement du geste, vous défendant d'avoir voulu le blesser, pendant que ses compatriotes opinent du bonnet. Mais l'autre de reprendre, véhément : Oui, sont-ce là les remerciements que tu adresses à un homme qui vient de faire plus de trois lieues et demie dans le but exclusif de t'offrir ces poulets que sa femme a à grand'peine engraissés à ton intention? Chancelant (car le nègre ment avec une franchise plus grande qu'il ne dit vrai avec sincérité), vous paraissez fléchir lorsque le gredin tout à coup vous assomme par cet argument décisif : Je lis dans ta pensée... Tu refuses mon présent, j'en ai l'intime conviction, parce que tu t'imagines, en l'acceptant, être obligé de m'en offrir un autre en retour... (Marques unanimes d'approbation.) Ai-je touché juste? Tranquillise-toi, va : *le jour n'est pas plus pur que le fond de mon cœur.* C'est assez dire que tu peux accepter sans remords, n'ayant, moi, aucune arrière-pensée. Que faire? A moins de passer pour un goujat accompli, vous acceptez le présent, non sans vous ménager, en retour, une douce vengeance.

En effet, dès que cet homme généreux se trouve enfin débarrassé de ses horribles bêtes, et pour ne pas avoir l'air d'être en contradiction avec lui-même, il prend un biais, prétexte le plus souvent quelques courses à faire, tout en ayant bien le soin de vous prévenir qu'il viendra vous faire ses adieux. Il n'aurait garde d'y manquer! Il part donc et est de retour peu après. C'est alors le moment de se payer sa tête, de l'observer, si vous avez quelques loisirs. Tout d'abord, il ne fait aucune allusion, parle de choses et d'autres, mais après avoir musé, voyant que le temps passe, et que rien n'arrive, il s'impatiente visiblement, va, vient, tourne, vire, s'assied, se lève, crache ostensiblement, tousse en fanfare, non sans vous glisser à la dérobée des regards de toutou en détresse. — Serais-tu indisposé? insinuez-vous doucement? — Moi? Jamais de la vie! C'est-à-dire que... je m'en vais. — Ah? un silence. — Je m'en vais! éclate-t-il, bourru; ma femme aurait bien besoin d'un pendalle, mais je n'avais que ces *poulets.* — Ah! ah!... Puis, après un nouveau silence, voyant que ça ne mord pas, doucereux : Si pourtant tu pouvais me *prêter* un pendalle?...

Et vous faites donner à cet ostrogoth le vêtement féminin qu'il sollicite, dont la valeur représente deux paires de volailles saines et bien conformées, jurant

Tisserands ouololfs.

mais un peu tard... Heureux encore quand, ayant la bonhomie d'accepter un présent quelconque, on en est quitte en ne le payant pas le double ou le triple de sa valeur normale. C'est pourtant ce qui arrive neuf fois sur dix, si, aux yeux de MM. les nègres, on ne veut point passer pour un pleutre · — Alors c'est cela que tu me donnes? vous fait-on avec un air que nous renonçons à exprimer. — Évidemment! ripostez-vous choqué, n'est-ce pas suffisant? — Si, si... traduisez : cuistre, va!

C'est avec apparence de raison que l'on a pu dire que les deux moitiés du monde se moquent l'une de l'autre. Nous nous moquons des nègres et les nègres se moquent de nous. Et chacun, à l'appui de sa thèse, invoque des arguments qu'il croit décisifs.

Marchons-nous, nous manquons d'élégance, nous ne savons pas nous dandiner, ou le faisons de façon si gauche ! Montons-nous à cheval... et d'abord savons-nous monter ? Notre adresse hippiatrique est contestable. Sommes-nous dignes, nous paraissons empesés, hautains ; et si nous nous faisons humbles, timides, nous manquons de caractère. Sommes-nous loquaces, nous manquons de fond, nous ne sommes point sérieux ; et si nous nous montrons réservés, circonspects, nous sommes *a priori* des êtres inabordables, dont on a peur... Rions-nous, nous ne pouvons être que légers ; affectons-nous de paraître sombres, au contraire, nous roulons de sinistres desseins. Nous montrons-nous généreux, nous sommes congratulés par devant — et traités de *mufs* par derrière ; sommes-nous près de nos pièces, nous sommes suspects de ladrerie, *Thiam!* (1) Nous levons-nous tôt, nous sommes avides de gain ; est-il tard,... Avons-nous la foi, c'est sans conviction, pour la forme ; ne pratiquons-nous pas... Aimons-nous à vivre, nous sommes de fieffés gourmands ; à boire frais, d'incurables ivrognes ; et si, par malheur, nous sommes surpris faisant un doigt de cour à leurs femmes..... Bref, quoi que nous fassions, nous tournons fatalement dans le même cercle vicieux ; nous avons une tache indélébile : Nous sommes blancs !

---

(1) Cette exclamation est aussi courte qu'expressive. Bornons-nous à dire, en substance, qu'elle marque le mépris. Ce qui n'est pas possible de rendre toutefois, c'est l'air avec lequel on prononce ce mot ; c'est le plissement dédaigneux du menton, ce rictus aux commissures des lèvres, accompagné d'un claquement intraduisible de celles-ci : *Thiam!*...

N'était ce préambule, peut-être se serait-on imaginé bénévolement que notre qualité d'Européen nous donnait droit à certaines privautés, nous valait auprès des jouvencelles… mordorées autant d'attentions que de souris, et de la part de l'autre, du sexe laid, des égards sans fin et un respect sans bornes, — encore que, toute présomption mise de côté, nous n'ayons pas le moindre droit à l'admiration de ces gens. Il faut donc en rabattre, outre que notre qualité de chrétien n'est point faite pour nous rehausser dans l'esprit des nègres, qui ne nous considèrent, pris en bloc, que comme des sortes de païens, ennemis acharnés de l'islam.

De plus, le naturel a de la beauté une idée toute différente de la nôtre. Ainsi, pour lui, une femme n'est considérée comme bien, n'a réellement du chic et du cachet qu'autant qu'elle a les yeux gros et à fleur de tête (des yeux de chèvre); la bouche large et bien fendue, les mâchoires puissantes, les lèvres épaisses, le thorax développé, les seins rebondissants, les hanches fortes, et enfin la partie postérieure fournie, abondante et majestueuse… C'est pourquoi, neuf fois sur dix, il trouve ridicule ce que nous considérons, nous, comme un ornement. Sans aller si loin, on voit mal un riverain de la Méditerranée affectant chez nous un air vainqueur sans moustaches. Eh bien, précisément, celle-ci est mal vue par les indigènes, qui ne peuvent la voir en peinture. Il est vrai que chez eux il n'y a guère que les ivrognes et les déclassés qui, bravant les préjugés, se risquent à arborer quelques poils timides sur la lèvre supérieure, aussi sont-ils disqualifiés de ce chef. Quant à ceux qui se respectent, qui ont souci de leur dignité — et notamment tous les derviches sans exception, — ils voient dans le port de la moustache un emblème séditieux et l'indice infaillible d'une déchéance physique et morale. En outre, ils prétendent, entre autres griefs, qu'elle est malpropre et qu'elle enlève au visage une partie de sa gravité et de sa noblesse naturelle.

Ainsi donc ce que nous supposions qui pouvait nous embellir, nous enlaidit auprès d'eux : sans compter, ne vous en déplaise, que nous manquons totalement de *prognathisme*. Notre épiderme, suivant une expression heureuse, avec sa finesse et la transparence bleuâtre des veines, leur fait l'effet de quelque chose d'inachevé, et leur rappelle l'aspect embryonnaire du jeune animal qui n'a pas encore de poils ou de plumes. Or donc, notre bouche, trop petite, est insignifiante; nos lèvres, trop minces, ne disent rien; et nos cheveux en broussailles, dès l'instant qu'ils ne s'étendent pas laineux et crépus sur une tête osseuse et bossuée.....

D'autre part, ils ne peuvent point digérer la finesse de nos extrémités par rapport à leurs mains, qui ne sont pas des mains ; et à leurs pieds, qui ne sont pas des pieds. C'est là indubitablement un signe de dégénérescence. Enfin, d'après ces Messieurs, il paraîtrait que nous mangeons à la manière des lièvres, ce qui les surprend d'autant moins que nous faisons une consommation prodigieuse de plantes herbacées; nous avons le nez en trompette, la bouche trop petite, les dents rouillées et un facies... d'Européen !

C'est absolument comme une bête curieuse que l'Africain nous regarde quand nous crachons, par exemple, ou que nous nous mouchons. Il suit chacun de nos gestes avec une curiosité inquiète, les yeux écarquillés, ayant de la peine à croire qu'un être qui se pique d'être raisonnable puisse expectorer dans un carré d'étoffe et surtout fourrer dans l'une de ses poches les mucosités qu'il vient soigneusement de recueillir... Le rouge, si on peut le dire, lui en monte au visage: Il est donc malpropre, le blanc! balbutie-t-il. Et son cerveau se livre à un travail au-dessus de ses forces afin de pénétrer ce mystère, mais vainement, du reste. Ses yeux interrogent : C'est, lui dit-on, que la chose est plus séante. Pour le coup, les bras lui en tombent. Ça, séant? pense-t-il; dégoûtant tout au plus. N'est-il pas infiniment plus simple de cracher par terre, de se moucher... par terre à l'aide d'une simple pression du pouce et de l'index? Et si la partie saillante du visage en demeure quelque peu barbouillée, ce qui est dans les choses possibles, eh bien! on s'essuie tranquillement à la manche de son voisin, et tout est dit.

Mais c'est bien pis quand un noir de la brousse se trouve en face d'une table servie. Il en demeure ahuri. Que de façons pour manger! Pourquoi faire d'abord une table? Pourquoi faire des chaises? L'utilité des fourchettes, ainsi que des verres et des assiettes qui, bien certainement, ne contiennent pas de quoi remplir la cavité d'une dent? (1) Revenu à lui, il s'esclaffe, il se tord, quand il ne se montre pas plein d'une commisération dédaigneuse pour le *thoubap*, qu'il considère en son for intérieur comme vaguement déséquilibré.

Un des nôtres ne saurait lire un journal ou un livre

---

(1) On a ouï dire, sans doute, que le nègre est très porté sur sa bouche. Pour lui, il est entendu que nous ne mangeons que des niaiseries, si nous mangeons. Tout porte à croire que les parois de son estomac sont élastiques et que sa capacité stomacale est au moins égale à celle d'un dromadaire. Il ne mange pas, il goinfre. Au point de vue de l'art de manger, il n'a de l'homme que ses viscères, c'est dire que son objectif c'est « l'avaller plus que le gouster ». A lui tout seul, il se charge de dévorer, d'engloutir plutôt, une quantité de nourriture suffisante pour trois Européens. Oh! se serait écrié Rabelais, la belle... chose qui doit boursoufler en son ventre! On sait que les aliments de toute nature, fussent-ils semi-liquides, doivent être ingurgités sans le concours d'aucun intermédiaire, tel que cuillers, fourchettes, etc., qui en altèrent, paraît-il, une partie de leur saveur.

quelconque devant des indigènes sans que l'un d'eux (n'y a-t-il pas partout des gens malins?) ne chuchote confidentiellement à l'oreille de son plus proche, émerveillé de sa pénétration : Tu aperçois le blanc, eh? il compte combien il a réalisé de bénéfices aujourd'hui. Rien d'ailleurs ne le ferait démordre de sa stupide conviction. De même que tous les manuscrits trafiqués par les Éthiopiens ont un caractère exclusivement religieux, sans aucune trace de littérature, de même s'imagine-t-il, nous sachant d'une dévotion assez tiède par rapport à son fanatisme outré, que l'intérêt est notre seule passion, notre unique objectif et que tous les ouvrages que nous pouvons parcourir s'y rapportent de loin ou de près. Est-ce une raison, animal illustre, parce que nulle idée ne peut germer dans ton cerveau ankylosé, pour que nous soyons faits à ton image et soumis aux mêmes règles que toi!

Il n'est pas jusqu'à notre manière de nous vêtir qui lui paraisse singulière, grotesque même, et qui le plonge dans une douce hilarité. Le nègre est sarcastique à ses heures. Il a l'air de se demander pourquoi nous portons des habits étriqués (tels ils lui paraissent à lui qui souvent n'en porte pas, ou ne se vêtit que de sordides haillons, que la crasse agglutine), alors qu'il nous serait si facile de nous tailler à même les pièces d'étoffe, d'amples et confortables vêtements. Toutefois — et c'est un point à noter — ce même nègre saisit toutes les occasions qui se présentent de s'affubler de nos défroques quand nous voulons bien les lui donner, et il voudrait que nous fussions tous pareils à cet ancien roi du Mexique qui changeait d'accoutrement quatre ou cinq fois par jour, et qui donnait ses hardes après s'en être servi une fois.

Enfin, pour lui, polygame endurci, il lui paraît absolument inadmissible que nous puissions cheminer le cours de la vie en compagnie d'une même femme seulement. C'est là un fait hors nature. C'est en vain qu'on lui objecte qu'une femme, si elle est choisie avec discernement, peut à tous égards largement suffire au bonheur d'un homme, à moins que d'être doté d'appétits extravagants ; que, d'autre part, les lois de notre pays sont formelles et n'entendent pas la plaisanterie sur ce chapitre, et que, au moins officiellement, elles réprouvent d'une manière absolue la pluralité des femmes..... Tara ta ta! Peine perdue. Mahomet, invoque-t-il, a démontré péremptoirement, avec son propre exemple à l'appui, qu'une femme d'abord est bien seulette, et que, malgré son bon vouloir et les meilleures dispositions du monde, elle est manifestement incapable de remplir les conditions requises.

Qu'il en faut davantage pour que la vie soit réellement vivable.

Que, pour que la somme de bonheur soit complète ici-bas, et pour pouvoir apprécier comme il convient les douceurs exquises du *home*, le nombre de quatre n'est point exagéré, attendu d'ailleurs qu'il a été fixé par le saint prophète, et que, si par hasard l'une est absente, la seconde indisposée et la troisième de mauvaise humeur, on a encore la ressource, grâce à la quatrième, de ne point chômer....

Et que, par conséquent, si nous nous contentons d'une seule et unique, c'est purement et simplement par raison d'économie !

CHAPITRE XVI

US ET COUTUMES

Là où il y a de la gêne, il n'y a point de plaisir. Nul mieux que le noir ne s'entend à pratiquer cet aphorisme. Foin de la gêne! Il faut voir avec quelle désinvolture il donne des crocs-en-jambe à ce que nous avons l'habitude d'appeler les usages. Se promenant, par exemple, aperçoit-il un de ses pareils en train de priser, il va droit à lui — ne le connaissant ni d'Adam ni d'Ève — et tranquillement, sans même demander l'autorisation, il puise à même le creux (1) de la main une pincée de tabac, et du temps que l'autre le regarde, médiocrement surpris (à charge de revanche, le cas échéant), il la hume avec satisfaction. Si pourtant, il prononcera parfois ces simples mots : *Ma foun ti*, et ce comme s'il s'agissait de son propre bien. D'autres fois, il ne daignera même pas ouvrir la bouche, se bornant à porter le pouce et l'index à la partie saillante de son visage, geste dont on comprend la signification de la Mésopotamie au Monomotapa.

---

(1) Tous les indigènes fument ou prisent peu ou prou. Les priseurs, au moins ceux qui habitent les brousses, dédaignent l'emploi de notre tabatière. Nous soupçonnons fortement que c'est parce qu'ils ne peuvent se la procurer qu'en payant. Ils lui préfèrent un petit flacon ayant contenu des odeurs, qu'ils se procurent dans les boutiques, *gratis pro Deo*. Ne pouvant plonger les doigts dans cette tabatière nouveau genre, ils vident une partie de son contenu dans la paume de la main, et après avoir reniflé et s'être barbouillé le nez à plusieurs reprises, ils réintègrent religieusement le surplus dans le flacon.

Même sans-gêne entre fumeurs. Quand un naturel allume sa pipe, c'est miracle s'il en vient à bout, c'est-à-dire s'il parvient à la fumer en entier, à moins que de s'enfermer chez soi, à huis clos, ce qui n'est point dans le caractère des Africains. Faute de quoi, cependant, le premier passant venu la sollicite sans la moindre forme et, à peine allumée, la pipe circule de bouche en bouche — et ne revient à son infortuné propriétaire — quand elle revient — que chargée de cendre et éteinte faute de combustible. Et néanmoins, quelque désagréable que cela soit, nul ne peut se soustraire à ces sortes d'obligations sous peine de passer pour un incivil et d'être montré au doigt. Celui qui offre ou qui fait passer la pipe (parfois aussi, ajoutons-le, à son corps défendant) la tient, ou du moins doit la tenir par l'extrémité opposée au fourneau, s'il a quelques notions de savoir-vivre, affectant, délicatesse extrême ! en la glissant de sa main dans celle du solliciteur, d'essuyer avec les phalanges la partie de l'ustensile qui a été en contact avec les lèvres. Cette opération, qui dénote un tact exquis, se fait d'ailleurs avec la plus grande gravité.

S'agit-il d'un cigare, — car les naturels s'en fabriquent de grossiers, quand il leur en prend la fantaisie, avec la feuille de tabac, — il suit à peu près la même destination et a le même sort que la pipe, avec cette différence que le trait raffiné de tantôt n'a plus sa raison d'être, ce qui est fort logique, le fait d'essuyer le bout humide d'un cigare à tout propos pouvant le déformer ou en enlever quelques parcelles. On se le passe donc à la bonne franquette.

De même, lorsqu'un nègre s'offre le luxe d'un kola, s'il n'a pas le soin de le fourrer séance tenante dans la bouche, et d'un seul coup, il se voit sollicité d'une façon si pressante que, fragment par fragment, son gourou lui glisse des mains, quelquefois même du nœud de la gorge, et c'est à peine s'il lui en reste quelques bribes pour satisfaire son désir. Egalement il serait considéré comme un malotru fieffé s'il s'avisait de manger devant ses pareils sans les inviter à partager son repas. A dire vrai, dans la plupart des cas, son invitation est toute de convenance, pour la forme, surtout s'il ne connaît point les gens, et ceux-ci, s'ils ont un peu de tact, le comprennent fort bien et refusent avec politesse, prétextant qu'ils sont repus (1). Mais il advient aussi parfois que le malheureux est pris au mot, l'invitation à la lettre, et l'amphitryon, sans le vouloir, victime de son action polie, se trouve alors réduit à la portion congrue. Or, on ne saurait jamais croire combien un nègre est mal à l'aise lorsque, dans un repas, il est retenu par la crainte qu'il n'y en ait pas assez. A vrai dire, peut-être que, dans le même cas, ferions-nous aussi une triste figure.

Pour éviter d'aussi fâcheux inconvénients, les plus avisés, quand arrive le moment d'ingurgiter leur nourriture, se dérobent prudemment et vont se satisfaire toutes portes fermées crainte des pique-assiette. Si, malgré les subterfuges les plus ingénieux, ils ne peuvent se garer des importuns, dont la patience est infatigable, ils préfèrent s'abstenir et attendre le moment de leur départ, dussent-ils manger froid. Or, Dieu sait qu'un lajh réchauffé n'a jamais rien valu.

Néanmoins le nègre est hospitalier, le fait est indé-

---

(1) Ce mot nous rappelle une anecdote. Une signare du commun invitée, dans un dîner, à reprendre d'un plat, pensa mettre le comble à la politesse en répondant avec son sourire le plus gracieux : Merci, je suis pleine ! Tête des invités. Remarquez cependant que ce mot malheureux n'est autre chose que la traduction littérale de l'expression ouoloffe : *Se ma bir ba fesna*, c'est-à-dire, à la lettre, mon ventre est plein. Confessez que de mon ventre est plein à « je suis pleine », il n'y a qu'un pas...

niable. L'est-il sans arrière-pensée? Nous ne le pensons pas. Appelle-t-on généreux, par exemple, l'homme qui ne se montre large que quand il est sûr d'être vu, et qui bientôt après, lorsqu'il est seul, se repent amèrement de ses prodigalités. Qui n'est homme de bien que parce qu'on le saura, n'est pas homme de bien. Or, c'est un peu le cas pour le Sénégalais. Mais écoutez plutôt: « Dans cette partie de l'Afrique, un voyageur peut prendre sa part du premier plat de couscous qu'il voit devant une case ; on ne lui demande rien, pas même son nom, il est libre de continuer son chemin sans proférer un seul mot. » Cela est bel et bon, mais la vérité est que le naturel est hospitalier quand il ne peut pas faire autrement, parce qu'une coutume, qui a force de loi dans le pays, veut qu'on ne ferme sa porte à personne. Que des amis ou connaissances tombent chez l'un d'eux, à l'improviste, comme cela leur arrive souvent, sans crier gare, et qu'ils s'installent chez lui avec leur sans-gêne habituel, examinez un peu en quel état se trouve notre homme, et comment il s'en tire. Certes, il reçoit son monde en souriant, et son abord sera agréable, mais pour qui l'observe de près, on s'aperçoit bien vite que toutes ses prévenances sont factices. D'ailleurs il ne se gêne point souvent pour filer à l'anglaise sous un prétexte quelconque, plantant là ses invités, et s'en va dans le village crier de porte en porte qu'il vient de lui arriver une troupe famélique. Il exagérera à plaisir, assombrira le tableau dans l'espoir évident d'apitoyer quelque compatriote sensible et d'obtenir ainsi de lui un peu de monnaie ou quelques livres de riz.

Est-ce, au contraire, un notable dont les moyens permettent de recevoir sans avoir besoin de recourir à l'obligeance du voisin, il le fera volontiers ostensiblement pour écraser ses égaux et éblouir la plèbe. Il se montrera prodigue, fastueux, mais par orgueil seulement, pour qu'on le proclame, qu'il s'entende proclamer le premier de l'endroit et qu'il puisse trancher du protecteur ; tandis que l'Européen supporte difficilement la flatterie et trouve un petit goût amer jusque dans les éloges les plus délicats, l'Africain, qui a l'épiderme moins sensible, éprouve le plus grand plaisir à s'entendre chanter les louanges les plus invraisemblables, savourant sans réserve l'encens le plus grossier : mais aussitôt les *ganes* (1) partis, l'enthousiasme factice du bonhomme tombe comme par enchantement et ses doléances ne connaissent plus de bornes : Quels ventres ! s'écrie-t-il, quels ventres ont ces gens ! *D'où niou sours mouck* (2).

Il y a ceci de particulier chez ces individus, c'est que, lorsqu'ils ont des convives, ils ne font point de cérémonie pour les placer à table (?). Grave question que celle de préséance chez nous, dans un repas, où il suffit parfois du moindre impair pour s'aliéner une personne à tout jamais ! moins formaliste que cela, le brave nègre. D'ailleurs là où il y a de la gêne... Dès que les invités sont au complet, chacun s'installe comme il veut, sans s'occuper ni de la situation, ni du rang. A table, le naturel est individualiste au dernier chef, et il ne s'occupe de son voisin que d'autant qu'il met par trop souvent la main dans le plat. Pas plus de manières, du reste, après le repas, que pour les préliminaires de l'installation. Cependant il est décrété de mauvais goût de se servir de l'eau tiède après qu'on a officié, pour les soins de propreté de la bouche : l'eau bouillie est écœurante et bonne tout au plus après un ipéca. Passe encore de se sucer les pha-

---

(1) On appelle *gane* tout individu étranger auquel on offre l'hospitalité.
(2) Ils ne sont jamais rassasiés (textuellement jamais pleins).

langes et de se gargariser à l'eau froide, qui a au moins la propriété de raffermir les gencives. Points de valets à leurs trousses, de ces valets insolents qui vous guettent d'ailleurs, comme si vous leur dérobiez chaque bouchée que vous mangez. Chacun, son estomac satisfait, prend ses aises, étend ses jambes quand il lui plaît et se lève quand il lui convient, sans courir le risque de passer pour un incivil, et sans avoir à supporter la sensation d'un regard souvent chargé de reproches (1). Enfin, pour faciliter sa digestion, il peut fumer sans contrainte, lâcher des gaz à foison (et Dieu sait s'il s'en prive, le misérable!), et expectorer tout à son aise, sans avoir sans cesse le mouchoir en l'air, et être obligé de dire l'échine en deux et la bouche en cœur : Madame permet-elle ?... Monsieur, la fumée ?...

**

D'habitude, en voyage, lorsqu'une famille change de résidence, ce qui arrive assez fréquemment, le *borom Keurre*, autrement dit le maître de la maison, marche en tête, à cheval, comme un autre Énée, suivi à une distance plus ou moins grande de ses dieux pénates, savoir : femmes, enfants, etc., qui opèrent le déménagement et remorquent à leur suite tous les représentants de la faune locale : poulets, chèvres, moutons, dromadaires, etc. Si le chef de la troupe est un marabout de profession, une sorte d'âne lettré, il se fait suivre par tous ses écoliers qui ont le devoir de porter avec res-

(1) Voyez dans un dîner. L'amphitryon n'ose parfois se lever de table, bien qu'il en meure d'envie, par la crainte d'avoir l'air de mettre à la porte son invité. L'invité à son tour ne demanderait souvent pas mieux que de se dégourdir les jambes, mais il se voit cloué sur sa chaise, pensant avec raison que, s'il fait mine de lever la séance avant que le maître du logis n'en ait clairement manifesté le désir, il passe pour discourtois. Le pis de la chose, c'est qu'ils ont tous deux conscience de leur fausse situation et qu'ils ne peuvent y porter remède sans se froisser l'un l'autre. Puérilité ridicule!

pect tout ce qui comprend ses saintes reliques, ainsi que son attirail d'écrivain : encrier de terre, gros comme une tête d'enfant, plumes grossières, plaquettes de bois, feuillets jaunis et livres pieux où les doigts ont laissé d'ineffaçables empreintes. L'un d'entre les étudiants est spécialement détaché auprès du maître, revêtu de la haute dignité de factotum, avec mission spéciale, durant tout le parcours, de tenir la queue du cheval et de ne point la lâcher, quoi qu'il advienne, l'animal irait-il au grand trot. Quand personnes et bêtes commencent à être fatiguées, on fait halte à l'ombre d'un grand arbre, on se sustente, et le cortège reprend sa marche dans le même ordre et les mêmes dispositions.

La négresse, jeune ou vieille, marque son respect pour la personne qu'elle rencontre et qu'elle aborde, en fléchissant un genou, parfois même les deux, et en demeurant dans cette posture quelques secondes. Il y a également le *soukeul*, autre forme polie, qui n'est qu'une parodie de l'autre génuflexion, mais moins accusée. Ces témoignages de respect sont exclusivement réservés au sexe barbu, marabout, chef de village ou homme de qualité. Entre femmes, elles se contentent le plus souvent de se serrer la main avec force protestations d'amitié, ou en se donnant l'accolade avec plus ou moins d'effusion.

La négresse tombe-t-elle veuve, ce n'est point elle qui hérite des biens de son mari, mais le frère aîné du défunt ou, à défaut, le cadet. Si le mari n'a point de frères, la succession échoit aux enfants ou, s'il n'y en a point, aux ascendants. Disons bien vite que c'est à qui fraudera le mieux, à qui mettra les pieds dans le plat. La femme elle-même fait partie intégrante de la succession au même titre que les objets mobiliers, animaux divers, et revient d'office à l'héritier direct, qui ne l'accepte toutefois que sous bénéfice d'inventaire... Les lois doivent être relatives au climat, aux passions et aux caractères. Le législateur nègre, dans sa profonde sagesse, a parfaitement compris qu'un homme jeune, si héroïque soit-il, ne pouvait décemment, pour l'amour du défunt, se charger d'une antique vestale, d'une femme décatie, d'une « non-valeur ». La loi sur ce point est formelle, c'est-à-dire qu'elle lui donne carte blanche. Si donc l'héritier trouve la personne par trop mûre, il lui donne libéralement la clé des champs ou, en d'autres termes, il la prie fort poliment d'aller se faire pendre ailleurs... Si elle n'a pas encore franchi le cap de la trentaine, s'il lui reste encore quelques vestiges d'appas (ce dont, soupçonneux, il s'assure *de visu*), il la garde au logis, soit en qualité de femme active, soit comme figurante, dans le cadre de la réserve.

Il convient aussi de faire remarquer que, le plus souvent, la femme est le plus clair de la succession, puisque, si elle est jeune, elle représente toujours pour le naturel une valeur intrinsèque. Ainsi, en Europe, les gens avides escomptent les successions qui peuvent leur échoir et supputent déjà le nombre de billets de mille qui tomberont dans leur escarcelle. Beaucoup plus modeste, l'Africain, dans la transmission d'un héritage ne songe seulement point à l'argent (peut-être aussi parce qu'il sait n'y en avoir pas), mais se pourlèche par avance à la pensée d'avoir pour sa part — conséquemment à l'œil — un certain nombre de jeunes et croustillantes houris.

Il est une autre coutume bizarre entre toutes. Lorsqu'une femme a deux jumeaux — quelle que soit d'ailleurs sa situation sociale — il est d'usage tous les vendredis d'aller de porte en porte demander la charité. Le plus souvent c'est à la mère qu'incombe la corvée, mais la présence des enfants est toujours de rigueur. Comme la négresse « bote » l'enfant, c'est-à-dire le met à cheval sur son dos, elle ne peut en porter qu'un à la fois. Une parente, une amie ou une personne de son entourage trimbale le second. L'aumône, toute de forme, consiste en mil, quelques poignées de riz, un ou deux biscuits de mer ou autres bagatelles de ce genre. L'inexécution de cette sorte de pèlerinage hebdomadaire entraînerait, au dire de ces gens à préjugés, la mort de l'un ou de l'autre enfant.

Le nègre a la vénération de l'âge. L'enfant respecte les auteurs de ses jours, le frère son aîné, ce qui n'empêche que lorsqu'il y a un décès dans une famille, les proches parents, après avoir accompagné le défunt à sa dernière demeure, font au retour, en guise de consolation, un festin sérieux.

Il est très digne d'observer que, pendant qu'on procède à l'ensevelissement, les femmes restent au logis à larmoyer et à geindre, ou plutôt à percer l'air de leurs cris, préludant ainsi, au milieu d'un concert hululant (il est vrai que chaque peuple a son esthétique propre), au repas pantagruélique qui termine la cérémonie. « Que je meure si ces larmes sont sincères ! »

Nous ne voudrions point faire l'injure aux femmes noires de croire que leur douleur est feinte, Dieu non, mais nous aurions préféré cependant qu'elle se manifestât un peu moins bruyamment. « Que penser, dit un voyageur, de ces clameurs interminables dont l'expression semble se moduler sur une cadence voulue par l'usage ? Les pleureuses s'abordent tour à tour l'une l'autre, s'étreignent tantôt avec de grands cris, tantôt avec de petits gémissements ou une espèce de récitatif musical, puis elles se mettent à danser ou à battre la mesure, sans jamais cesser, même en tournoyant, de se conformer à un certain rythme. » Ajoutons que, comme presque toujours en pareil cas, ce sont celles qui sont le moins affligées qui pleurent avec le plus d'ostentation.

Dès que le moribond a rendu le dernier soupir, on procède aussitôt à sa dernière toilette, c'est-à-dire que son corps est soigneusement lavé, puis parfumé à l'eau de Cologne ou de lavande ambrée... Certes ! Si le malheureux pouvait se voir en cet état, il aurait de la peine à se reconnaître. Contradiction bizarre ! Après avoir, en naissant, sucé la crasse avec le lait qui l'a nourri, après avoir, brouillé avec les bains et les douches, vécu sa vie durant sous une couche protectrice de matières indéterminées, le nègre, après sa mort, lavé, frotté, plongé dans l'eau comme un canard, est rendu aussi propre qu'un sou neuf (1).

Pendant l'agonie, le marabout, lugubre, récite la

---

(1) C'est encore là un des préceptes du Coran, précepte qui est religieusement observé. Il est admis et tenu pour certain que le corps doit être exempt de toute souillure terrestre lors de la comparution dernière sous peine de se voir fermer au nez la porte du paradis.

prière des morts. Naturellement c'est un déluge de *La illaha,* et de la part du dervis et de la part du moribond qui est tenu de répéter — bon gré mal gré — cette pieuse invocation autant de fois qu'il plait au prêtre musulman de l'entonner. L'obtention du ciel est à ce prix — censément. — Imperturbables, muets, les parents assistent à la scène, et peuvent, si cela leur convient, prier mentalement, mais jamais à voix haute, ce qui serait empiéter sur les attributions du marabout ou des marabouts, car ils sont quelquefois deux, surtout si le patient est de marque. Les femmes qui ont leurs menstrues sont exclues de la cérémonie. Si le sujet defunt est masculin, on l'habille avec un petit *thoubé* blanc, un boubou, un bonnet et un caba. Après quoi on le trousse dans un pagne blanc. Si c'est une femme, on la vêtit d'un boubou et d'un pendalle, et on la coiffe d'un mouchoir.

Le décès dûment constaté, le saint homme prend de l'eau naturelle et en frotte la figure du mort. Ensuite il lui attache les deux gros doigts des pieds et des mains, lui met sur le corps un pagne propre, puis le porte, aidé par quelques parents, au dehors de la case où, ainsi que nous l'avons dit ci-dessus, il est lavé complètement, non sans avoir commencé par l'ablution intime (*diap*). Cette opération coûte 10 francs. Cela terminé, le marabout prie derechef, fait ce qu'on appelle le *salam* aux pieds du mort, avec toute la gravité que comporte la situation. Coût : dix autres francs. Sans le moindre retard (car en raison de la chaleur, les mouvements sont précipités), le corps est aussitôt transporté dans la brousse par quatre gaillards pourvus de bonne volonté, et la fosse ayant été préalablement creusée, on procède en silence et sans aucun cérémonial à l'enfouissement du cadavre. Les discours sont sévèrement prohibés. Puis, le trou refermé, on y étend par-dessus une épaisse couche de broussailles épineuses de manière que le chacal et l'hyène, qui rôdent toutes les nuits autour des villages, ne puissent déterrer le corps ; et, en fait de croix, un simple bâton planté droit, qui sert à marquer l'emplacement.

Ajoutons aussi qu'une fois la fosse recouverte, marabouts et assistants font, — leur petit doigt préalablement accroché l'un dans l'autre, — une prière spéciale qui a pour but de préserver le défunt des atteintes des animaux nocturnes. Les parents et invités une fois partis, deux marabouts demeurent quelques instants seuls, l'un au pied de la tombe, l'autre à la tête, et prient Dieu de pardonner au mort, de l'absoudre de ses péchés.

Dans l'entourage de celui qui n'est plus, il est d'usage, le vendredi de chaque semaine, de faire la charité pour le repos de son âme, et ce pendant un certain laps, ce qui n'empêche point, l'oubli venant vite (comme partout, hélas!), que la tombe demeure alors fort négligée, pour ne pas dire radicalement abandonnée et que, dans la plupart des cas, on n'y retourne même plus. Pourtant le deuil n'est pas inconnu en Afrique, mais il n'est guère observé que par les sujets féminins, et encore pour certains membres de la famille seulement. Ce fait seul indique combien peu la négresse est considérée, car il semble logique que, si celle-ci doit porter le deuil de son mari, il n'y a point de raison pour que le mari, dans un cas équivalent, ne porte pas le deuil de sa femme. Or, en fait de deuil, l'homme se borne à se coiffer pendant quelques jours avec le mouchoir ayant appartenu à sa défunte femme, celui qu'elle portait de préférence au moment de sa mort.

En revanche, et voyez la différence des rôles, la négresse qui tombe veuve est tenue de demeurer enfermée quatre longs mois dans ses appartements, dans sa case, si vous aimez mieux, sans mettre jamais le nez dehors. A dire vrai, si elle ne sort point pendant le jour, elle ne se prive pas de ce plaisir dès qu'arrive l'obscurité, à l'insu toutefois des voisines cancanières qui ne manqueraient pas de qualifier sévèrement cette dérogation aux coutumes. Quant aux proches parents, ils ferment les yeux. En outre, elle est tenue de s'affubler d'un grand boubou qui descend jusqu'à terre, défrise ses cheveux, c'est-à-dire, pour être plus exact, laisse son système capillaire ébouriffé, veuf de tresses, et trousse sa tête en signe d'humilité. Ornements et bijoux, cela va sans dire, sont sévèrement mis de côté. Durant cette période, la veuve est obligée de faire le *diap* (ablutions intimes) cinq fois par jour, tout comme l'homme. Ce laps de temps expiré, elle arbore alors un boubou blanc, un pagne blanc pendant quatre fois vingt-quatre heures. C'est la période transitoire et bénie par toutes les veuves en général. Ces diverses formalités accomplies, la femme peut se remarier immédiatement si bon lui semble, son deuil ayant pris fin. Dans les villages où la civilisation a pénétré, et notamment dans les villes, les négresses, à la mort d'une personne de couleur, manifestent leur tristesse en s'affublant d'un complet (mouchoir de tête, boubou et pendalle) taillé de préférence dans une pièce de Sucreton ou de Guinée (1).

---

(1) Il est constant, d'ailleurs, qu'une personne morte dans le pays ne repose point, ne peut même aller en paradis, tant qu'elle laissera quelque dette derrière elle. Grâce à ce bienheureux préjugé, si les proches ont quelques souci du défunt, qui du reste avant de trépasser fait ses dernières recommandations et insiste tout particulièrement pour que ses dettes soient religieusement payées, les commerçants — phénomène singulier ! — obtiennent très souvent d'un débiteur insolvable ou récalcitrant, une fois mort, ce qui leur était matériellement impossible d'avoir de son vivant.

CHAPITRE XVII

DE L'AGE, DES NOMS PROPRES, etc.

Quand une femme, chez nous, a franchi le cap de la trentaine, une année compte pour deux, mais elle n'annonce deux années que pour une. Au Sénégal, la négresse a cet avantage inappréciable sur ses blanches sœurs, c'est qu'on ne la presse jamais d'accuser son âge, ce qui lui évite d'abord la peine de mentir, désir auquel d'ailleurs il lui serait fort difficile de déférer. Il n'est jamais venu dans la pensée d'un nègre, si entiché soit-il d'une femme, et même sur le point de se marier, de demander à sa future le nombre de ses printemps. C'est là, pour lui, une question tout à fait secondaire. Combien de belles, en France, voudraient voir chez leurs soupirants une pareille discrétion, qu'il serait préférable peut-être de qualifier d'indifférence ! Et remarquez que lors même que l'Africaine serait en état de répondre à une semblable question, qu'elle daignerait préciser, son iroquois de prétendant n'en serait guère pour cela plus avancé, par la raison bien simple qu'il n'a pas la moindre notion du temps. Interrogez un indigène de la brousse, adulte, père de famille, sur le temps écoulé depuis sa naissance, il vous répondra, après avoir laborieusement réfléchi, qu'il peut bien avoir entre 15 et 30 ans. Ce n'est pas beaucoup s'aventurer. C'est que le nègre considère moins la vie (et peut-être au fond raisonne-t-il juste) d'après le nombre des années écoulées que d'après ce qu'il a vécu, vu et observé. Or, à ce compte-là, il y a des hommes qui sont vieux à 30 ans et d'autres qui ne le sont point à 60. Il n'a qu'une idée fort vague, ne pouvant procéder par comparaison ou plutôt n'ayant pas de point de repère sérieux, et ne peut voir qu'à travers une brume très épaisse un espace de quarante ou de cinquante années, qui représente pour lui une longue carrière, quelque chose comme le terme maximum de la vie humaine.

Nous ne pensons donc pas qu'il veuille se rajeunir à dessein ; c'est plutôt qu'il ne se rend pas un compte exact de la durée d'une année, et qu'il s'embrouille aussitôt s'il s'agit d'en entasser un certain nombre les unes sur les autres.

Cependant le même homme qui ne pourra donner même une idée approximative de l'âge qu'il peut avoir n'hésitera pas à dire à première vue s'il est plus jeune ou plus âgé que tel ou tel de ses pareils (et il est rare s'il se trompe), ce qui semble indiquer au moins qu'il se connait en physionomie. Le plus souvent ils ont pour jalons des événements mémorables, des faits de guerre, ou la mort d'une personne de qualité, grand chef ou roitelet quelconque. Lorsqu'un différend surgit entre eux au sujet de l'âge, ces petites chicanes étant assez fréquentes, et qu'un naturel se prétend plus âgé que son contradicteur, on s'éclaire à coups de citations, en se remémorant des faits anciens qui firent époque en leur temps. Par exemple : Étais-tu né quand a éclaté le choléra ? ou : Depuis quand t'avait-on circoncis quand a eu lieu l'expédition du Dahomey ? ou bien encore : De quelle taille étais-tu lorsqu'on a tué *Lat-dior* ? etc. Ainsi juge-t-on en dernier ressort, suivant les réponses faites avec plus ou moins de bonne foi, d'après une mémoire parfois sujette à caution; et après avoir ouï chacune des parties en cause.

On cite peu de cas de longévité remarquables chez

Dinah Salifou et les membres de sa famille.

les hommes de ce pays brûlant, la moyenne de la vie y étant beaucoup plus courte qu'en Europe ou dans n'importe quel climat tempéré, aussi bien chez les nègres d'ailleurs que parmi les créoles, les mulâtres et les blancs qui y habitent sans interruption. On a beau dire, quelques soins qu'on prenne de sa santé, ce climat use le corps, et les indigènes mêmes ne sont pas exempts de ce tribut, de cet impôt sur l'existence. Quand un naturel approche de son demi-siècle, s'il arrive à cet âge, il peut s'apprêter à se faire décrasser l'épiderme, s'il veut paraître d'une manière convenable devant ses juges immanents... Les septuagénaires son taussi rares dans cette colonie que les nonagénaires en Europe. On voit d'après cette échelle quelle doit être la proportion dans la durée de la vie de ces gens. Après cela si on admet cette règle que l'homme en général vit sept fois le temps qu'il met à croître, et si on considère que les Africains se développent beaucoup plus rapidement que nous et que les femmes sont plus précoces que les nôtres, on s'explique aisément pourquoi la période qui va de la naissance à la mort est relativement plus courte chez le nègre que chez le blanc. Néanmoins les signes précurseurs de la vieillesse ne sont point chez eux caractérisés outre mesure, et leurs vieillards ont, d'une manière générale, une robustesse que nous chercherions en vain chez la plupart des nôtres. C'est encore là une anomalie. Même dans un âge avancé, on ne trouve pas de naturels décrépits et gagas dans toute l'acception qu'on donne à ces mots. D'ailleurs les bancals, les bossus, les culs-de-jatte sont extrêmement rares; de même les paralytiques. Leur manière simple de vivre, de se nourrir, leur constitution naturellement vigoureuse, le grand air qu'ils respirent, l'exercice qu'ils font : tout, en un mot, contribue à les rendre rustiques, calleux, et, sinon à allonger leurs jours, puisque c'est contraire aux lois fatales du climat, du moins à les favoriser d'une verte vieillesse.

Tandis qu'en Europe on voit des hommes poivre et sel en pleine maturité, on ne rencontre guère en ce pays des nègres qui grisonnent, à moins qu'ils ne se trouvent sur les confins de ce que les hygiénistes appellent le quatrième âge, et encore leur épaisse filasse ne semble-t-elle blanchir que comme à regret. D'autre part, on rencontre peu d'individus, même ayant un âge avancé, qui aient les cheveux et la barbe complétement blancs. Il est vrai que le surmenage est totalement inconnu de ces êtres privilégiés de la nature. C'est pourquoi sans doute il est fort rare de trouver un crâne de nègre veuf de sa toison.

**

Quel que soit le sexe de l'enfant noir, il ne porte jamais qu'un seul prénom, tiré parfois d'un des membres de la famille, ou au choix du père, s'il n'en trouve pas à sa convenance. Ainsi, par exemple, un garçon s'appellera-t-il *Samba Secque*, Samba sera le prénom, et Secque le nom de famille, — du père toujours, celui de la mère ne marquant pas. Par contre, la femme mariée ne porte point le nom de son mari, conserve toujours son prénom et son nom de jeune fille. D'ailleurs il ne lui convient guère de nommer son conjoint devant d'autres personnes. Réciproquement, pour la désigner à son tour, on se servira d'une périphrase : la femme d'un tel. Par extension, on dira, toujours par horreur du nom propre : le père de tel fils, ou le père de telle ou telle fille. Et enfin les titres d'oncle et de tante sont également employés dans un sens identique, sans la moindre indication de famille.

Comme la langue même du pays, les noms des indigènes sont monosyllabiques, et on n'en trouve point chez eux, comme chez les Maures, par exemple, de démesurément longs. Le plus souvent, les noms propres, aussi bien du reste que les prénoms, ne se composent que de deux syllabes, trois au plus et quelquefois même d'une seule et unique, comme dans les cas suivants : *Cy, Sô, Kan*, etc. Tout comme en Europe, il est dans la contrée des noms bien vus, bien portés, comme il en est de baroques dont les esprits satiriques s'emparent et tournent en dérision. Citons au hasard, parmi les premiers, encore que dans l'ordre que nous indiquons : *Fal, Cissé, Dioup*, etc. ; et parmi les mal nommés, toujours dans le même ordre ; *N'Diaye, Guèye, Diajaté*, etc. Il en est un, entre autres de délicieusement euphonique, dont on a la bouche pleine : *Magadiaga Gadiaga*. Inutile de dire qu'il a peu d'amateurs, qu'il fait peu d'envieux. Au simple énoncé d'un nom propre, le nègre le moins intelligent est à même de classer l'individu qui le porte dans telle ou telle classe de la société, et cette perspicacité qui pourrait surprendre de prime abord s'explique aisément, si on considère que les griots, les forgerons et les tisserands ont des noms en quelque sorte prédestinés qu'ils se transmettent indéfiniment, puisque ces familles ne s'allient qu'entre elles.

Plus peut-être qu'on ne le suppose, sans être spécialement enclin à la poésie, le nègre ne déteste point chez la femme un prénom harmonieux. L'austère Socrate même estimait digne du soin paternel de donner un beau nom aux enfants. Dans ce but, le souci du père est tel, le sujet à baptiser appartenant au sexe féminin, que si, dans l'entourage, il n'en trouve pas à sa convenance, il ne dédaigne pas d'avoir recours à un emprunt dans une famille étrangère.

Les prénoms des filles sont bien des prénoms féminins ou tout au moins l'usage les a consacrés tels dans le pays. Il y a d'abord dans leur composition quelque chose de plus doux, de plus cadencé que dans ceux qui servent à désigner les sujets masculins. Ainsi, par exemple, entre les prénoms suivants des deux sexes, qui sont les plus ordinaires et les plus répandus : Aïda, Doumbé, Fatou, etc., et Alioune, Mandiaye, Madimba, etc. ; il n'est personne, sans avoir même aucune connaissance du pays, qui ne comprenne que les premiers sont des prénoms de filles, et les derniers des prénoms de garçons.

Malgré tout et quelque barbare que soit son nom, le Sénégalais en est toujours fier et orgueilleux, et nous ne sachions pas qu'il se soit jamais adressé au *cadi* ou au *tamsir* (1) pour le troquer contre un autre plus en vue. C'est là, peut-être, le seul point où le nègre n'entend pas raillerie, sur lequel il se montre le plus chatouilleux. Nous pourrions même ajouter que c'est son point d'honneur. Dire sérieusement à un indigène qu'il a un nom à coucher dehors, c'est lui faire une injure aussi grave que celle qu'on lui ferait en le traitant de forgeron ou de griot. A la vérité, il n'est pas toujours aussi pointilleux sur ce chapitre qu'il affecte de le paraître, et il ne se fait point faute souvent de donner un faux nom ou d'en changer temporairement, sans autorisation préalable, — surtout lorsqu'il s'agit de mettre en déroute un créancier, et que ce créancier est un blanc !

Aussi bien que son épouse, l'indigène s'imagine vous faire un plaisir extrême, un honneur excessif, en vous

---

(1) La justice musulmane est rendue par un tribunal composé d'un cadi et d'un assesseur, et le conseil d'appel comprend, entre autres, le tamsir, qui est le chef de la religion musulmane, à Saint-Louis.

faisant part confidentiellement de son intention ferme de donner votre prénom à son nouveau-né, si c'est un garçon. Dans le pays, ces sortes de parrainages, qui ont pour mobile l'intérêt, sont fort bien vus. Un indigène veut-il flatter un de ses pareils, il le bombarde parrain. De ce chef, ce dernier se croit obligé de pourvoir à l'entretien du mioche, de son *thourando* (homonyme), et lui fait aussi quelques menus présents.

En ce qui nous concerne, nous sommes persuadé, avec preuves à l'appui, que l'honneur qu'on veut bien nous faire est tout bonnement fictif, et le nègre se trompe étrangement s'il croit que nous sommes sa dupe. D'ailleurs il lui répugne, et nous ne lui demandons point, de donner a ses rejetons des noms empruntés ailleurs que dans l endroit, mais alors à ses pareils, c'est-à-dire des prénoms appartenant exclusivement aux gens de son espèce. Et si en votre présence, avec une affectation calculée, il appelle son enfant par votre nom, ne vous y laissez pas prendre : c'est un piège qu'il vous tend. Il n'agit ainsi que dans l'espoir de capter votre confiance, pour vous escamoter quelque chose, en un mot.

Personnellement, s'il nous est permis de nous mettre en cause, ce stratagème nous laisse froid. Quand, indifféremment, un nègre ou une négresse nous aborde en douceur, nous gratifiant d'une œillade en coulisse, nous disant de son air le plus aimable: « A propos, tu sais, mon dernier porte ton nom; il s'appelle comme toi ; c'est le moment de.... » Nous l'arrêtons, digne, sur cette pente glissante, sans lui donner le temps d'achever son discours dont nous connaissons déjà l'épilogue, par un geste large, renforcé d'un généreux : *Na mou n'doude ak yo!* (qu'il vive avec toi!) (1). Ce système — très poli — nous a si bien réussi qu'on a

---

(1) Locution très employée dans le pays.

fini, à la longue par ne plus vouloir d'un parrain aussi chiche : c'était tout ce que nous demandions.

Il répugne aux Sénégalais, disions-nous tantôt, de donner à leurs enfants des noms autres que les leurs, mais qu'on ne perde pas de vue que nous ne parlons jamais et que nous n'avons guère jamais parlé dans le cours de cet ouvrage que des nègres non dégrossis qui habitent l'intérieur des terres, des demi-sauvages, sortes de troglodytes qui n'ont pas avec l'Européen des rapports journaliers.

Cette règle peut autrement souffrir des exceptions et elle en souffre de nombreuses dans les grands centres. A Saint-Louis, par exemple, ou même à Dakar, où les blancs sont très nombreux, il n'est point rare de rencontrer de purs Éthiopiens, et même des nègres islamisés, s'appeler *Gontran*, *Prosper*, *Auguste*, etc., soit par fanfaronnade, esprit d'imitation ou pour toute autre raison : mais que dire surtout des belles du terroir, musulmanes ou chrétiennes, noires comme des taupes, qui répondent aux noms frais et pimpants de *Claire*, de *Rose*, de *Blanche*, etc.? On allègue, il est vrai, que certains des indigènes ci-dénommés ont fait abandon du Coran, se sont convertis au catholicisme (encore une conversion en laquelle nous n'avons pas beaucoup de confiance), et qu'en leur conférant le baptême il a bien fallu leur donner un nom en rapport avec leur nouvelle situation, pris sur notre calendrier. Et d'abord était-ce bien nécessaire? Croyez-vous qu'un nègre sera moins chrétien, s'il doit l'être, parce que, au lieu de s'appeler Pierre, Jean ou Jacques, il s'appellera Abdoulaye, Birahim ou Yamar? Et croyez-vous qu'une jeune négresse nouvellement initiée sera plus sage, observera mieux certain commandement, parce qu'au lieu de se nommer Codou, on l'appellera désormais Anastasie?...

Ce qui nous emplit de tristesse, c'est de voir que les gredins nous dérobent sans vergogne la fine fleur de nos prénoms féminins ou masculins. Il n'y a point de danger, allez, qu'on touche aux Proserpine, aux Ursule et aux Cunégonde. De ceux-là, nous en aurons toujours de reste. Quant aux Hilarion, aux Timothée et aux Nicomède, on nous les laisse pour compte avec un ensemble touchant.

Le péril est grave, plus grave qu'on le croit, et nous le dénonçons. Si on ne cherche pas à mettre un frein à cette invasion d'un nouveau genre, si on n'essaie pas d'endiguer ce flux toujours montant, il se produira ceci, c'est que nos prénoms seront tellement démonétisés que nous n'oserons plus nous en servir. Songez donc : porter les mêmes prénoms que des nègres ! Et, d'autre part, quiconque a une étincelle de raison comprendra que nous ne pouvons congrûment appeler nos descendants : Rigobert, Ignace ou Sosthène si ce sont des mâles ; et Léocadie, Brigitte ou Radegonde, si ce sont des sujets féminins. Il est vrai que nous aurions la ressource de nous rejeter sur Gargamelle et Grandgousier ; malheureusement ces appellations ne sont rien moins qu'élégantes. Nous serions donc fatalement réduits, si nous voulons nous distinguer des noirs qui nous copient servilement, à avoir recours à leur répertoire et à devenir à notre tour d'ineptes plagiaires. Ainsi nos fillettes ne s'appelleraient plus dorénavant que Fatoumata, Djobé, N'Gomâti, etc. ; et nos malheureux mioches se verraient affligés de noms pitoyables, tels que Boubou, Makanne, Kolle-Mbiquée, et autres du même genre, dussent-ils durant toute leur existence en rester... Baba ! (1).

---

(1) Observez que ce n'est point là un banal jeu de mots. Le prénom de Baba est effectivement fort bien porté par ces aborigènes ; mais les plus communs, les plus répandus sont à

Sans être d'une susceptibilité outrée, le nègre toutefois ne laisse pas d'être froissé dans son amour-propre quand on a oublié son nom ou qu'on affecte intentionnellement de ne le point nommer en parlant de sa personne : *Thiam!* s'écrie-t-il, *yo dojham kenn!* (Toi, tu ne connais personne). Au contraire, il exulte, quand on lui octroie libéralement ses noms et qualités, à voix haute, et surtout lorsqu'on va jusqu'à préciser le village où il demeure. Il est évidemment flatté de ce qu'on se souvienne de lui et le manifeste par des signes non équivoques : *Em ga bob*, conclut-il, c'est-à-dire : Tu as de la tête.

Les Africains bien nés, ceux qui se piquent de savoir-vivre, énoncent toujours le nom de famille avant le prénom. Le plus souvent ce dernier est même passé sous silence. Supposez deux nègres s'abordant sur la voie publique, deux nègres qui se connaissent peu ou prou. Avant que de faire assaut de civilités et de propos courtois, avant que de procéder verbeusement à l'acte solennel de la salutation, ils se jettent d'abord à la face, si nous osons ainsi nous exprimer, leurs noms respectifs qu'ils font résonner bien haut, encore que prononcés brièvement. Ainsi un *Dioup* croisant un *N'Diaye*, s'écriera : *N'Diaye!* à quoi l'autre de répondre aussitôt sur le même diapason : *Dioup!* La glace est alors rompue. C'est d'ailleurs là leur façon de se donner du Monsieur. Cet échange de nom se fait

---

coup sûr les Moumar, les Biram, les Samba, les Aly, les Abdoulaye, les Diouga, etc., toujours en tant que prénoms. Quant aux noms de famille, chez les Ouoloffs, les Guey, les N'Diaye, les Dioup, les Sar, les Diagne, etc., dominent tous les autres. Ajoutons que chez les Peulhs on rencontre d'invraisemblables quantités de Gallo, de Yéro, et surtout de Soc ; tandis que parmi les Toucouleurs les Dieyencba tiennent la tête de ligne, que les Diouf pullulent chez les Sérères, les Fahavalos du pays ; que les Hamet sont légion chez les Maures; les Wagne, chez les Laobés ; les Kamara, chez les Sarakolés, etc., etc., etc.

simultanément ou successivement : simultanément, si les deux personnes sont d'un même milieu ; successivement, si l'une d'elles appartient à une classe inférieure de la société. C'est alors cette dernière qui prend les devants, qui fait les avances. Leur identité dûment reconnue, ils se serrent la main plus ou moins vigoureusement (la droite toujours, nous avons déjà dit que la gauche était mal vue) (1), et feignent de se toucher la poitrine avec ce geste familier aux récitateurs de patenôtres, après leur acte de contrition.

Salamaleckoum ! commence l'un gravement. *Maleckoum Salam !* répond l'autre, avec non moins de dignité. L'homme noir est prolixe, on le sait, mais où il devient loquace, bavard comme une vieille portière,

---

(1) Tenez-vous à savoir absolument pourquoi cette main est mal vue ? C'est fort délicat à dire, nous ne nous le dissimulons pas, mais enfin nous allons essayer en glissant de notre mieux. Sachez d'abord, et ceci va immédiatement vous éclairer, que le noir dédaigne l'emploi du papier pour certain usage intime. C'est trop efféminé, prétend-il. — Mais alors !... direz-vous. Attendez, attendez ! Fi ! la vilaine pensée. Comment ! vous pourriez croire que... Eh ! non ; mille fois non ! Il ne se sert pas de papier, avons-nous dit, et c'est très vrai ; mais songez donc, il se sert de quelque chose... On a beau être nègre, entre nous soit dit, il y a de certaines promiscuités désagréables en diable. Aussi, dans ce but, a-t-il volontiers recours à... de menus morceaux de bois, et c'est — vous l'avez déjà compris — la main gauche qui est chargée de ce travail servile, d'où sa disqualification complète. Cette méthode peut-être vous laissera pensif. Vous vous demanderez sans doute, avec du vague dans l'âme, comment avec de simples petites baguettes, on peut, sans endommager le fondement, ne pas compromettre son inexprimable. Le fait est que les indigènes se trouvent fort bien de leur système puisqu'ils continuent sans interruption. Au surplus, libre à vous de tenter l'expérience. Mais ce qui nous frappe le plus vivement l'esprit pour notre propre compte, ce qui nous comble d'admiration, devrions-nous dire, c'est de voir que le Sénégalais, comme cela, tout naturellement, disqualifie de lui-même la main gauche (sans doute parce que.....) à cause de l'usage qu'il en fait. C'est là un raffinement de délicatesse dont on n'aurait jamais cru le nègre capable, et que nous nous plaisons à livrer à vos méditations.

c'est quand il entame le chapitre des salutations. Lancé sur cette voie, il ne tarit pour ainsi plus; et au moment où vous pensez qu'il va enfin vous faire grâce, il recommence de plus belle. Il en est insupportable, assommant; il vous horripile à force de sasser et ressasser, toujours sur le même ton, les mêmes formules et les mêmes mots. Il aurait plutôt fait de dire tout vingt fois. L'un des interlocuteurs commence à demander à son vis-à-vis comment il se porte, si sa santé est toujours bonne, à quoi l'autre répond invariablement par l'affirmative, serait-il atteint d'une maladie incurable ou en danger de mort, non sans demander entre temps de ses nouvelles au premier, qui répond par des phrases toutes faites ce que le second a répondu. Mais ce n'est encore là que le prélude, l'entrée en matière. Il s'agit maintenant de passer à la famille, et tous les membres de l'une et de l'autre sont successivement invoqués, mis sur la sellette, depuis le plus grand jusqu'au plus petit. C'est une avalanche de *Diame n'ga am?* (Comment vas-tu?) et de *Ba diam la am?* (Comment va-t-il?) Il arrive parfois, et ce n'est pas le moins comique, que telle personne dont on vient de s'informer de l'état de santé est morte depuis longtemps; tant pis : *Diame dal!* Au reste, cela s'explique, la réponse étant prête avant que la question ne soit posée. De temps en temps néanmoins ils s'interrompent l'un l'autre pour établir quelque variante finissant toujours par un : *Je remercie Dieu*, puis reviennent en toute hâte à leurs moutons, c'est-à-dire à leurs civilités interminables. Voici d'ailleurs un exemple de ces petits discours farcis de compliments lénitifs et fastidieux. Armez-vous de patience, si vous en êtes dépourvu.

. . . .
. . . .

Ainsi vont-ils donc (car, réflexion faite, nous vous faisons grâce du morceau eu égard à ses propriétés somnifères), ainsi vont-ils tant qu'il leur reste un brin de salive, un soupçon de souffle, sans s'épargner un membre de la famille enterré ou grouillant, présent ou à venir. Enfin, du particulier ils ne tardent pas à passer au général — sans compter que les amis des parents ne sont pas non plus oubliés, — et chacun de recommencer en gros tout ce qui a été dit en détail :

Ba sa keurre ga yeup diam? (Toute la maisonnée est bien?) *Ba su djham yeup diam?* (Tout ton corps est bien?) etc., etc. Tout cela débité machinalement, d'un air monotone, sans avoir l'air de prendre le moindre intérêt à leurs personnes et à leurs discours, à en juger au moins par leur attitude et l'affectation qu'ils mettent à regarder au loin ou à ficher leurs yeux en terre (1).

---

(1) Il est vrai que, si nous creusons un peu nos formules de politesse, nous nous apercevons bien vite qu'elles sont toutes aussi banales, en raccourci, pour ne pas dire aussi hypocrites que celles des nègres. Combien d'insipides « Comment allez-vous ? » n'avez-vous pas, n'avons-nous pas tous sur la conscience? N'est-ce pas tous les jours, vingt fois dans la journée que nous abordons un tel ou un tel dont la santé déborde, nous crève les yeux, par un idiot « Ça va ? » ou : « Comment va ? » Et si on prétexte qu'à tout prendre c'est là une façon d'entrer en matière, niera-t-on que, lorsque nous prenons des nouvelles d'une personne étrangère à l'entretien, c'est souvent moins à cause de l'intérêt que nous lui portons, que par politesse, parce que nous pensons faire plaisir à celui à qui nous nous adressons, qui est son parent ou son allié? Il s'ensuit que, selon que l'individu est en bonne ou en mauvaise santé, nous disons : Tant mieux ! à peu près comme nous dirions : Tant pis ! Le cœur n'a rien à voir dans la réponse qui est machinale, d'instinct ; et si l'exclamation varie dans la forme, elle ne change guère dans le fond.

CHAPITRE XVIII

LES NUITS DANS LA BROUSSE

Le Sénégal serait un pays de cocagne s'il n'était malheureusement la patrie des puces, des moustiques, des araignées, des fourmis de toutes les formes et de toutes les couleurs, et en général de tous les insectes estivaux connus et inconnus. Encore ne parlons-nous que des bestioles avec lesquelles, sans être précisément lié d'amitié, on entretient de cordiaux rapports. Différemment on rencontre par cas fortuit, aux entours de son habitation, le serpent minute ou cracheur, le trigonocéphale, le scorpion, des lézards à mine patibulaire et autres intéressantes variétés de reptiles; mais, soit par habitude, soit par défiance naturelle, on évite instinctivement leur société. Aussi, sans parler de la chaleur, au milieu de la plupart de ces animaux, aussi indiscrets que turbulents, il est aisé de comprendre combien la nuit doit paraître étrangement longue dans la brousse. Si on a le malheur d'avoir le sommeil léger, si on considère surtout que les huis joignant fort mal et que les constructions étant en bois on perçoit distinctement ce qui se passe au dehors. Tantôt c'est le tam-tam qui fait rage, et cet instrument diabolique jouit de la propriété singulière de vous procurer la migraine en un clin d'œil et de vous brouiller irrémédiablement avec le sommeil. Parfois, quand ce n'est pas le hibou ou la chouette qui hulule, c'est l'hyène qui lance son cri bref et strident ou le chacal qui vous berce de son aboiement lugubre et plaintif.

Souvent aussi c'est un marabout fanatique qui expie ses péchés ou travaille à son salut en priant sans relâche toute la nuit sur un mode dont on a les oreilles rebattues, absolument uniforme.

— Mais qu'entends-je derrière ma porte ? Quel vacarme ! — C'est un kantchouli (1) qui se livre à ses travaux de terrassement ou qui emmagasine son butin de la nuit. — Et là-haut, sur le plafond, ce chassé-croisé où domine la note aiguë ? — Sans doute la gent trotte-menu qui se livre aux douceurs de vivre. — Et celui-là qui ressemble vaguement à un petit crustacé ? On dirait une écrevisse... de loin. — Je vous présente le scorpion, animal très gentil, mais un peu sauvage. — Le scorpion ? Peste ! Mais on prétend que sa piqûre est mortelle. — Laissez dire. Si jamais un de ces animaux vous serre de trop près et qu'il vous chatouille trop avant l'épiderme, bornez-vous à sucer l'égratignure, faites-la saigner et la cautériser : c'est un passe-temps quand on ne peut dormir. — Bon !... Et cet autre que vous voyez glisser en frétillant de la queue, avec les ondulations du serpent ? — Quelque scolopendre sans doute. — Mais qu'est-ce donc que ces myriades d'insectes qui sautent à travers les jambes, que dis-je ! qui s'y cramponnent désespérément quand on fait un pas hors du lit ? — La puce, pardieu ! Ne reconnaissez-vous pas la puce ? — Permettez... ou je me trompe fort, ou voici, sur mon drap de lit, une teigne d'une fort belle vue. — Parfaitement ! Vous

---

(1) Le kantchouli est un rat herculéen auquel le chat n'a garde de s'attaquer et qui habite de préférence tout près de l'habitation où il a son terrier. Ce n'est que quand vient le crépuscule qu'il sort de son trou pour aller à la maraude, et il ne rentre généralement que quand le jour commence à poindre. Dévastateur et bruyant, cet animal est bien le plus insupportable qui se puisse voir. Pour le détruire, on l'échaude dans sa tanière, mais le procédé ne réussit toujours pas.

êtes, cette fois-ci, dans le vrai. Ces genres d'insectes développent dans le pays des capacités dévorantes qu'on retrouve difficilement ailleurs. — En vérité ? Mais ce crépitement, ce bruit d'étincelles, serait-ce le feu (1), par hasard ? — Mais non ; des rats, de vulgaires rats qui rongent la semelle de vos bottes ou mettent à sac vos boites de biscuits.

Et tout autour, dans la chambre, les moustiques vous font la sérénade, les lucioles volettent de-ci de-là, les punaises et les fourmis vont en reconnaissance jusque dans votre lit, et les chauves-souris vous frôlent de leurs ailes membraneuses et de leurs museaux pointus.

*
* *

Le moustique, horrible vampire ! En voilà un, par exemple, qui se mettrait en quatre pour vous empêcher de trouver le temps long pendant la nuit. Et il est rare, rendons-lui cette justice, que, quelques dispositions que vous preniez, il n'y réussisse pas, et au delà

---

(1) Le feu ! Si, dans l'intérieur, on n'a pas à craindre les inondations, en revanche, on n'est point à l'abri du feu. Disons d'abord qu'on ne voit jamais d'incendie dû à la malveillance ou à toute autre cause. Pendant la période des vents d'est (de novembre en mai), on peut dire que l'on vit dans des transes continuelles, dans l'inquiétude croissante de se voir brûler ; et cette appréhension n'est souvent que trop justifiée. Elle s'explique, en tout cas, si on considère que, dans le Cayor, les habitations sont en bois, que l'eau est très rare et qu'on est entouré de paillottes de tous les côtés, soit sous forme de cases de nègres, soit sous forme de clôtures de concessions (sakètes). Si on ajoute à ce que nous venons de dire que le naturel est fort imprudent, que les mioches, en enfants abandonnés — ou gâtés — fourrent le nez partout, on demeure même surpris que les sinistres ne soient pas plus fréquents. Les villages entiers sont parfois réduits en cendres dans l'espace de quelques heures, en un rien de temps, aussi bien du reste dans les grands centres que sur les bords de la mer ou dans le fond de la brousse, et cette calamité se représente d'une manière si périodique que les indigènes, si insouciants d'habitude, ont la

même de vos désirs. Le moyen de faire autrement, d'éluder son concert et ses piqûres? La moustiquaire? Mais, encore qu'on prenne le soin de la secouer en se couchant, il est rare si elle n'abrite pas en ses nombreux replis autant et plus de moustiques qu'elle n'est capable de vous en préserver. Alors?... En principe, d'ailleurs, nous ne sommes guère partisan de la moustiquaire, qui nous fait l'effet d'une étuve lorsque la chaleur est violente, sans préjudice de la raison invoquée ci-dessus; et si, après de longues années, il nous a fallu revenir à résipiscence, ç'a été moins pour nous préserver de ces hôtes incommodes que pour nous mettre en garde contre les chauves-souris et autres bêtes nocturnes qui s'avisaient, pendant la nuit, de faire le saut périlleux sur notre visage. Tenez! il nous souvient encore (il est vrai qu'il y a des faits qui font époque dans la vie) que, pendant que le soleil se trouvait sous l'horizon, rêvant à ce qu'on peut rêver lorsqu'on est à près de mille lieues de la France, nous reçûmes tout à coup en pleine figure quelque chose de froid et de visqueux qui, dégringolant du plafond sans

---

prévoyance pourtant d'établir leurs *sékos* à mil à une distance raisonnable de leur demeure, de manière que, quoi qu'il arrive, ces derniers ne puissent être atteints. On sait que les noirs ne s'assurent jamais, et pour cause. Quand un sinistre éclate, en coup de vent, détruisant au ras du sol les huttes et toutes les hardes qui s'y trouvent (beaucoup de vermine surtout), les sinistrés s'en vont en pleurnichant dans les villages les plus proches présenter leurs doléances, implorer du secours, et leur appel reste rarement sans écho. Chacun, au surplus, fournit dans la mesure de ses moyens, sachant par expérience que, le cas échéant, il lui en sera fait de même. Celui-ci se fend d'un pain de tamarin et cet autre d'un vieux pagne usé jusqu'à la corde, hors d'usage. Ceux qui ont à la poche un vice constitutionnel, le grenier réduit à la portion congrue ou qui portent sur eux toute leur garde-robe, sacrifient allègrement une ou deux de leurs journées pour aider à la reconstruction du village qui, huit jours après le désastre, offre le même aspect que si rien ne s'y était jamais passé.

doute, venait de s'abattre sur notre visage, en double exemplaire, à ce qu'il nous sembla. L'aventure n'était pas folâtre. C'étaient — nous ne tardâmes point à en avoir la preuve irrécusable — deux aimables sauriens qui batifolaient et se faisaient la cour, et qui, dans leurs transports amoureux, avaient tout lâché, — avaient lâché, entendez bien, les parois de la partie supérieure où ils se cramponnaient.

Il y a apparence à ce que nous ayons le crâne fait comme tout le monde, aussi soupçonnons-nous que, à notre place, vous en auriez fait tout autant. Sans avoir rien de Fracasse ni de d'Artagnan, nous ne fîmes qu'un bond, mais quel bond! Le sommier en craqua de toutes pièces. Nous ne fîmes qu'un bond et, sans trop savoir comment, nous nous trouvâmes debout tenant d'une main une chandelle et de l'autre brandissant une canne (plombée, s'il vous plait), furetant, court vêtu, sous les meubles, scrutant les moindres interstices, bousculant tout au passage, lorsque soudain, ô nuit trois fois heureuse! immobiles sous le lit, nous aperçûmes les coupables encore étroitement enlacés et frétillant de la queue d'un air ironique et narquois... Que se passa-t-il alors?

Si l'homme ne régnait point sans partage sur les régions supérieures de l'animalité, s'il n'était lui-même, en parlant par respect, un animal malfaisant, despotique et grincheux, nous nous serions dit à coup sûr : « Ressaisis-toi. Songe à l'énormité du crime que tu médites de commettre, car ç'en est un ! Réfléchis surtout que ces intéressants animaux accomplissent un grand œuvre, et qu'il serait cruel, inhumain à toi de les empêcher de suivre l'impulsion de la nature ; et enfin ne fais pas à autrui ce que tu ne voudrais point... etc., etc. » Tel est le langage, empreint de modération, que nous nous serions tenu à nous-même si nous avions été dans notre assiette naturelle. Mais allez faire entendre raison à un homme que la colère domine et qui a, circonstance aggravante, le visage parfaitement barbouillé d'un liquide gluant qui..... Autant demander à l'Océan de calmer ses flots. Et puis, somme toute, pourquoi tant de considérations bienveillantes? Eurent-ils le moindre scrupule, eux? D'ailleurs, il y avait ces éclaboussures qui devaient se laver dans un ruisseau de sang... Nous vîmes rouge, c'est-à-dire plus de feux qu'il n'y en a jamais eu dans le temple de Salomon... Vli! sur l'un, vlan! sur l'autre, au hasard sur le ventre ou sur le dos; cinq, six, dix coups de canne rageusement donnés, et il ne resta plus qu'un amas de bouillie sanguinolente de ces deux êtres que l'amour perdit...

Mais, au demeurant, ceci n'est rien, et combien peu il faut à l'homme pour le jeter hors de lui! Où véritablement commencent les tribulations d'un Européen dans la brousse, c'est au cœur même de la nuit, quand tout ce qui respire oublie ses peines dans les bras de Morphée, alors que, dans sa naïve candeur, il se berce de l'espoir illusoire de jouir d'un sommeil gagné, sinon par un surmenage physique, du moins par une de ces accablantes journées où le soleil est de plomb.

Pendant la saison sèche, en effet, qui est celle des affaires dans toute la Sénégambie, les naturels qui ont l'escarcelle bien rondelette se réjouissent publiquement à grand renfort de fifres et de tambours. Ces fêtes, où l'on danse une bamboula effrénée, ont généralement lieu après le coucher du soleil (voir ci-devant), se prolongent parfois jusqu'au lever du jour, et attirent des quatre points cardinaux une horde de braillards et d'ivrognes des deux sexes et de toutes les nationalités. C'est avec ces intéressants personnages maintenant que vous allez avoir affaire, c'est à eux que vous serez livré sans recours. Les plus sages, il est vrai, les plus tranquilles rompent d'eux-mêmes le cercle à une heure raisonnable ; mais, comme à ce moment-là néanmoins il est souvent trop tard pour regagner leurs villages respectifs, situés parfois à sept ou huit kilomètres, nombre d'entre eux, et non des moins vauriens, campent un peu partout à la belle étoile, mais de préférence sous les vérandas qu'ils prennent d'assaut, renforçant ainsi le nombre des vagabonds de profession, sans plus se soucier de l'infortuné blanc qui loge dans l'immeuble fragile que s'il n'existait pas. C'est en vain que le pauvre diable tempête de sa couche, les somme de se taire, les menaçant de les faire évacuer *manu militari* s'ils ne mettent une sourdine à leur verbe, — car tout noir qui ne dort pas parle nécessairement. Peine inutile. Ils répondent, il est vrai, qu'ils se tairont, qu'ils se taisent, vous engageant à dormir sur vos deux oreilles, et cette hypocrite promesse n'est pas plus tôt faite, que les langues recommencent à tourner bruyamment et les conversations d'aller leur train.

Mais la plaie de l'Européen, surtout, ce sont les ivrognes. Dieu vous garde d'habiter jamais dans une escale peuplée de ces sortes de gens ! Après vous être livré à une chasse en règle dans votre moustiquaire, après avoir anéanti consciencieusement une multitude d'insectes variés, travail qui vous a déjà pris une bonne partie de la nuit, vous vous allongez enfin, en jouant de l'éventail, sur votre brûlante couche en poussant un : ouf! de satisfaction; — et vous vous endormez, c'est-à-dire que vous vous plongez dans un simili-sommeil. Pan ! pan ! Vous sursautez... Est-ce un rêve ? Non. Au diable, l'importun ! Ces brutes n'ont seulement pas le respect du sommeil, qui commençait à répandre sur vous ses bienfaisants pavots.

Le roi Toffa et son escadron féminin.

— Pan ! pan ! pan !

Encore ? Que faire ? Se lever ? Mais la paresse, — outre qu'il faudrait se rhabiller. — Suit une kyrielle d'épithètes, une allocution pleine d'invectives à l'adresse de l'intrus. Un demi-tour, et vous restez coi.

— Pan ! pan ! pan ! pan !

C'est trop fort !... La colère vous monte à la tête, et, nerveux, vous vous assurez machinalement de la présence de votre canne (une matraque de laobé), non sans mourir d'envie d'en caresser l'échine du gredin qui trouble ainsi votre repos. Puis vous vous tâtez le pouls afin de savoir si, oui ou non, le saut est nécessaire ; mais, la « flemme » l'emportant, — après un dernier effort pour ou contre — vous feignez encore de dormir, espérant, en désespoir de cause, lasser la patience du perturbateur.

Pan !!! Pan !!!

L'animal ! Il va tout démolir ! Vous changez aussitôt de tactique, voyant que le silence obstiné ne réussit guère, et vous faites appel à toutes vos énergies vocales :

En a cokou? (Qui est là ?), grondez-vous du fond de votre lit, car, malgré tout, il vous en coûte de le quitter.

Man a... (C'est moi), répond au milieu d'une quinte de pituiteux une voix dolente et éraillée.

Bon ! pensez-vous, encore quelque alcoolâtre qui aura trop humé de purée automnale. Grossissant la voix dans la mesure du possible :

Lodihout? (Que veux-tu ou que cherches-tu ?)

L'AUTRE : *Roulimban* (Du genièvre).

Vous : *Goudina, d'où ma diay!* (Il est tard, je ne vends pas).

L'AUTRE : *Baálma, se ma thoubap... Benne boutey* (1)

---

(1) On remarquera que le mot bouteille est prononcé en

reck (Pardonne-moi, mon blanc, une bouteille seulement).

Vous : *Dara, Niafma bahi!* (Rien, f...-moi la paix).

L'AUTRE: *Se ma jhalis en gui tew* (Mon argent est comptant).

Vous : *Demal sa yonne ak sa jhalis* (Va-t'en ton chemin avec ton argent).

L'AUTRE : *Ouadji, ouadji* (1) *se ma jharet, yo reck la ham* (... Mon ami, je n'ai que toi).

Vous : *Gondina, juna déyoula lou ma la ouoje?* (Il est tard, tu n'entends donc pas ce que je dis).

L'AUTRE : *De nâ dègue, nam... sagalma baye ba té diorma benne boutey* (J'entends bien... Insulte-moi dans la personne de mon père..., et donne-moi une bouteille).

Vous : *D'où ma diouck, mouck!* (Je ne me lève point jamais).

L'AUTRE : *De nâ la ti tégal deurcume ou coppeur* (2)... (Je t'y ajouterais deux sous).

---

ouoloff par le nom français qu'on estropie plus ou moins. Il en est de même de beaucoup d'autres substantifs désignant des choses ou des objets inconnus dans le pays, et qui n'ont point par conséquent d'équivalents. Dans ce nombre sont : assiette, *asset ba* ; fourchette, *fourcet ba* ; chapeau, *çapeau ba* ; etc., etc. D'ailleurs, raille qui voudra! Nous écrivons cet idiome comme nous le parlons ou plutôt comme on le parle communément. Qu'on ne se montre donc pas plus puriste qu'il ne convient. Il existe cependant des soupçons de règles, si nous nous en affranchissons. Ainsi, après chaque substantif, on met l'article, qui se place toujours après le nom. Au pluriel, l'article est invariablement *ya*. Exemple : homme, *nit ba*; les hommes, *nit ya;* etc. L'adjectif ne se joint pas au substantif. On met toujours entre eux le pronom relatif *bou*. Exemple : *Dhiguène bou niaw*, c'est-à-dire femme la vilaine, etc., etc.

(1) Locution du pays, façon de parler qu'il est fort difficile de traduire à la lettre, n'ayant pas une signification bien déterminée.

(2) *Deurcume ou coppeur* s'emploie principalement du côté de Saint-Louis. A Rufisque et dans ses environs, pour désigner deux sous, on dit *coppeur louré* ou *loury*.

Vous, visiblement agacé : *Doul!* (Zut).

L'autre, onctueux : *Diaredieuf !... Benne boutey, benne...* (Merci !... une bouteille, une...).

Vous bondissez hors du lit, plein d'un juste courroux, — car enfin il faut en finir une fois pour toutes, et le meilleur moyen pour en arriver là consiste à octroyer à ce tenace un plein récipient... de ce qu'on trouve d'habitude dans la table de nuit. L'effet de cette douche plus ou moins odoriférante est souverain. Il part, le rustre, en maugréant, mais les ivrognes à peau noire ne sont pas moins entêtés que tous les ivrognes en général; et au moment où vous vous applaudissez *in petto* de votre peu subtil, mais efficace stratagème, crac ! voici votre buveur qui revient à la rescousse, ou qui vous dépêche un confrère en Bacchus, avec lequel il faudra recommencer à parlementer ou à s'invectiver jusqu'à une heure très avancée du matin. Et ce qu'il y a de plus piquant, c'est que si, par bonté d'âme ou pour vous débarrasser de l'importun, vous acquiescez à son désir, vous levant au beau milieu de la nuit, souvent sans chandelle et au risque de vous rompre les os, pour aller à tâtons chercher une fiole et la lui remettre, le chenapan, pour vous remercier, vous paye souvent en monnaie de singe, ou vous prie de lui donner la bouteille à crédit *jusqu'au lendemain sans faute*, ou vous offre en nantissement, d'un front serein, son pagne pouilleux ou quelque vieille arme disloquée; ou tâche d'en profiter enfin, à la faveur de l'obscurité, pour se débarrasser d'une pièce qui n'a pas cours.

Heureusement qu'on a l'œil — et le bon.

CHAPITRE XIX

DES MALADIES DU PAYS

Au Sénégal, comme dans toutes les régions tropicales, on a l'habitude de diviser l'année en deux saisons principales, savoir : la saison sèche et la saison des pluies. Cependant nous serions de l'avis de cet autre qui en définit trois plus ou moins tranchées, c'est-à-dire la saison des pluies qui comprend juin, juillet, août, septembre et la mi-octobre ; la saison froide — si tant est... — qui s'ouvre en novembre et finit en février ; et la saison sèche ou chaude qui embrasse le reste de l'année. C'est pendant la saison la plus luxuriante que la santé des Européens reçoit le plus d'assauts, à cause de l'humidité constante qui ne cesse de régner durant cette période, de la température élevée et des miasmes telluriques que dégagent les marigots.

Le véritable printemps de ce pays, c'est l'époque des pluies, qui amène le rajeunissement de la nature et donne à la flore tropicale cet épanouissement suivi d'une maturation si hâtive qu'on admire en elle. Chose singulière ! c'est précisément pendant cette période de l'année que les indigènes se portent le mieux, et au contraire, durant la saison sèche, qui nous est la plus favorable, ils sont sujets à de fréquentes indispositions, d'où ce proverbe : *La chute des feuilles du baobab, c'est la mort des noirs ; la pousse des feuilles, c'est la mort des blancs.*

Le nègre, en effet, tout en demeurant chez lui, dans

le pays qui l'a vu naître, ne laisse pas que d'être sujet à d'assez nombreuses maladies, et notamment aux

Nègre atteint d'albinisme.

fièvres qu'il combat avec le tamarin, qui est un excellent fébrifuge. Il emploie aussi contre cette malaria des remèdes vulgaires, tels que du mil, du beurre, de la coloquinte, qui lui réussissent parfois. Il soigne la migraine avec des compresses d'herbes mélangées avec de la terre. Ce tout forme un emplâtre dont l'efficacité ne saurait être mise en doute par personne, encore que pour nous elle soit sujette à caution.

On constate aussi chez les Africains une infinité de cas d'hématurie, quelques affections des voies digestives, énormément de rhumatismes (qui s'en serait douté?) et quelques angines souvent suivies de mort. Les maux d'yeux sont surtout très fréquents dans le pays, et les blancs n'y échappent point, payent leur tribut comme les autres. Nous en savons particulièrement quelque chose. Ils traitent ces sortes de maux (opthalmie, mal de la cornée, procidence de l'iris, etc.), à la fois désagréables et douloureux, avec des feuilles émollientes préalablement bouillies — notamment les feuilles du baobab — ou bien fabriquent une mixture, sorte de décoction végétale dont la couleur est d'un beau jaune orange, et s'en enduisent le pourtour de l'organe atteint, ce qui, à distance surtout, leur donne un air passablement comique.

Les maladies du système nerveux sont assez rares chez les Africains, et cela se conçoit chez un peuple indolent. L'aliénation mentale est également très peu connue, à part de rares exceptions, et encore ne nous a-t-il jamais été donné de voir de fous dangereux. On rencontre de temps à autre quelques déséquilibrés inoffensifs, et c'est tout. A signaler cependant certains cas de monomanie religieuse; quant aux accès d'épilepsie, on les attribue le plus souvent à l'influence du démon, et on les traite en conséquence.

Les affections des os et surtout de la peau (la gale notamment) sont très communes, et cela ne doit point surprendre, car on sait de longue date que les nègres, en général, sont absolument réfractaires aux soins de propreté, et que ceux qui habitent l'intérieur des terres ont perpétuellement — en tant qu'hommes vivants — l'épiderme revêtu d'une épaisse couche de substances grasses et de matières inorganiques.

Les ulcères sont tellement nombreux qu'on les a classés avec raison dans la catégorie de la lèpre ou éléphantiasis : ces sortes d'affections se traitent en général par la fomentation d'huile et de sel. La dysenterie aussi, qui n'épargne point l'Européen, frappe à tort et à travers, mais ne fait que très peu de victimes, à moins de la laisser traîner trop longtemps et sans soins. De l'aveu de tout le monde, elle est bien plus bénigne que celle de la Cochinchine, laquelle pardonne rarement, et revêt une forme sporadique. Les naturels la soignent par un fruit du pays provenant de l'acacia nilotica, et par l'emploi d'os pulvérisés. Ils la combattent efficacement aussi, de même la diarrhée chronique, avec une mixture composée de pain de singe (fruit du baobab) et de lait. La variole sévit dans certaines localités et y a été apportée on ne sait trop comment. Les indigènes ont une façon toute particulière de soigner cette fièvre caractérisée par l'éruption de nombreuses pustules qui, en se desséchant, laissent la figure du patient en écumoire. D'abord, pendant l'incubation, ils injectent les yeux du malade avec sa propre urine et lui en frottent vigoureusement le corps en tout sens ; quand l'éruption est déclarée, que les pustules s'ombiliquent, on l'enveloppe alors dans les endroits atteints avec du coton brut imbibé d'urine chaude de dromadaire, et on lui injecte dans les yeux une légère macération d'oignons et de tamarin... La vaccine, d'ailleurs, n'est pas inconnue des nègres, qui la pratiquent en temps d'épidémie ; les deux endroits que l'on choisit de préférence, paraît-il, sont les bouts de l'oreille et les tempes. Les cas de tétanos sont rares, bien que ce mal soit assez commun parmi les Arabes du littoral nord.

Les gens de ce pays sont peu sujets à la fièvre typhoïde ainsi qu'aux maladies de foie aiguës, cependant on constate parmi eux quelques cas d'hépatite. En revanche, les maladies des voies respiratoires sont très communes et très redoutées. Rares sont les affections de rein, de vessie, les calculs néphrétiques, etc.

Pour la carie des dents, ils sont détenteurs d'une méthode excellente à coup sûr, mais qui ne laisse pas de présenter de sérieux dangers. Ils se servent, en effet, d'une plante qui a l'étrange propriété de faire tomber l'incisive ou la molaire sur laquelle on l'applique. L'inconvénient — et il n'est pas mince — consiste à préserver les dents saines du contact du végétal, sans quoi elles tomberaient infailliblement comme les autres et le but serait alors quelque peu dépassé.

Les excréments de mouton jouent un grand rôle dans la thérapeutique de ce pays, de même la bouse de vache ou de bœuf, de préférence fraîchement élaborée. Enfin, le beurre, le suif, le miel, la salsepareille, le gingembre sont fréquemment employés par les nègres dans les traitements des maladies et sont autant de facteurs qui agissent ou qui n'agissent pas...

On emploie couramment en pharmacie l'anacarde, le ben ailé, le rhus, le khou, le baobab, le dank, le goyavier, le fromager, les yeux crabes, le papayer, le manguier, le guiguis, le caïlcédrat, le canéficier, le tamarinier, le garigari, le benténier, la pourghère, le henné, le lotus et le calculus bakis, ce dernier souverain pour la bile.

*
* *

Outre les affections locales, les naturels ont encore à lutter contre les animaux parasites et animalcules divers, très nombreux dans ces régions, qui vivent aux dépens de l'homme. Nous citerons au passage les chiques, autrement dites *doussous*, qui s'insinuent dans la plante des pieds et qui font horriblement souffrir les personnes qui en sont atteintes, au point de ne plus pouvoir marcher, tant les extrémités deviennent sensibles et enflées. De plus, si on laisse ces vers minuscules se propager, ils font de tels ravages dans les tissus sous-cutanés, que de graves ulcères ne tardent pas à se produire, en entretenant une démangeaison insupportable, et on risque parfois de demeurer estropié le restant de ses jours. Les Européens sont bien moins sujets que les nègres à attraper ces doussous, qui pullulent dans certaines localités, notamment à Dakar, la chaussure étant d'un secours précieux ; néanmoins, ils n'en sont pas indemnes.

Le ténia ou ver solitaire est également très commun dans toutes les régions tropicales. C'est assez dire que rares sont les personnes qui ne le contractent pas au Sénégal, après un séjour plus ou moins prolongé. Les nègres cependant considèrent sa présence comme un signe de santé. On en distingue trois espèces : le ténia *golima* ou armé, le *bothriocéphale*, ténia large ou non armé, et le ténia *mediocanellata*, qui n'a ni aiguillons ni épines. On sait que ce ver, qui a la réputation injustifiée d'augmenter l'appétit de la personne chez qui il a élu domicile, est susceptible de se reproduire tant que la tête n'a pas été expulsée. Il paraît même que chaque anneau est un animal vivant qui contient des vers avec mâle et femelle et se remplit d'œufs au bout d'un certain temps. Le ténia n'est pas toujours unique dans l'intestin. On en a compté jusqu'à vingt, avec leur tête, chez le même individu. Au reste, ces espèces d'entozoaires sont tellement répandues aujourd'hui, même en France, qu'il n'est point utile d'en parler davantage.

Il est un autre ver fort répandu dans le pays, mais

principalement dans l'intérieur des terres, qui s'attaque indifféremment à l'homme, mais qu'on retrouve surtout chez le chien et quelques autres animaux. A l'encontre de la plupart des autres groupes qui vivent dans l'intérieur du corps, ce dernier, communément désigné sous le nom de « ver de Cayor », et qui ressemble à s'y méprendre à un asticot de belle venue, vit de préférence à la surface, s'infiltre dans le tissu cellulaire sous-cutané et n'en bronche plus à moins qu'on ne l'en déloge par la force. De même que la teigne, d'ailleurs, il prospère à vue d'œil. Une chose remarquable, et qui dénote chez cet animal une perspicacité peu commune, c'est qu'il recherche de préférence les parties charnues où la viande est saine et abondante, les morceaux « entrelardés ». Chez le chien, par exemple, il s'attaque sans hésiter au gigot ou au filet; et s'il s'agit d'une personne, il est rare si le gaillard ne s'insère pas sans façon au... à sa partie la plus succulente. Au début, on éprouve une sensation étrange, une sorte de chatouillement qui va tous les jours en s'accentuant au fur et à mesure que l'animal prend des forces, mais qui ne tarde pas à dégénérer, si on n'y met bon ordre, en d'insupportables démangeaisons. Dès qu'on éprouve quelque chose d'insolite, et qu'une extumescence vient à se former au siège du mal, on s'en inquiète, on fait visiter, si l'on ne peut s'en rendre compte soi-même, la partie atteinte où l'animal vous ronge à tête reposée. D'ailleurs, pour expulser l'intrus de sa cachette, — ce qu'il fait toujours de fort mauvaise grâce, — il suffit de prendre les chairs à l'endroit où il se trouve et de presser fortement entre le pouce et l'index.

Autre chose est le ver de Guinée ou de Médine, appelé *filaria medinensis* par Gmelin. Ces vers abondent dans toute la Sénégambie et en toute saison. Les

Africains sont principalement attaqués par ce ver, ce qui ne veut point dire que les blancs en soient exempts. Tandis que les uns prétendent que l'homme l'ingurgite en buvant de l'eau stagnante, d'autres affirment qu'il s'insinue dans la peau et s'y développe parfois jusqu'à atteindre cinq pieds de longueur. Au début, comme pour le ver du Cayor, il vit sans causer de trop fortes douleurs, mais, au fur et à mesure qu'il devient vigoureux, il provoque d'affreuses convulsions chez le patient, qui peut à peine se mouvoir, tant la jambe finit par devenir grosse, le triple parfois de son volume normal. Pour tout traitement, l'indigène se borne à retirer chaque jour une partie du ver qu'il roule sur un morceau de bois avec toutes sortes de précautions, on le devine, l'animal pouvant se briser et le morceau resté au dedans pouvant amener de graves complications. Il va sans dire qu'avec une pareille méthode, le mal ne peut que s'aggraver au point que l'amputation du membre atteint est parfois jugée nécessaire. J'ai vu des gens, raconte Nachtigal, cité plusieurs fois, qui en avaient plus d'une douzaine dans toutes les parties du corps, ce qui avait déterminé chez eux des abcès suppurants et mis même leur vie en danger. Le remède parfois employé dans ce cas (usage externe et interne) est l'*assa fœtida*, mais l'excellence en est souvent contestée.

On voit par ce qui précède que les nègres indigènes ont une façon de se soigner assez rudimentaire ; ils se traitent exactement comme ils traitent leurs animaux, et, chose curieuse, ils ne laissent pas souvent de réussir, la nature sans doute les secondant beaucoup mieux que toutes leurs drogues réunies. Nous avons assisté à l'opération de la cataracte — ou d'une affection analogue — pratiquée par une vieille matrone — avec un mauvais couteau de dix sous — sur un homme de 30 ans, et le travail réussit très bien. Il est vrai qu'à côté d'une opération qui donne de bons résultats, combien y en a-t-il d'autres dont les suites ont été déplorables ! Et combien aussi de nègres meurent-ils victimes de leur médecine empirique, ou de leurs remèdes, excellents à coup sûr, mais toujours mal dosés ou absorbés inopportunément. On prétend, avec raison sans doute, que, dans chaque pays, on trouve toujours le médicament à côté du mal, la nature pourvoyant à tout ce qu'elle exige, mais encore faudrait-il qu'on sache s'en servir. L'arsenic aussi et d'autres poisons subtils sont d'excellents facteurs dans le traitement de certaines maladies, mais qu'on en prenne un atome de plus qu'il en faut, et l'économie ne laisse pas que d'en être désagréablement affectée.

Une autre plaie de la chaussée, pouvons-nous dire, c'est ce qu'on appelle le mal de Naples et que les Italiens par un juste retour appellent le mal français: nous avons nommé la sultane, celle dont on trouve des traces, paraît-il, dans la maladie de Job. Or, avec l'immoralité bien connue des Africains, ce genre d'hémotoxie ne pouvait que se répandre et se propager avec rapidité. Néanmoins, dans certains milieux, cette affection, qui a sans doute été importée dans le pays par les Arabes, n'est pas trop mal vue, car elle passe, à tort ou à raison, pour avoir accès jusque dans le paradis de Mahomet... Ajoutons que cette manière de voir n'est pas adoptée par tous les naturels, à en juger au moins par les précautions extrêmes dont certains d'entre eux ne manquent pas de s'entourer en si délicates circonstances. Les nègres emploient contre ce mal des plantes dépuratives à foison et observent une diète rigoureuse. En maintes circonstances, lorsqu'ils en sont à la période secondaire ou tertiaire, et qu'ils sont convaincus de l'inefficacité de leur thérapeutique, ils ne dédaignent point d'avoir recours à nos bons offices, requérant l'Européen comme pharmaconome. Nous connaissons un pauvre diable de Peulh qui, depuis plus de trois ans, vient sans se lasser de l'intérieur toutes les quinzaines pour nous demander un remède des blancs contre la « grande maladie », remède qu'une négligence coupable — et aussi peut-être la sotte crainte qu'on suppose que ce médicament fût pour notre usage personnel — nous a fait oublier de lui procurer.

* *
*

Parlerons-nous maintenant de deux maladies terribles qui ravagent le pays, avec intermittence fort heureusement — et devant lesquelles nos modernes esculapes, malgré toute leur science et leur savoir, demeurent impuissants : il s'agit de la fièvre jaune que tout le monde connait, au moins par ouï-dire, et du *nélouane* ou maladie du sommeil. Ajoutons bien vite que cette dernière fait beaucoup moins de victimes que la précédente et que ses effets en sont particulièrement curieux. D'après certains thérapeutes, la maladie du sommeil ne serait autre chose qu'une affection cachectique caractérisée par un érythème accompagné d'un trouble du système nerveux et d'une dépression complète des forces. Ce mal, que nous supposions d'éclosion récente, aurait déjà paru au XVIIIe siècle sous le nom de pellagre, de mal de la rosa dans les Asturies, de scorbut dans le Piémont, et de « mal de teste » dans le midi de la France ? Quelque nom qu'on lui donne, ce mal étrange atteint de préférence les indigènes jeunes et vieux, plus rarement les Européens, et fait de sérieux ravages parmi les ivrognes du littoral nord, qui ne sont pas les plus à plaindre, soit dit en passant. En somme, on sait encore fort peu de choses de cette maladie dont les médecins attribuent la cause à la présence d'un parasite fongoïde, le *psorisorium maïdis* (nous sommes dans un siècle où tout s'explique à coups de microbes), et qu'ils classent sans hésiter dans les affections cérébrales (?) Soit, mais puisque parasite fongoïde il y a, qu'on donne aux pauvres diables atteints de cette infirmité de bons petits remèdes capables de les en débarrasser. Présentement, on n'en connaît aucun de réellement efficace, ce mal étant absolument rebelle à toutes sortes de médications. « L'homme atteint s'endort, nous dit-on, et ne s'éveille plus que quelques instants tous les jours, le temps de prendre la nourriture nécessaire, dix minutes, vingt quelquefois, puis, peu à peu ces courts réveils disparaissent progressivement et l'homme meurt au milieu de ses déjections, le corps rongé par des plaies amenées par la saleté dans laquelle il croupissait. » On a analysé les eaux, examiné la nature des terres sur les lieux mêmes sans avoir pu trouver un seul indice capable de mettre sur la voie.

Quant à la fièvre jaune, les avis sont partagés dans le pays, à savoir si cette affection est épidémique ou endémique. D'après les uns, elle serait endémique, surtout vers la côte occidentale de l'Afrique, des cas isolés mais périodiques y étant signalés, sans parler de certains états maladifs d'une nature indéterminée qu'on affuble fort adroitement du nom d'accès pernicieux ou de fièvre bilieuse pour ne pas alarmer les populations. D'après les autres, — et c'est le plus grande nombre, — ce mal est épidémique et serait importé dans la colonie par les nombreux navires qui viennent des mers du Sud. Ce qui donnerait quelque crédit à cette version, c'est que la fièvre jaune ne sévit jamais d'elle-même, c'est-à-dire spontanément, sur le bord des fleuves où ne peuvent rentrer les grands navires, pas plus que dans l'intérieur de la brousse si elle n'y a déjà été importée. Enfin, on allègue avec non moins de raison que, si la fièvre jaune existait à Libéria et à Sierra-Leone à l'état endémique, elle existerait également, dans les mêmes conditions, dans le bas Niger qui est le pays le plus malsain de toute l'Afrique et dont la constitution géologique est à peu près la même que celle des contrées citées plus haut.

Quoi qu'il en soit, cette affection existe, bien qu'elle ne fasse son apparition — d'une manière visible — qu'à des espaces éloignés, et c'est ce qu'il convient de retenir. Par exemple, il se présente ce phénomène singulier, c'est que, quand la fièvre jaune sévit, ce sont les Européens qui sont frappés, et un peu aussi les gens de couleur — à l'exclusion de tous autres; — tandis que, si c'est le choléra qui fait son apparition, ce sont les nègres, et rien que les nègres, qui sont atteints. Dans tous les cas, cette maladie est une de celles qui donnent le plus de fil à retordre aux médecins, qui payent souvent de leur personne, ce qui est tout dire. On prétend bien qu'il existe au Brésil un traitement prophylactique contre cette fièvre terrible, mais, au Sénégal du moins, on en est encore à l'ère des tâtonnements, bien que la genèse de cette affection soit parfaitement définie.

Une autre maladie (en est-ce bien une?), aussi étrange et non moins inguérissable que le *nélouane* susnommé, est celle qu'on appelle le mal de la terre. Les naturels qui sont atteints de cette infirmité bizarre, de ce tic déplorable plutôt, ont le sens du goût tellement dépravé qu'ils en arrivent à manger... de la terre (et encore si elle était accommodée!) en quantité plus ou moins grande, selon l'intensité de la maladie, régime par trop frugal dont le moindre défaut est de provoquer des désordres graves dans l'économie, la terre, de par son essence même, ne pouvant se digérer facilement. On remarque toutefois que les enfants sont plus sujets que les adultes à contracter ce défaut, qui pourrait bien être la résultante d'une habitude vicieuse que les parents auraient pu enrayer au début, s'ils s'en étaient donné la peine. Parmi nous aussi ne rencontre-t-on pas souvent des tics invraisemblables, souvent ridicules et grotesques, mais infiniment moins dangereux? Chez les sujets atteints, on constate un dégoût profond de toutes choses, en même temps que se manifeste l'hypocondrie. L'estomac est lourd — ce qui est on ne peut plus naturel, — le ventre durcit et enfle démesurément, et la mort survient fatalement dans un délai très rapproché.

Les femmes noires sont, à peu de choses près, sujettes aux mêmes maladies que les hommes avec, en plus, les dérangements périodiques, les fausses couches très nombreuses et les non moins fréquentes chutes de matrice. Il y a peu d'hystériques parmi ces dernières, qui accouchent très facilement avec le concours gracieux des matrones de l'endroit, à charge de réciprocité. Leur fermeté est extraordinaire et digne des Lacédémoniennes, car pendant le travail on n'entend pas une seule plainte, ce qui serait contraire à la religion musulmane. On assure que dans certains villages les négresses cherchent à augmenter leur fécondité en avalant les intestins salés de jeunes levrauts tétant encore leur mère.

Les infanticides sont très rares au pays des noirs, et il est même sans exemple qu'une femme attente aux jours de son enfant, proviendrait-il d'une faute ; mais, en revanche, elle se montrera moins scrupuleuse sur le chapitre des avortements, dont, d'ordinaire, la feuille du cactier fait tous les frais (1). « On se gêne

---

(1) Observez que dans d'autres pays musulmans, en Perse, par exemple, toute fille qui n'a pas été déclarer sa grossesse à

d'autant moins, nous déclare celui-ci, que la loi n'a cure de ces vétilles, et que les vieilles femmes peuvent impunément, en ces occasions, prêter le concours de leur expérience. C'est du reste une idée reçue qu'un enfant peut « sommeiller » des années entières ou même indéfiniment dans le sein qui en a reçu le germe ; aussi cette pieuse croyance intervient-elle toujours à propos quand, après une absence plus ou moins longue, l'épouse infidèle présente au mari trompé un surcroît honorable de famille. C'est le moment d'ajouter que la médecine est le monopole des vieilles femmes entendues et des sorciers à qui l'empirisme tient lieu de sciences. On sait parfaitement où s'arrête l'efficacité de leur concours, et, là où on n'a plus rien à attendre de leur expérience, on en appelle exclusivement à la religion qui, par la main des devins, livre alors des talismans religieux : tantôt ce sont des versets sacrés qu'on se fait écrire, en manière de médication, dans le voisinage de l'organe affecté ; tantôt c'est un petit morceau de papier, portant également un libellé saint, que le malade ingurgite, à moins qu'il n'en boive l'encre délavée, sans préjudice, bien entendu, de philtres et amulettes qui ont la vertu de rendre invulnérable aux balles, aux coups et piqûres et de prévenir les maladies. »

On sait d'ailleurs que le moral influe en thérapeutique et que l'auto-suggestion, chez les personnes de ce pays surtout, joue un rôle prépondérant dans la guérison de la plupart des infirmités.

---

qui de droit est punie de mort si son fruit périt. Ainsi fut vérifié le dire de Pascal : Vérité en deçà, erreur au delà.

CHAPITRE XX

DE L'INSTRUCTION CHEZ LES NÈGRES

L'instruction, dans la colonie, se donne de deux manières : 1° par des établissements de garçons et de filles tenus par des frères de l'école chrétienne et des sœurs de Saint-Joseph, où l'on enseigne à lire et à écrire en français et où l'on apprend également aux jeunes élèves des deux sexes les évangiles et le catéchisme ; 2° par les instituteurs indigènes (instituteurs sans diplômes), qui enseignent l'arabe aux jeunes négrillons et les initient aux pratiques de la religion musulmane.

Commençons d'abord par l'instruction à l'européenne. On ne cesse de prôner la vulgarisation de la langue française, et cela se conçoit aisément : Témoin l'Anglais pratique, qui exige qu'on parle sa langue dans la colonie où il règne en maître. Il serait donc à désirer que chez nous aussi on obtînt un résultat analogue, au lieu de nous efforcer d'apprendre le dialecte parlé par les indigènes, dans nos propres établissements. Mais est-on bien certain de ne point quelquefois dépasser le but qu'on se propose ? *That is the question.* Certes ! nous le répétons, le développement de l'instruction, et conséquemment des intelligences, est une bien belle chose, même en Afrique et chez les nègres ; mais le malheur est qu'on obtient souvent des résultats tout à fait contraires à ceux qu'on serait en droit d'en attendre.

En règle générale, dans les quatre cinquièmes des cas, plus un noir a de la culture, un certain vernis, et plus il se montre plein de morgue, plein d'arrogance vis-à-vis de ses pareils qui ne sont pas comme lui dans le mouvement, et qu'il regarde d'un air de dédaigneuse condescendance. Et le blanc, lui aussi, n'a qu'à se

Écoliers ânonnant leurs leçons.

bien tenir, pour peu que l'autre sache baragouiner quelques mots de français : « Attention, eh! lui fait ce compréhensif, en se dressant sur ses ergots, j'ai autant de droits que toi. » Et, de vrai, il a droit de vote; il jouit des mêmes prérogatives que le blanc sans avoir aucune des charges qui incombent à ce dernier (1). Et si, outré de tant de jactance, dans un moment de vivacité, vous bousculez cet imbécile, ou lui faites une toute petite égratignure, ce n'est qu'un cri : le pauvre homme! Et le tribunal — car, songez donc! il porte plainte aussitôt — avec une sollicitude touchante vous octroie le maximum. Si, en revanche, le « pauvre homme » vous met le nez en marmelade ou les yeux au beurre noir, il n'y a que vous assurément qui puissiez avoir tort, qui êtes le coupable, et pan! débouté, si vous avez eu la candeur d'exposer vos griefs à ces mêmes juges. C'est beau, la civilisation!

Il est un fait acquis, constant, c'est qu'au Sénégal les autorités se montrent toujours plus tolérantes pour les indigènes que pour les Européens, et cela en toutes choses. Explique qui pourra cette faiblesse, cette anomalie. Nous en parlons d'autant plus à l'aise que nous ne saurions être suspect de parti pris n'ayant, Dieu merci! jamais eu maille à partir avec personne.

Et ce qu'il y a de plus triste à dire, pour revenir à notre sujet, c'est qu'à nos côtés l'Africain contracte tous nos vices sans prendre aucune de nos qualités. Comme le singe, dont il a l'esprit d'imitation, il saisit tous nos travers, se les assimile, se les incorpore, devient comme une de nos doublures, — de loin. S'il fait partie de votre maison, par exemple, à un titre quelconque, et s'il est bien stylé, il finira à la longue par se vêtir décemment, se lavera deux ou trois fois dans la semaine et changera de linge tous les mois. Il ne se mouchera que rarement sur vos habits et ne vous enverra plus à travers la figure certain fluide

---

(1) On sait que le service militaire n'est pas plus obligatoire pour les nègres que pour les mulâtres, mais on veut bien accepter l'enrôlement de ces messieurs quand il leur plaît, à la suite d'un coup de tête, de s'engager.

aériforme que tout bon noir digne de ce nom émet par la bouche avec une déplorable facilité, parce qu'il n'ignore point (le contact, voyez-vous, le contact!) que cette manifestation... stomachique n'a pas précisément l'heur de vous combler. C'est au plus si, en éternuant, il se permettra de vous adresser quelques légers postillons. Il se grattera, oui, souvent même, et aussi sans mesure (dame! chassez le naturel...), mais il se tirera les poux à la dérobée et les écrasera furtivement, car il s'est aperçu — autre conséquence d'une bonne éducation — que cet exercice vous allongeait la mine, vous donnait l'air rébarbatif... Si, par habitude encore, il vous parle la bouche pleine, ou s'étire à grand renfort de bras en proférant des cris inarticulés, ou bâille à votre barbe à se décrocher la mâchoire, en revanche, il se plongera moins souvent les doigts dans le nez, ne s'oubliera qu'avec une exquise discrétion, — rarement à la Li-Hung-Chang — (1) et ne crachera plus sur

---

(1) Non, jamais à la Li-Hung-Chang, qui doit bénir à coup sûr la mémoire de l'empereur Claude. Nous saisissons aux cheveux cette occasion insoupçonnée qui se présente à nous de mettre en relief, sous un jour favorable, certain côté intime du nègre, son amour, une fois en sa vie, du vrai, du beau et du bien. C'est le cœur joyeux que nous enregistrons cette excellente et rarissime disposition. Quel malheur que nous ne puissions à la loupe ou au microscope en découvrir de la sorte des centaines et des mille! Et dire que certains négrophiles intransigeants, et à coup sûr atrabilaires, nous accusent de parti pris (nous sentons ça dans l'air), de dénigrement systématique depuis l'épigraphe en tête de l'ouvrage jusqu'à l'épilogue exclusivement, alors qu'il est constant que nous nous sommes toujours fait un strict devoir de rendre publiquement hommage aux Africains chaque fois que l'action nous a paru digne d'être signalée! (Voir, entre autres, la note consacrée à la main gauche, aux petits bouts de bois, etc.). Oignez vilain... Bref, monsieur, — ou madame, car enfin quel mal y aurait-il à ce qu'une personne du sexe, point bégueule toutefois, daignât feuilleter ce bouquin? — Bref, quelque humiliant que cela soit pour notre amour-propre d'homme blanc, il est vrai que nous ne sommes pas des dieux et que les anges mêmes n'ont pas été créés avec l'impeccabi-

vos parquets ou si peu, si peu!... Par exemple, il se culottera et se déculottera en votre présence sans que le rouge de la honte lui monte au visage, et il ne s'embarrassera point de votre regard, tranquillisez-vous, soit pour satisfaire certain besoin intime (1), soit pour

---

lité, nous déclarons à la face du ciel et de la terre que le Sénégalais le plus brut et le plus inculte se montre autrement chatouilleux que le plus délicat et le plus policé de nos princes sur le chapitre de la civilité puérile et honnête, à l'endroit où le sieur Érasme préconise un « toussement tour à tour discret ou tintamarresque — selon que le vent d'abord doux comme un zéphyr se transforme en impétueux aquilon — toussement machiavélique, mais poli qui masque et confond pêle-mêle le bruit fait par les deux expirations opposées... ». Ouf! sommes-nous assez obscur! Nous voudrions pourtant que vous nous vissiez ahaner ici même afin de concilier tout ensemble la vérité, la clarté et les convenances. Dans tel cas, en société (cela s'est vu et se verra tant que la terre sera peuplée d'animaux de notre espèce), dans tel cas critique où l'Européen se contente bénignement, après un regard en zigzag, de baisser les yeux — ou de se boucher le nez. O couards! ô chétifs! ô lâches que nous sommes! le musulman farouche, lui, trépigne sur place, se redresse courroucé, crachote ostensiblement avec un air de mépris (*Tpff! Thiam! Tpff! Thiam!*) et jette feux et flammes contre le *fils de chien* qui, volontairement ou non, s'est permis une pareille incongruité! L'Africain redresseur de torts! l'Africain arbitre du bon goût! l'Africain qui n'a même pas à sa disposition un calque de la baronne Staffe, s'avisant de donner des leçons de savoir-vivre au *snob* de la haute gomme, au pimpant et sémillant Occidental! Cruelle, cruelle énigme — et symptôme inquiétant! Pour que la confession soit entière et complète, nous devons à la vérité de dire que durant les nombreuses années que nous vécûmes au milieu de ces braves, nous avons eu le bonheur inespéré de n'entendre jamais — du moins ouvertement — aucun de ces soupirs insolites et la chance encore bien plus grande de n'en pas respirer le parfum... A vrai dire, peut-être sommes-nous blasé... Les sens s'émoussent à la longue. On prétend que le chien de chasse, et tous les disciples de Saint-Hubert vous le diront, perd rapidement son flair au Sénégal. Peut-être, toutes proportions gardées et réserves faites, nos nerfs olfactifs ont-ils, eux aussi, subi la même métamorphose, une certaine dépression... Mais l'oreille, que diantre! Il resterait l'oreille! Non, décidément, nous préférons nous en tenir à notre impression première, qui est la bonne : A chacun ce qui lui revient.

(1) Disons, à ce propos, que le musulman ne se satisfait

procéder aux plus secrètes ablutions... Bref, ayant un certain acquis, il se montrera assez ponctuel, ne sera pas plus raisonneur qu'il ne le faut, vous servira du *moussé* (1) tant que vous en voudrez, et à part quelques carottes qu'il essaiera de vous tirer — et que vous déjouerez, du reste, soigneusement — il se montrera serviteur passable, sinon le coryphée des domestiques, jusqu'au jour où la nostalgie de la « rossardise » lui prenant, il vous brûlera la politesse — à moins que vous ne l'ayez déjà liquidé depuis longtemps — et redeviendra plus nègre, c'est-à-dire plus indécrottable que jamais.

Et voilà pourquoi, en effet, on se demande s'il ne vaudrait pas mieux souvent laisser l'indigène complètement brut, l'abandonner à son Coran et à ses commandements plutôt que de lui donner une demi-instruction, bonne tout au plus à augmenter son arrogance et son effronterie naturelles. Les parents noirs d'habitude mettent le plus souvent leurs enfants en classe sans aucun but déterminé. Ils les y laissent ânonner un an, deux ans, quelquefois même davantage, puis les retirent tout d'un coup sans trop savoir pourquoi, pas plus qu'ils ne savaient trop pourquoi ils les y avaient mis, et la société sénégalaise s'enrichit de quelques cancres de plus : car il ne peut entrer dans l'esprit de personne qu'un nègre nous sera acquis parce qu'il aura usé quelques fonds de culotte sur les bancs d'une école.

Quant aux chrysanthèmes de marque qui font le plus bel ornement du demi-monde sénégalais, qu'elles aient un teint couleur café au lait, chocolat, ou bien qu'elles soient d'un noir d'ébène, nous avons le regret de dire,

---

jamais qu'accroupi, quelque besoin qu'il éprouve, et quelque peu intéressant que soit pour vous ce renseignement.

(1) Moussé pour monsieur.

pour rendre hommage à la vérité, qu'elles sortent toutes, et en directe ligne, de chez les sœurs... (1).

*
* *

On écrit aussi le ouoloff en caractères français. Disons-en deux mots : Le ouoloff est une langue monosyllabique fort répandue dans la Sénégambie, et on le parle sur toute la côte occidentale de l'Afrique, du cap Blanc à la Gambie et jusqu'au Gabon. D'après une personne qui s'est livrée à l'étude de cette langue, on ne voit rien, dit-elle, qui indique qu'elle ait été formée ou qu'elle soit dérivée d'aucune autre. Elle paraît, de même que les habitants, appartenir à cette contrée, sinon de primitive origine, au moins depuis des temps très anciens. Au reste cet idiome est à peu près au nègre ce que le patois est au campagnard du centre de l'Europe. Il y a bien vingt dialectes dans le pays, sinon plus, mais, s'il s'agit d'écrire, on ne connaît plus qu'une langue, l'arabe. Cela étant, si on remarque que le ouoloff a été soumis à de certaines règles, c'est principalement en vue de familiariser l'Européen, qui a l'intention de se fixer dans la colonie, avec la connaissance de ce charabia.

On trouve du reste dans le pays une grammaire et un dictionnaire qui facilitent au néophyte l'étude de ce dialecte; mais, sans contester leur utilité, on y emploie souvent une orthographe si fantaisiste que nous estimons que la pratique, pour apprendre rapidement, vaut encore mieux que tous ces livres.

Certains blancs possèdent fort bien leur ouoloff et en connaissent tous les détours, mais, pour atteindre

---

(1) Qu'on observe bien que nous n'en n'avons nullement contre ces excellentes et dignes femmes dont le rôle est d'instruire et qui ne sont, à tout prendre, que des instruments inconscients.

ce but, il est indispensable d'arriver jeune dans la colonie, sans quoi il est fort difficile de le comprendre et encore plus difficile de le parler. Il n'est point rare, en effet, de rencontrer de vieux Sénégalais inaptes à converser en ouoloff, soit par insouciance d'apprendre, soit que cette langue ne puisse leur rentrer dans la cervelle. Par exemple, ce que les frais émoulus de la métropole ne tardent pas à saisir, dès leur arrivée dans le pays, ce sont les gros mots, les expressions risquées qu'ils s'assimilent avec une rapidité déconcertante. Il est vrai de dire qu'ils sont merveilleusement secondés par messieurs les nègres en qui ils trouvent d'excellents professeurs et qui, quand ils s'aperçoivent qu'ils ont affaire à quelqu'un d'inexpérimenté, ne manquent point de le gratifier d'épithètes choisies.

D'ailleurs, pour bien des nègres encore, l'Européen est un être curieux ; et dans une zone relativement rapprochée, aux abords des escales situées sur la ligne du chemin de fer, il en est beaucoup, principalement parmi les enfants, qui ne le connaissent que par ouï-dire, d'après les descriptions plus ou moins abracadabrantes de ceux qui l'ont approché. Cependant il ne faudrait point croire que ces gens sont saisis de frayeur à notre aspect, quand ils nous aperçoivent pour la première fois ; et nous ne sommes plus au temps où cet autre écrivait : « Les plus jeunes garçons, qui apparemment n'avaient jamais vu d'homme blanc, approchèrent tout près de moi, et après avoir examiné ma figure avec autant de crainte que de surprise, m'accablèrent d'injures, m'appelèrent idolâtre, fils de porc ou du diable et ennemi de Dieu. Une vieille femme, qui avait sans doute la vue très faible, me prenant apparemment pour un des siens, vint à moi et s'avança pour me prendre la main ; apercevant qu'elle était blanche, elle poussa un grand cri et se jeta à terre de frayeur. » Aujourd'hui il n'en est point ainsi. Lorsqu'un Européen traverse un village de l'intérieur, les habitants et de préférence les gamins se bornent à dire en leur langue, sans la moindre hostilité : Tiens ! voilà un blanc ! Néanmoins, il va sans dire qu'un nouveau venu dans la colonie est toujours un objet de curiosité pour le nègre, même habitué à voir des Européens depuis de longues années, et ce durant les premiers jours de son arrivée. Il l'examine, le détaille des pieds à la tête pour voir s'il est bien fait comme les autres, et le palperait sans se gêner, si on ne mettait bon ordre à ses familiarités. Il est rare, dans le cours de son examen, auquel on ne peut se soustraire que difficilement, que son regard investigateur ne trouve en quelque endroit un point faible dont son esprit, toujours enclin à la grosse raillerie, ne puisse s'emparer. S'ils sont plusieurs, ils se communiquent leurs impressions indiscrètement et à voix haute ; mais rien qu'à leur manière de faire, sans comprendre un traître mot de leur langue, on a comme l'intuition de ce qu'ils disent, la perception nette que ces animaux se moquent de vous. Le meilleur moyen pourtant de sauvegarder sa dignité est encore de ne rien dire — en tant, bien entendu, qu'on n'a pas les oreilles trop échauffées — de feindre de ne s'apercevoir de rien, car, outre que leur jeu ne constitue pas une preuve de leur culpabilité, chercher à leur imposer silence, dans une langue qu'ils ne comprennent pas, ce serait avouer implicitement son dépit et risquer de les rendre encore plus agressifs et plus mordants. Ah ! mais combien on se venge après ! Quelle détente quand on commence à baragouiner leur charabia et qu'on a saisi — naturellement — les mots les plus suggestifs !... Il est vrai qu'alors les gaillards, devenus circonspects, ne s'y frottent plus, sachant qu'on est à même de leur répondre, de les stupéfier même par des trouvailles inattendues... Singulière contradiction ! Si le blanc ne comprend pas la langue du pays, les nègres se moquent ouvertement de sa personne, en profitent pour le tourner en ridicule, le traitent couramment de *dof* (1). S'il la comprend, au contraire, ils prétendent qu'il ne vaut plus rien, qu'il est trop *mous* (2), qu'il n'était réellement bon que lorsqu'il ne comprenait pas un traître mot de cet idiome, d'où cette parole courante : *Thoubap, bou dégué ouoloff, d'otou bar.* Il va de soi qu'on les laisse dire et qu'on n'en continue pas moins son petit bonhomme de chemin.

**

Passons maintenant à l'instruction locale, donnée par les indigènes. En Chine, on reconnaît le lettré, paraît-il, à l'urbanité de ses manières, surtout à sa façon de faire la révérence. Le savant nègre, lui, est aisément reconnaissable et se distingue aisément du *populo*. On le rencontre fréquemment par les rues de la ville, marchant à pas processionnels, portant en sautoir une sorte de giberne bourrée de notes manuscrites, de papiers jaunis et d'autres ustensiles révélant sa noble profession. Semblable au pédant, qui cite à tout propos du grec ou du latin, il aime lui aussi à faire montre d'érudition et emprunte volontiers aux Arabes des expressions nouvelles dont il se plaît à émailler ses discours, à la grande jubilation de ses compatriotes illettrés qui n'y comprennent rien, mais qui s'imaginent, par cela seul, que ce doit être bien profond. Tant il est vrai que d'un pôle à l'autre la sottise n'estime et n'admire que les opinions cachées sous des termes mys-

---

(1) Sot, imbécile.
(2) Fin, rusé.

térieux. Il chemine en marmottant quelques versets du Coran, son chapelet entre les doigts. Tantôt il s'arrête au beau milieu du chemin, hésitant, comme inspiré, puis reprend sa marche avec le calme affecté et l'ostentation d'un pharisien, pour s'installer peu après sur le seuil d'une porte où, bien en regard, il feuillette gravement quelque livre ascétique ou couche ses pieuses réflexions sur une feuille de papier, dite de marabout, assis sur une peau de mouton, toujours en écrivant de droite à gauche (comme font les Chinois) ou bien sur une tablette de bois blanc, qui servira plus tard à inculquer aux jeunes élèves les premières notions de l'arabe.

En tant que professeur, il se borne à instruire les enfants sans du même coup travailler à leur éducation et à leur salut. On ne court pas deux lièvres à la fois. Au surplus, nous avons eu l'occasion de le dire, l'instruction du nègre ne saurait aller plus loin que la connaissance plus ou moins complète du Coran. C'est assez dire qu'en fait de science, ses visées ne sont point trop hautes. Cela ne l'empêche pas d'insinuer perfidement que, à l'encontre de l'Européen, il ne s'instruit que dans un but religieux, sans aucun esprit de lucre, mais il néglige aussi bien d'ajouter qu'il ne vit qu'au détriment de cette même religion dont il fait un trafic honteux. Du reste «l'instruction est incompatible avec l'islam qui de sa nature est stationnaire. Les gens soi-disant instruits du pays sont ceux qui connaissent le Coran, ce résumé de toute science, mais qui professent le mépris le plus absolu pour toutes notions terrestres en dehors du livre sacré. Ils sont les interprètes du droit, les conseillers des puissants, les précepteurs du peuple et les ennemis jurés de toute culture occidentale». Ainsi donc, pourvu qu'un jeune homme puisse congrûment déchiffrer le saint livre et en commenter quelques passages, pourvu qu'il sache surtout confectionner des talismans et autres formules médicatrices, il passe aux yeux du peuple pour être savant et il ne manque point de se targuer de ses soi-disant connaissances à tout propos et hors de propos. A-t-il un différend avec un homme de la pègre, il l'écrase de son titre de marabout maraboutant, s'il ne le qualifie pas d'âne bâté, et l'autre, subjugué, finit par s'incliner profondément.

Le derviche-instituteur, car l'un est doublé de l'autre, n'a pas le moindre brevet, pas le plus petit grade universitaire. Qu'en ferait-il, au surplus ? En est-il besoin pour savoir déchiffrer le saint Alcoran et réclamer, en cette qualité, le respect et les privilèges auxquels on a droit ? N'empêche qu'il n'est pas toujours commode pour ses élèves, le magister. Ceux-ci le craignent parfois comme la peste ; il est vrai qu'il n'est pas toujours d'humeur à railler, que sa mine plus ou moins austère en impose, et qu'il traite tous ces galopins avec une dureté excessive, comme il a été traité lui-même du reste en son jeune temps. En outre, il a sur les écoliers une autorité absolue, sans bornes, ce qui s'explique fort bien si on considère que ses élèves sont du même coup ses serviteurs très humbles, et que, tout en étant tenu de les instruire, il est obligé du même coup de les nourrir, les vêtir, les loger sans parfois recevoir la moindre rétribution de leurs parents. Hâtons-nous d'ajouter que pour le gîte et les vêtements la nature y pourvoit toute seule, c'est-à-dire qu'ils vont tout nus ou à peu près et qu'ils couchent à la belle étoile. Aussi, sa réputation étant faite, lorsque, dans une famille, il se trouve un mauvais drôle dont on ne peut rien faire, et qu'on tient absolument à lui faire manger un peu de vache enragée, on le lui dépêche vite, et on peut être certain d'être servi à souhait.

D'ailleurs tous les étudiants ont les mêmes attributions et le même costume... d'Adam. « Une peau d'hyène, de léopard ou de chèvre (mais le plus souvent, serait-il plus juste de dire, une mauvaise guenille) qui, nouée sur une hanche ou sur une épaule, ne couvre que tout juste leur nudité ; dans une main, un long bâton avec une calebasse où ils mettent les dons gracieux auxquels ils ont droit (droit nous paraît excessif, car donne qui veut) ; dans l'autre main, ses ustensiles d'écolier. Quelques-uns sont logés dans les vestibules de notables, nourris et instruits avec les fils de la maison ; d'autres sont réduits à mendier ou à chercher leur subsistance en s'acquittant, le jour, de menus services. Dans ce cas, la nuit seule leur reste pour étudier. Il va sans dire qu'avec un tel genre de vie beaucoup atteignent un âge respectable avant d'avoir terminé leurs « cours » ; quelques-uns même, après avoir mendié tout petits, continuent de mendier en cheveux blancs ; ceux-là forment parmi les étudiants ce que nous pourrions appeler le clan des « vieux de la vieille » !

L'école a lieu en plein vent. La correction dans le maintien n'est pas de rigueur. Chacun s'assoit sur son derrière sans façon, en formant toutefois un cercle autour du maître qui lui se tient indifféremment assis ou debout, et la leçon commence, non sans avoir préludé par quelques chants pieux. Cette leçon fera l'objet du chapitre suivant (1).

LE POULAIN

Un veau naquit ; en même temps
Une jument du voisinage

---

(1) Nous profitons de l'occasion pour donner ci-dessus, à titre de curiosité, une fable du pays recueillie et mise en vers par le baron Roger, car on sait que la langue des dieux est inconnue des nègres.

Mit au monde un poulain. Au même pâturage
Vivaient en bons amis les mères, les enfants.
Le veau paya tribut, un jour, à la nature ;
    Le même jour, par aventure,
Succomba la jument. Que devint le poulain ?
    Pour tromper sa douleur de mère
    La vache adopta l'orphelin.
On le voyait bondir près de sa nourricière ;
Il ne la quittait pas. Son ancien maître en vain
Le voulut réclamer. L'autre propriétaire
Lui répondit : « Ma vache enfanta ce cheval.
Voyez donc de quel lait se nourrit l'animal !
Voyez comme il la suit ! C'est le fils, c'est la mère ;
L'apparence est pour moi, prouvez-moi le contraire. »
Il gagna son procès au premier tribunal,
    Mais donnant suite à la querelle,
L'autre plaideur disait : « Malgré ce jugement,
Le poulain, j'en suis sûr, est né de ma jument...
    C'est une erreur, et j'en appelle
    Devant le magistrat voisin ;
Il passe pour un sage, il verra mieux la chose. »
On alla le trouver, chacun plaida sa cause ;
On parla longuement, mais on se tut enfin.
    Le juge gardait le silence.
« Jugez-nous, lui dit-on, quelle est votre sentence ? »
Lors se tenant le ventre, il se lève en criant :
« Je suis prêt d'accoucher, je sens le mal d'enfant. »
« A d'autres ! dit chacun, quelle est cette folie ?
Vit-on jamais un homme atteint d'un pareil mal ? »
Le juge repartit : « Mais vit-on, je vous prie,
Vit-on vache jamais engendrer un cheval ? »

CHAPITRE XXI

UNE LEÇON... D'ARABE

LE MAITRE

Un tel, avancez-vous (1). Pourquoi l'année musulmane a-t-elle onze jours de moins que l'année solaire des blancs?

L'INTERPELLÉ

Parce qu'elle est lunaire.

LE MAITRE

Bien, très bien ! Et pourquoi est-elle lunaire, s. v. p. ?

LE MÊME

Parce qu'elle n'est pas solaire...

LE MAITRE

Hum ! le trait est bas de poil, mais enfin, puisque vous avez la repartie si prompte, sachez me dire à quelle époque correspond l'hégire, point de départ de l'ère musulmane.

LE MÊME

A la fuite de Mahomet.

LE MAITRE

D'accord, d'accord ; mais la date ?

---

(1) C'est volontairement que nous négligeons de nous servir du pronom personnel tu, toi, qui s'emploie cependant d'habitude... en ouoloff. Nous pensons que le « voudoiement » est préférable pour la facilité du dialogue, et fait, ce nous semble, meilleur effet.

Echouement d'une baleine.

LE MÊME

La date? A l'an 600, je crois... Non, 300... c'est-à-dire...

LE MAITRE, se frottant les mains.

C'est-à-dire, mon garçon que vous n'en savez rien (1). (*A part.*) Il est vrai que je ne puis moi-même assembler deux nombres sans compter sur mes doigts. (*Haut.*) Un tel, quelle est, à votre avis, la meilleure des religions ?

L'INTERPELLÉ

Celle où il y a le moins de momeries religieuses.

LE MAITRE

Hein ! Seriez-vous athée ?

LE MÊME

Point. Mais je hais comme la peste les pratiques extérieures de la religion, de toutes les religions, devrais-je dire, quelques formes que revêtent ces pratiques.

LE MAITRE

Mais alors, si vous n'admettez aucune application des règles, comment se manifesterait votre culte, votre croyance ?

LE MÊME

En ne se manifestant pas. Ou plutôt si... Toute ma morale (2) se baserait sur les inspirations de ma conscience.

LE MAITRE

Vous êtes déiste alors ? Pouah ! asseyez-vous ! Un

---

(1) L'an 622 après J.-C.
(2) A parler franc, le noir n'a qu'une idée confuse de ce que l'on entend par la morale, non pas qu'il ignore absolument ce que c'est, mais parce qu'il n'est point dans ses habitudes de déduire la moralité d'un sujet, quel qu'il soit. Quelqu'un demandait un jour à un indigène quel était le sens moral d'un fait, d'une action : « C'est, répondit l'autre après avoir mûrement réfléchi, que lorsqu'on est adroit on peut se dispenser de payer ses dettes !! »

tel, croyez-vous au jugement dernier et à la prédestination?

L'INTERPELLÉ

De toute mon âme.

LE MAITRE, soudainement pensif

L'âme? Vous avez dit l'âme?... Non, mais vous pénétrez-vous bien de la grandeur de l'image que vous venez d'évoquer soudainement dans l'esprit? L'âme! Pour moi, l'énoncé seul de ce vocable me plonge en des rêves mystiques, dans un océan de pensées spéculatives plus abstraites les unes que les autres. L'âme! l'âme... Mais quoi! vous ne soufflez mot, personne. Par Mahomet! Je me représente pythagorisant un troupeau d'ânons et de pourceaux. Voyons, vous là-bas, le Shaunard de l'école, parlez-nous un peu de la première constitution de l'âme et de l'origine de sa forme. Secouez cette torpeur coupable où croupit votre esprit d'habitude si prime-sautier. Montrez à cette jeunesse indolente que vous vous êtes abreuvé aux sources les plus pures, et que si vous n'avez pas toujours suivi mes cours avec assiduité, vous n'en êtes pas moins frotté de péripatétisme... Épandez votre savoir en une rosée bienfaisante, nous vous écoutons. (*A part, d'un air sagace et entendu.*) Eh! eh! Je ne m'y mets pas souvent, mais quand je m'y mets!...

UN CANCRE, *à l'oreille d'un autre potache*

Oh! là! là! s'il entame ce chapitre, le vieux bonze, il n'a pas fini de nous raser!

LE SHAUNARD DE L'ÉCOLE, *avec un geste lamentable*

Faut-il que j'aie la honte de le dire et n'ai-je tant vécu... tant vécu... vécu...

LE MAITRE

Là! là! Et où allez-vous, mon garçon? J'imagine

que, s'il s'agissait de tailler une bavette avec une Aminata quelconque, vous auriez le verbe moins embarrassé.

LE MÊME

Eh! pensiez-vous au moins entendre Apollon sur son trépied? N'êtes-vous pas de mon avis, d'ailleurs, qu'il y a des êtres nuls ou à peu près qui s'expriment souvent avec une facilité qui donne la rage, et d'autres qui ont de l'esprit par tout le corps, jusqu'aux bouts des ongles, — comme moi, par exemple *(il salue bien bas)*, et qui néanmoins construisent laborieusement leurs phrases, quand ils ne bafouillent pas?... Je prévois l'objection : la timidité, direz-vous. Mais comment la timidité peut-elle à ce point paralyser les facultés d'un être pensant, intelligent — toujours comme votre serviteur — *(il salue derechef)* et qui, par conséquent, devrait être sûr de ce qu'il avance?

> Je suis timide,
> C'est mon défaut.
> J'en suis stupide,
> Car aussitôt...

LE MAITRE

C'est bon, c'est bon; vous n'allez pas nous dire aussi que vous devenez rouge comme un coquelicot, quoiqu'il vaille mieux rougir que pâlir au dire de Caton. *Vanitas vanitatum et omnia vanitas !* Ces choses-là, voyez-vous, nous sont interdites comme le *pater* aux ânes.

LE MÊME

C'est une erreur, et grave. Le nègre, tout au moins le nègre impressionnable, sans avoir rien de la sensitive, rougit parfois comme une jeune fille; le malheur est qu'il n'y a que lui qui s'en aperçoit!

LE MAITRE

Par exemple! Ceci mérite explication, et je transporte du coup mon âme tout entière au tympan de mes oreilles.

LE MÊME

Voici. Je me suis étudié de près, vous pouvez m'en croire, et j'ai fait sur mon propre individu d'invraisemblables observations, prises sur le vif, c'est le cas de le dire, qu'il serait criminel à moi de ne point communiquer au monde savant.

LE MAITRE

Voyons, voyons... En vérité, je sens que vous m'environnez de je ne sais quel prestige.

LE MÊME

Je ne vais vous en citer qu'une ou deux et vous jugerez par cet aperçu de la valeur des autres. Tout d'abord, sous l'influence du liquide vermeil (car je vous annonce que, tout noirs que nous sommes, nous avons le sang aussi riche en globules et aussi coloré que le plus orgueilleux des Européens), sous l'influence, dis-je, de ce liquide qui, dans nos artères pour une cause ou pour une autre, circule à flots pressés, je trouve à certains diagnostics infaillibles, à certains picotements que j'éprouve que je dois changer de couleur; mais, ce qui vous paraîtra peut-être une antithèse, je ne prends nullement le teint cerise de circonstance. En effet, si je consulte un miroir à ce moment précis, je ne sors pas d'étonnement de me voir un visage d'outre-tombe, la tête d'un homme qui a le vomito negro par exemple; et ma figure prend une teinte d'autant plus terreuse (ô organisme, voilà bien de tes coups!) que le sang, sous le coup de fouet de l'impression reçue, afflue plus vigoureusement vers la région frontale et occipitale... Il se produit alors ce phénomène singulier, unique au monde, c'est qu'à la minute psychologique où je me trouve écarlate comme un homard, ou, pour me servir d'une expression plus poétique, rouge comme une grenade en fleur, — et où je le suis en réalité, derrière ma peau et ma surpeau, — je parais, aux yeux des populations stupéfaites, jaune comme un habitant de l'empire du Milieu !

LE MAITRE

Étrange ! étrange ! Mais revenons à nos moutons. Concluez-vous, dites-moi, en faveur de la préexistence de l'âme, à savoir que, ayant commis quelque méfait dans ce monde ou dans un autre, elle est condamnée, en expiation de sa faute, à vivre prisonnière dans notre guenille, opinion des platoniciens; ou bien êtes-vous séduit par la tradition que l'âme est engendrée par le corps (*per traducem*) de l'âme ou des âmes de ceux dont le corps est engendré, doctrine qui a pour elle nombre de musulmans; ou êtes-vous plutôt partisan de la création, opinion également très reçue et enseignée, parait-il, dans le monde des chrétiens? Répondez.

LE MÊME

Si vous voulez mon opinion, j'oserais dire que je ne penche pas plus en faveur de tel système qu'en faveur de tel autre; et même, si je ne me retenais, j'aurais au contraire une prédilection marquée pour la transmigration de l'âme d'un corps dans un autre corps, pour la métempsycose en un mot, qui a eu pour elle de très savantes gens, mais le long noviciat obligatoire m'intimide, et je me vois très mal en compagnie d'Harpocrate, observant un silence de quelques années, sans compter que, si je me déclare pour, je me prive à tout jamais de la chair des animaux. Or, tout Africain que je suis, je confesse qu'une tranche de rosbif ou une fricassée de haute facture a pour moi infiniment plus d'attrait qu'un couscous à l'eau... D'autre part, il est assez logique d'admettre que ce que nous avons en nous, le meilleur de nous, nous a été transmis héréditairement par les germes et dans les semences depuis que le monde est monde, soit qu'on affuble cet esprit de notre esprit du nom d'entéléchie (du grec, parfait) ou force primitive, de substance simple ou d'élément des choses, soit qu'on nous le représente encore sous forme d'atomes, de corpuscules, voire d'infusoires invisibles au microscope...

LE MAITRE

Hum! Admettez-vous la séparation de l'âme et du corps?

LE MÊME

Non certes. Je n'ai point l'esprit assez encrassé pour concevoir l'âme toute seule, livrée à elle-même. D'ailleurs, elle ne saurait agir sans la matière qui lui sert en quelque sorte de tremplin, et *vice versa* un corps sans âme ne serait qu'une puissance passive, un amas de boue mal figée.

LE MAITRE

Y a t-il connexion, c'est-à-dire communication physique entre ces deux pôles en apparence opposés?

LE MÊME

J'en ai la conviction intime puisque, quoique n'ayant entre eux aucune affinité, ils sont étroitement liés ensemble et que la disjonction ne peut s'opérer que par l'annihilation de la matière, la cessation de la vie. Or, la matière, en tant que matière, ayant des instincts bas et grossiers, Dieu, créateur de toutes choses, a jugé sage de lui adjoindre une sorte *d'alter ego* spirituel, capable de refréner de coupables écarts et de contre-balancer, dans une certaine mesure, les effets pernicieux de nos esprits animaux.

LE MAITRE

Eh bien! c'est ce qui vous trompe. Les philosophes du bel air vous prouveront clair comme 1 et 2 font 3 qu'il n'y a pas entre l'âme et le corps la moindre corrélation, si ce n'est peut-être métaphysique, car s'il en était autrement, arguent-ils, si l'âme subissait l'influence physique, on pourrait admettre la réciprocité, et on voit d'ici les querelles intestines qui ne manqueraient pas d'éclater. Le torchon brûlerait, comme on dit, par les deux bouts; l'un tirerait à hue, l'autre à dia, et une porte doit être ouverte ou fermée; c'est-à-dire, pour m'exprimer moins métaphoriquement, que chacun prétendrait avoir la haute main, la direction générale, ce qui ne laisserait pas de rompre l'harmonie préétablie. (*A part.*) Dieu me pardonne, si je ne suis un âne, je crois que je fais de la belle et bonne philosophie comme M. Jourdain faisait de la prose : sans le savoir! (*Haut.*) Où en étions-nous?...

LE MÊME, *visiblement abruti*

Tenez! Je crois que nous divaguons tout simplement...

LE MAITRE, *grave*

Parlez au singulier.

LE MÊME

Soit! Le fait est que nous aurons beau tourner et virer autour de ce tonneau des Danaïdes, nous ne parviendrons jamais à savoir la vérité. « La nature de l'âme, dit un poète latin, est un problème : naît-elle avec le corps? S'y insinue-t-elle au moment de la naissance? Périt-elle avec nous par la dissolution de ses parties? Va-t-elle visiter le sombre empire? Enfin, les dieux la font-ils passer dans les corps des animaux? On l'ignore. » Que ne nous en tenons-nous là! Le problème est insoluble. Chercher à le résoudre autrement que par des mots creux et ronflants, c'est vouloir dépasser les bornes humaines, c'est-à-dire amonceler hypothèses sur hypothèses, bêtises sur bêtises... Les plus grands esprits nous en fournissent l'exemple puisqu'ils sont en complet désaccord, et qu'ils se perdent eux-mêmes dans le labyrinthe, dans cette controverse des forts en thème, toutes les objections roulant invariablement sur les mêmes sophismes. C'est ainsi qu'après mûre réflexion, je me crois autorisé, en ce qui me concerne, à émettre cet axiome peu banal :

L'âme — si tant est... — se corrompt avec le corps.

LE MAITRE

Plaît-il? (*Se tenant le ventre à deux mains.*) Ah! dites, ce n'est pas du La Rochefoucauld... outre que votre maxime ne tient pas debout, par ce fait seul que l'âme a été corrompue, *ab ovo*, par le premier vibrion humain dans le jardin des Hespérides.

LE MÊME, piqué

On fait ce qu'on peut!

LE MAITRE

Ce n'est pas du La Rochefoucauld, et cependant, sans vous en douter, vous venez de me remémorer certain sophisme de la logique de Messieurs de Port-Royal, le huitième, je crois, le sophisme de l'ambiguïté des mots... *L'âme se corrompt avec le corps*, avez-vous dit en substance, n'est-ce pas? Mais un malintentionné, renversant l'acception propre, qui est que le corps de son vivant communique à l'âme ses vices, peut tout aussi bien prétendre que vous ayez voulu insinuer que l'âme se corrompait avec la matière, c'est-à-dire à la mort.

LE MÊME

Et si tel était le sens de ma pensée!

LE MAITRE

Fi donc! Et l'immortalité de l'âme, qu'en faites-vous?

LE MÊME

L'immortalité de l'âme, je le répète, on en parle comme d'une chose possible, mais je crois plutôt... à l'indestructibilité des corps, de ces corps qui grouillent vivaces autour de nous, et qui, les uns après les autres (ou les uns sur les autres) s'agitent éperdument depuis tant de siècles sur ce morceau de croûte terrestre... Si, pourtant, j'y crois, à la façon d'Usbek, par période, selon que je me lève hilare ou le verso en l'air, que je suis plus ou moins catarrheux, que j'ai ou non la colique, ou que la calebasse de *lajh* que je viens d'ingurgiter tout chaud me pèse ou ne me pèse point sur l'estomac...

> Les pensers des mortels et leur deuil et leur joie
> Changent avec les jours que le ciel leur envoie.

J'y crois parce qu'il faut y croire, que d'autres y croient (ce qui est une excellente raison!), l'existence de l'âme, encore un coup, ne m'ayant pas été clairement démontrée...

LE MAITRE

Connaissez votre propre mesure. Admettez-vous que le plus vil et le plus misérable de tous les êtres, la matière, soit en état de penser? Non, n'est-ce pas, l'idée seule en est absurde. Si vous dites oui, vous avez menti, vous mentez, vous mentirez. Cela étant, qui vous suggérait tantôt les réflexions imagées que vous nous prodiguiez avec tant de grâce (car je soupçonne maintenant que votre timidité du début n'était qu'une supercherie, une façon comme une autre de vous dérober à notre savant entretien...)? Qui vous permet, infime *talamid* que vous êtes, c'est-à-dire bourbe et cendre, de vous élever par la pensée au-dessus des préoccupations vulgaires, jusqu'à des hauteurs, pour ainsi dire inaccessibles, et de prononcer tout aussi solennellement que Descartes, après assimilation et digestion complète, son enthymème favori : *Je pense, donc je suis.*

LE MÊME

C'est mon *moi*, que je ne trouve nullement haïssable, par parenthèses.

LE MAITRE

Bien ! Et ce *moi*, de quoi est-il composé ?

LE MÊME

De mon corps qui s'ébranle.

LE MAITRE

Très bien ! Et ce corps qui s'ébranle ?

LE MÊME

D'une substance particulièrement mouvante pouvant provenir d'une excitation des sens, ou d'une complexion chaleureuse, ou, etc., etc.

LE MAITRE

Parfait ! Et cette substance mouvante ?

LE MÊME

Proviendrait d'un mélange de terre et d'eau ou de terre et de feu.

LE MAITRE

Je vous l'accorde encore, mais ce mélange ?

LE MÊME

Serait une vertu sans forme déterminée.

LE MAITRE

De mieux en mieux ! Mais enfin, cette vertu...

LE MÊME

... Trouverait sa source dans la quintessence des quatre éléments.

LE MAITRE

Qui eux-mêmes?...

LE MÊME

Qui eux-mêmes ne seraient qu'une forme de notre esprit.

LE MAITRE

Lequel esprit... (*A part.*) Il est donc inépuisable, cet animal !

LE MÊME

Lequel esprit (ce n'est qu'une probabilité) aurait sa raison d'être dans l'air que nous respirons, qui s'échauffe dans nos viscères (voir poumons), se retrempe dans un des ventricules du cœur (peut-être même les deux à la fois) et, vivifiant (ou vivifié), se répand dans toutes les parties de notre corps...

LE MAITRE, fébrile

Mais cet air ?? cet air ???

LE MÊME, excédé

Zut !!!

LE MAITRE, in petto

J'aime autant ça. (*Haut, très digne.*) Je n'entends point ce mot barbare, que j'imagine être de l'argot du pays, mais je comprends fort bien que vous capituliez... Aussi bien nous n'avons pas fini.

LE POTACHE, mauvais sujet, avec sa voix de gavroche

Ah ! la pau, la pau, la pauvre fi-i... (*Il s'arrête bouche bée sur un regard terrifiant du magister.*)

LE MAITRE

Il nous reste encore un point à élucider — si tant est que la question ait fait un grand pas. Il s'agit de savoir maintenant dans quelle partie de notre corps gît l'âme — ou ce qui la représente, toujours. C'est encore à vous que je m'adresse, Shaunard II, et ce choix ne peut que vous honorer, car il prouve que j'ai en vous une confiance irréductible : c'est le moment de la justifier et de mettre à tout jamais le sceau à votre réputation.

LE MÊME

Je ne puis que répondre évasivement, Apollon ayant négligé de m'octroyer le don de prophétie, comme à Cassandre, et Metrodorus Chius, ai-je ouï dire, nie positivement qu'on puisse affirmer quoi que ce soit : c'est assez dire que je ne suis pas plus avancé à l'égard de l'âme que Simonide, interrogé par le roi Hiéron, ne l'était à l'égard de Dieu. Cependant, comme on doit toujours avoir une opinion bonne ou mauvaise, je suis d'avis que notre principe sensitif, — l'âme, si vous tenez à ce mot, — est en petit dans notre boue animée ce que Dieu est en grand dans l'univers ; c'est-à-dire qu'étant éminemment instable, elle est en même temps partout à la fois, bien que celui-ci la veuille entre les deux sourcils, celui-là au cœur, et cet autre entre la racine des cheveux et la plante des pieds. N'a-t-on pas dit : le regard est le miroir de l'âme, et les pieds en sont le pivot ? Ce qui n'en indique pas la topographie à parler vrai. — Bref, je sais cela que je ne sais rien... Puis-je aller allumer mon fourneau ?

LE MAITRE

Allez, mais faites vite. Voyons vous autres, le ban et l'arrière-ban, quel est celui d'entre vous qui me rapportera textuellement les paroles de Mahomet à son lit de mort !

LE CANCRE de tantôt, ferré à glace sur l'antiquité païenne

Il a dit : Gardez bien vos femmes !

LE MAITRE

A merveille ! Et ce conseil *in extremis* ne vous suggère-t-il aucune réflexion philosophique ?

LE MÊME

En nombre incalculable, au contraire, mais ce qui me frappe le plus dans cet apophtegme, c'est son amertume. Tout porte à croire en effet que le prophète, malgré son saint caractère, n'a pas eu toujours à se louer de la fidélité de ses compagnes, n'a pas été à l'abri de certains désagréments qui... auxquels...

LE MAITRE

Quels sont, dites-moi, — et vous ne sauriez trop admirer mon génie de transition, qui vous sauve d'un naufrage certain, — quels sont les préceptes que le Coran enseigne à ses fidèles ?

L'INTERPELLÉ

Le jeûne, l'aumône, la circoncision, les lustrations, les sacrifices en quelques circonstances, l'absence de vin aux repas et en dehors des repas, aussi bien d'ailleurs que de toutes les boissons fermentées...

LE MAITRE

Attendez ! je vous arrête là. Pourquoi le prophète a-t-il prescrit l'eau pure à l'exclusion de tout autre liquide ?

LE MÊME

Apparemment que, s'étant trouvé dans les vignes du Seigneur, il aurait éprouvé plus de quatre fois par lui-même l'abus des spiritueux qui, le saint homme n'était pas sans le savoir, ne sympathisent pas du tout avec notre climat ! Nous autres, Africains, nous avons le sang constamment en ébullition. Or, si on admet — et les physiologistes sont unanimes sur ce point — que la partie aqueuse du sang se dissipe par la transpiration (et nous transpirons parfois jusqu'à nous asphyxier nous-mêmes), il est clair comme une proposition d'Euclide qu'on ne saurait reconstituer ses globules qu'avec un liquide similaire, l'eau.

LE MAITRE

Vous parlez comme Hippocrate.

Etant donné que le Coran proscrit l'abus des boissons fortes, croyez-vous que ce précepte fondamental soit rigoureusement observé par les sectateurs de Mahomet ?

L'ÉLÈVE

Puis-je parler à cœur ouvert ?

LE MAITRE

Comment donc !.... C'est du choc des idées que jaillit la lumière. Les cieux vous écoutent, et la terre est attentive à vos paroles.

LE MÊME

Eh bien ! Il est généralement admis que tout musulman qui se respecte professe une horreur sacro-sainte pour tous les liquides fermentés. Publiquement, il est avéré qu'il ne boit que de l'eau. Néanmoins, il ne sent pas toujours l'huile...

LE MAITRE, sévère

Qu'entendez-vous par là ? Vous savez que j'abhorre les sous-entendus.

LE MÊME

J'entends ou, pour être plus exact, les méchantes langues prétendent qu'il ne déteste pas le vin ; qu'à l'occasion il étouffe royalement un perroquet, et que, d'une manière générale, l'alcool est son tonique de prédilection.... (1)

LE MAITRE

Si on peut dire ! Et vous vous faites l'écho de pareils bruits ?

---

(1) Comme il est, on le sait, défendu aux musulmans de faire usage de boissons fortes, enivrantes, les bons croyants ne boivent le vin de palme qu'à l'état frais, avant que la fer-

Allée Servatius à N'Dar.

LE MÊME

Dame ! Il n'y a pas de fumée sans feu.

LE MAITRE

N'importe ! Je veux votre opinion personnelle.

LE MÊME, avec un geste vague

Euh !...

LE MAITRE

Suffit ! Je sais ce que parler veut dire. Au tour d'un autre. Vous, là-bas le gros petit... Quelle est en général, l'utilité des préceptes en matière de religion ?

L'INTERPELLÉ

Mais il me semble qu'il ne saurait y avoir de religion

---

mentation ne l'ait changé en véritable alcool. Le jus nouvellement tiré de l'arbre, c'est-à-dire provenant de la nuit même, offre une couleur bleue blanchâtre (du lait coupé avec beaucoup d'eau) et une saveur douceâtre qui rebute à certains ; mais le principe sucré cède très vite, et dès le second jour on a un breuvage riche en alcool, surtout si l'on a le soin d'aider la fermentation au moyen de vases non nettoyés (ce qui convient parfaitement au noir, est-il besoin de le dire ?) et n'ayant jamais servi qu'à cet usage. Quelques jours plus tard, la fermentation acide est déjà déclarée, et il commence à se former un vinaigre excessivement désagréable au goût. Grâce à la rapidité avec laquelle s'accomplit cette succession de phénomènes, c'est une chose assez malaisée que de contrôler le degré d'orthodoxie d'un sectateur du prophète ; plus d'un austère croyant, sous prétexte de s'ingurgiter de simple moût de dattier, se stimule et se stupéfie la cervelle au moyen de ce jus-là. On sait d'ailleurs que les mahométans casuistes à leurs heures poussent très loin l'art de s'étourdir la conscience et de se donner le change à eux-mêmes et aux autres. L'un prétend que la bière est une boisson permise lorsqu'elle est faite d'orge et de houblon ; un autre enseigne à ses ignorants coreligionnaires que l'eau-de-vie distillée au moyen du feu se trouve de cette façon purifiée et ne rentre plus dans la catégorie de boissons illicites ; d'autres encore, à table avec des Européens, avalent du vin sans scrupule en ayant seulement le soin d'ajouter chaque fois un peu d'eau, et si des fidèles s'en étonnent, ils leur expliquent comme quoi, par cette addition d'eau, ils anéantissent le principe défendu. (*Sahara et Soudan.*)

sans préceptes, tout au moins sans conseils, et que les conseils et les préceptes font la religion...

LE MAITRE

Le paralogisme est spécieux. Développez.

LE MÊME

Le nègre, qui n'est pas un animal ordinaire, a parfaitement compris qu'il ne pouvait demeurer au niveau de la brute sous peine de passer pour une brute lui-même. C'est alors qu'il lui est venu dans l'esprit l'idée de fonder une religion quelconque avec, au bout, l'enfer pour les méchants et le paradis pour les bons...

LE MAITRE

Oui-dà! mais que serait-il advenu de nous si Mahomet n'avait point vécu?

LE MÊME

Ceci sans doute, c'est qu'au lieu de nous prosterner dévotement cinq fois par jour le front contre la terre (ce qui n'a rien de folichon lorsqu'on est affligé, par exemple, d'une ataxie locomotrice) et de psalmodier un tas de prières dont souvent nous ne comprenons pas un traître mot, nous adorerions peut-être des statuettes en bois, ou un veau, ou un âne, ou un cochon... Nous aurions toujours eu Zoroastre, Brahma ou Sommonacodom. Au lieu d'être mahométans, en d'autres termes, nous serions peut-être chrétiens, brahmines, idolâtres, bouddhistes ou monothélites; pélagiens ou eutychéens; iconoclastes ou papolâtres; luthériens ou calvinistes; spinozistes ou sociniens; mais nous serions toujours quelque chose.

LE MAITRE

Un tel, écoutez-moi. De ce qu'un nègre ait plusieurs femmes, s'ensuit-il qu'il doive avoir beaucoup plus

d'enfants qu'un Européen qui n'en a, lui, qu'une seule ?
Ne répondez pas à la légère, car la question est
complexe.

L'INTERPELLÉ, après avoir tourné sept fois sa langue
dans sa bouche

Logiquement, il devrait en avoir bien davantage ;
mais l'expérience, en ceci du moins, ne semble pas du
tout marcher d'accord avec la logique.

LE MAITRE, avec du vinaigre dans la voix

Qu'est-ce à dire ? Prétendriez-vous insinuer que...

LE MÊME, vivement

A Dieu ne plaise ! Je me suis même laissé dire tout
bas, bien bas (et pourquoi le cacherai-je ? mon amour-
propre de nègre en a été agréablement chatouillé), je
me suis laissé dire que de tous les peuples de la terre
nous étions les mieux... vous m'entendez ? D'ailleurs
notre réputation est sur ce point solidement établie,
j'ose dire inébranlable. Seulement, voilà, qui trop
embrasse, mal étreint. Or, nul n'ignore que le Coran
ordonne à ses fidèles de satisfaire leurs légitimes, quel
qu'en soit le nombre et sans la moindre partialité.
« Voyez-les, dit le prophète avec une justesse de vue
incroyable, parce que vous leur êtes nécessaires
comme leurs vêtements et qu'elles vous sont nécessaires comme vos vêtements ! Vos femmes sont vos
labourages, ajoute énergiquement le saint homme en
quelque endroit :

« Labourez-les sans cesse et les relabourez... »

LE MAITRE, enflant la voix

Être prosaïque de pensée, laissez là ce langage
d'hôtellerie ; vous avez l'imagination trop intempérante,
et vos citations sont assez démonstratives sans y
ajouter encore de votre cru.

LE MÊME, avec un sourire gracieux

Convenez, cher maître, que le sort de nos aînés est bien digne de toute notre pitié. Est-ce une vie, je vous le demande, que d'être constamment sur la brèche, labourant le jour et labourant la nuit...

LE MAITRE, fronçant les sourcils

Encore !...

UN JEUNE NÉOPHYTE, avec un sourire énigmatique

Et Dieu sait parfois en quel terrain !

LE MÊME, reprenant

... En butte aux entreprises, que dis-je ! aux assauts désordonnés d'une horde de mégères lascives et nymphomanes, légitimes ou non ? La nature, a dit un sage, — et nous ne saurions trop, au printemps de la vie, nous pénétrer de ses paroles, — la nature agit toujours avec lenteur et pour ainsi dire avec épargne : *natura non facit saltus*... Jusque dans ses productions, elle veut de la tempérance ; elle ne va jamais qu'avec règle et mesure : si on la précipite, elle tombe bientôt dans la langueur, elle emploie toute la force qui lui reste à se conserver, perdant alors sa vertu productrice et sa puissance génératrice...

LE MAITRE

Eh ! mais, dites, savez-vous que, pour un futur directeur de conscience, vous ne parlez pas précisément comme un théologien de Sorbonne ?

LE MÊME

Pardonnez... Ce n'est pas de mon cru. (Avec modestie.) « Mon verre est bien petit, mais je bois dans mon verre. » Aussi bien, quoi qu'en disent les négrophobes, on peut être noir comme une taupe et aimer les productions de l'esprit. J'en raffole, moi, de ces productions-là. (Se frappant le front avec un geste soudain.) Il est vrai qu'il y a quelque chose-là ! Mon Dieu, qui l'eût dit ! Sans en avoir l'air, à moi tout seul, — car mon génie s'élève peu à peu comme celui de Plaute... — je suis l'auteur d'un ouvrage subtil, malheureusement peu goûté par la masse peu éclairée de mes compatriotes : l'Éloge du cancrelat ; et d'un autre plus suggestif encore, plein de suc et de moelle, mais, par une fatale coïncidence, également incompris : l'Art de tomber...

LE MAITRE

Cela vous prouve que la littérature, même en Éthiopie, affame plutôt son homme qu'elle ne le nourrit. (Avisant un élève à l'affût dans ce qui lui sert de culotte.) Hé !... là... pourriez-vous me dire ce qui vous absorbe à un si haut degré, jeune homme ?

L'INTERPELLÉ, en sursaut

Vous avez dit ?...

LE MAITRE, avec dignité

Je ne suis pas à répétition.

LE MÊME

Souffrez alors que je me ressaisisse... Tel que vous me voyez, je suis plongé jusqu'au cou dans les replis d'une matière abstraite, d'une métaphysique aiguë où le sage Locke même y aurait perdu son latin.

LE MAITRE

Ouais ! C'est donc bien grave ? S'agirait-il de quelque distinction subtile, ou des catégories d'Aristote, ou d'une question de théologie scolastique hérissée de *distinguo* ?

LE MÊME

Point. Ce n'est rien de tout cela et c'est plus que tout cela. La question n'a d'ailleurs que de vagues rapports avec les cinq universaux...

LE MAITRE

Vous m'angoissez !

LE MÊME

Eh bien ! Je vous le donnerai en mille — je suis en train de philosopher à perte de vue sur la grandeur et la décadence de ce que les Hébreux appelaient *canan*, les Arabes *camla*, et les Chaldéens *cimlin* : j'ai nommé le pou !

LE MAITRE, esquissant une grimace

Mauvaise métaphysique ! Certes, je ne nie point que l'effort intellectuel ne soit en lui-même méritoire, mais l'occupation, encore que belle et noble — car, si j'y vois clair, vous vous livrez bel et bien à un travail d'extermination — manque d'opportunité. Laissez donc pour quelques instants ces braves animaux aller leur petit bonhomme de chemin et soyez un peu plus attentif à mon instructive leçon... Pour l'instant, jeune et profond philosophe, je tiens à connaître de votre propre bouche les caractères distinctifs de notre race. Allez.

LE MÊME

Mais tout le monde les connaît ! On nous distingue aisément à la couleur uniforme de notre peau dont la teinte noire ou bistrée, voire d'un jaune sale, demeure presque inaltérable sous l'influence d'une émotion quelconque, tandis que chez l'Européen, dans le même cas, le masque prend tour à tour une nuance blafarde ou olivâtre, devient jaune comme un citron ou rouge comme une tomate...

LE MAITRE

J'ai toujours soutenu que vous aviez le sentiment des nuances. Continuez.

LE MÊME

Le nègre est également caractérisé par la beauté et l'harmonie de ses formes, par son galbe rond, son regard velouté, la blancheur éblouissante de ses dents, ses cheveux naturellement ondulés, ses lèvres délicieusement sensuelles, encore que légèrement proéminentes, et son nez, surtout son nez bien éthiopien dont l'os maxillaire supérieur en saillie emplit d'étonnement l'être le plus impassible.

UN ÉLÈVE, qui est en train de se fourrer dans la bouche un biscuit de traite tout entier

Tout beau ! cher condisciple. Et notre bouche bien fendue, pourquoi la comptez-vous ?

LE MÊME

Je sais, je sais... Je n'ignore pas non plus que nous avons les dents plus longues que la barbe, et que nous aimons, toutes et quantes fois que nous le jugeons à propos, à nous rincer la dalle du gosier, mais je ne le dis point, à quoi bon ? Je vous passe même que les extrémités de nos attaches (*il regarde ses doigts noueux et ses chevilles épaisses*) sont peut-être d'une finesse relative, d'une aristocratie douteuse, mais accordez-moi à mon tour que la peau de notre épiderme, principalement à l'endroit des pieds et des mains, défie le cuir le plus résistant, fût-il d'hippopotame ou de rhinocéros...

LE MAITRE

Enfin, n'avons-nous rien de particulièrement remarquable qui nous signale à l'attention des autres hommes ?

LE MÊME

Nous avons ceci de bizarre ou plutôt de phénoménal, c'est qu'une mouche ne saurait impunément nous effleurer, que dis-je ? voltiger même dans un rayon de plusieurs mètres sans être aussitôt en proie à d'horribles convulsions... D'un bout de rue à l'autre, en reni--fiant imperceptiblement, — j'en ai fait l'expérience maintes fois, — nous éventons un des nôtres avec une sûreté de flair imcomparable; et chez nous, en notre particulier, nous sommes la terreur des animaux diurnes et nocturnes qui s'enfuient à notre approche avec la vitesse d'un train-éclair, s'ils ne demeurent pas sur le seuil ou à moitié route mortellement frappés...

LE MAITRE

Pas tant de périphrases. Vous voulez dire sans doute que nous exhalons une odeur âcre, nauséabonde, que nous sentons, en un mot, le nègre à quinze pas?

LE MÊME

Si nous ne le puons pas à trente, oui.

LE MAITRE

Eh! tout le monde ne peut pas en dire autant! D'ailleurs, c'est puer que de sentir bon, a dit Montaigne, qui n'était pas le premier imbécile venu; et l'adage latin confirme ce dire : *Qui bene olet, male olet*. Réciproquement, infecter, — sans paradoxe cette fois, — c'est répandre une bonne odeur...

LE MÊME

Il ne saurait y avoir là matière à discussion. Dans un autre ordre d'idées, je reconnais que nous manquons parfois d'initiative, d'énergie, de caractère; et que, mus par d'assez vagues aspirations, nous vivons dans une indifférence complète, une insensibilité générale : mais est-ce une raison, je vous en fais juge, pour nous assimiler à des brutes véritables ou faire de nous des êtres passifs répercutant les impressions que nous recevons? Plus souvent!

LE MAITRE

Que voulez-vous? Il est clair — et il n'est pas un phrénologue, si bouché soit-il, qui ne soit prêt à abonder dans mon sens, — il est clair, dis-je, que le développement des facultés intellectuelles est en raison directe du développement des organes qui en sont le siège et des parties osseuses qui les reçoivent ; or, l'impartialité me fait un devoir de le reconnaître, mon crâne, le vôtre, le crâne de tous mes compatriotes en général tient à peu près le milieu entre celui de l'Européen et celui de l'orang-outang... Dupaty a dit, et son avis est de quelque poids en la matière : *L'homme extérieur n'est que la saillie de l'homme intérieur.* Cette parole maudite pèsera éternellement sur notre race.

LE MÊME

Sauf votre respect, je me moque de Dupaty et de ses doctes sentences. Il n'est pas à lui seul tout un concile, que je sache. Pour moi, je soutiens fort et ferme que nous ne sommes pas des statues automates c'est-à-dire nous ne sommes pas agis, nous agissons. Et la preuve, c'est que notre esprit sans cesse en mouvement éclate, pétille jusque dans nos plus petits actes, jusque dans nos moindres actions. Devons-nous quelque argent à un blanc, par exemple, nous le fuyons d'un pied léger : vous saisissez de suite le pourquoi. Un oiseau vole, une puce saute, une étoile brille et notre esprit, avide de tout comprendre, s'abîme aussitôt dans de multiples abstractions...

LE MAITRE

Vous dites là de bien grandes vérités, et il est grand dommage à coup sûr que toutes ces jolies choses ne puissent aller mourir dans l'oreille d'un blanc. Le malheur est que ces maudits Occidentaux ont le diable au corps. Cuirassés de pessimisme, on ne saurait devant eux parler du pauvre Africain sans voir aussitôt leur rouge trogne s'illuminer d'un sourire ironique. Ils ricanent sous leurs moustaches, prennent un air comminatoire, ou bien s'écrient, tranchants : Nous connaissons l'antienne ! L'arrêt est sans appel.

LE MÊME

C'est de l'outrecuidance pure, et nous leur revaudrons ça le jour de la métempsycose. Je suis de ceux que n'a pas encore touchés leur supériorité tant vantée, cependant qu'ils prétendent que par suite du peu de capacité cérébrale — toujours leur cérébral ! — nous n'atteindrons jamais aux conceptions des peuples de race caucasique.

LE MAITRE

Bref, toutes choses égales d'ailleurs, vous admettez que nous pouvons supporter la comparaison sans pâlir ?

LE MÊME

Oui certes ; il n'y a pas le moindre doute. Quel cas faire d'un homme qui prétend que le temps vaut de l'argent, — c'est lui-même qui nous l'a appris, — et qui n'attache d'importance à la vie que lorsqu'elle est sur le point de lui échapper. Et qu'est-ce donc que la vie en elle-même, sinon un espace de temps plus ou moins long interrompu seulement par la mort ?...

LE MAITRE

Si je comprends à demi-mot, vous attacheriez à l'existence une importance capitale.

LE MÊME

Capitale, c'est le terme. J'aime passionnément la vie, je l'aime avec fureur, avec frénésie, avec rage ; — et ce que j'appréhende le plus dans la mort, c'est moins la crainte de mourir que de me voir mourir... O ma coque, ma pauvre coque ! Il faudra donc un jour ou l'autre que je t'abandonne ! Si encore je pouvais te quitter comme un serpent quitte sa dépouille ou comme un cerf se défait de son vieux bois ! Non, mais ne me voyez-vous pas au milieu des affres finales, — car ce jour fatal arrivera, hélas ! — égaré, gesticulant, la bouche tordue en un rictus horrible, les yeux, déjà caves, stupidement fixés sur les choses ou les gens, le corps agité de soubresauts convulsifs !... Brrr ! Ce penser funèbre me jette hors de moi.

> Qu'on me rende impotent,
> Cul-de-jatte, goutteux, manchot, pourvu qu'en somme
> Je vive ; c'est assez ; je suis plus que content.

LE MAITRE

Quel Jérémie ! Et qu'importe la mort, pourvu que les gestes soient beaux !... D'ailleurs, rappelez-vous Epicure :

> M'effrayer de la mort serait un grand abus :
> Elle est, je ne suis point ; je suis, elle n'est plus.

Et puis il n'y a que la première mort, paraît-il, qui ait mérité de l'étonnement et de la tristesse.

LE MÊME

C'est égal, *primo vivere*. Non pas que, chétif pygmée que je suis, je me fasse illusion sur le peu de place que je tiens dans l'ordre éternel de la nature : je ne suis même pas propriétaire de ma peau ! Dire, en effet, qu'au moment où je parle je suis plein de vie, débordant de jeunesse et de santé, que j'ai le plaisir inexprimable de me palper de haut en bas, de m'asseoir sur les talons ou de me tenir sur un pied (car enfin qu'importe que l'on s'ennuie pourvu que l'on s'amuse), d'ouvrir la bouche toute grande ou de la fermer en cul de poule et que dans l'espace d'une minute peut-être je ne serai plus qu'un être inanimé, soit que je meure de mort subite, ou qu'on me frappe traîtreusement par derrière, ou que dans un accès de fièvre chaude, cédant à une aberration de mon esprit, je me perce le sein ou qu'un bolide quelconque enfin, se détachant, sans rime ni raison de la chape des cieux, m'écrabouille en mille morceaux ! Et dire que voici un baobab plusieurs fois séculaire coquettement paré de toutes ses feuilles, qui verdira la saison prochaine et reverdira les années suivantes, et dont les rameaux me nargueront encore pendant que, glacé, je serai en train de pourrir mélancoliquement au fond de quelque fosse humide !...

LE MAITRE

Vous devenez lugubre. D'ailleurs ce qui est, est ; il n'est pas possible qu'une chose soit en même temps cela et cela ... secondement, s'il était donné à chacun d'être ce qu'il lui plairait, l'harmonie ne régnerait pas dans la nature. Le bœuf pesant voudrait porter la selle et le cheval serait réduit à tirer la charrue. Vous voudriez être sans doute baobab, mais rien ne prouve que ce végétal serait disposé à vous céder sa place. Le plus faible de tous les êtres, a-t-on pu dire, voudrait-il périr pour se voir remplacé par plus sage ? Ce serait alors la pire de toutes les anarchies. Et puis que servirait-il de vivre dix ou vingt ans de plus ou de moins, mettez un, deux, trois siècles : il n'en faudrait pas moins franchir le pas.

LE MÊME

C'est bien là ce qui me chiffonne. Je me suis toujours demandé pourquoi, pouvant nous défaire de la vie, nous ne pourrions pas aussi bien nous ôter de la mort. La puissance, si vantée des blancs, s'arrête devant cette barrière infranchissable. Enfin, n'importe ! il était réservé au nègre, — au nègre seul, je le dis avec une gloire légitime, — de savoir la pratiquer, la vie, donc la goûter, que disje? d'en extraire tous les sucs, toutes les molécules, de la spiritualiser en un mot à force de la matérialiser... me fais-je bien comprendre

LE MAITRE

Approximativement.

LE MÊME

Cet état, ou plutôt la chose de vivre, comporte plus de philosophie que n'en suppose le vulgaire ; et je gage que de tous les peuples qui sillonnent la surface de la terre, ahanant du soir au matin, il n'y en a pas un seul qui, sur ce point, soit de taille à se mesurer avec nous. Tandis que ce bélitre d'Européen se lève fièvreusement, avec mille idées dans la tête, qu'il se vêtit à la hâte, va, vient, boit et mange mécaniquement, et se couche, le soir, en ruminant de nouveaux projets qu'il n'exécutera pas le plus souvent, nous autres, sans à-coup, sans secousse, bonne pâte que nous sommes, nous mangeons et digérons tranquillement, prenant la vie telle qu'elle est, comme elle se présente, la tenant pour bonne parce qu'elle pourrait être pire, sachant que vivre, c'est jouir de l'instant présent, de la minute précise où je vous tiens ce discours... Me permettez-vous une figure?

LE MAITRE

Oui, si elle n'est pas en « barbara » ni en « baralipton ».

L'ÉLÈVE

Eh bien! la vie c'est comme qui dirait un steamer qui marche à toute vitesse, mais qui ne peut jamais faire machine à reculons. Qu'on se place à la poupe ou à la proue, qu'on s'immobilise ou qu'on s'agite, le navire ne va ni plus vite ni plus lentement. En d'autres termes, le passé est passé, et on ne saurait vivre d'une vie rétrospective ; l'avenir est l'avenir, c'est-à-dire une chimère, un mythe, car à chaque instant le bateau peut faire côte ou toucher un écueil et sombrer...

LE MAITRE

C'en est assez pour aujourd'hui. Descendez des hauteurs de ces spéculations métaphysiques où vous planez si bien et... allez de par les rues chercher votre pitance. Demain nous parlerons de la secte stoïque, — à moins que nous n'attaquions la question brûlante du socialisme et de l'anarchie !

CHAPITRE XXII

LES BAINS DE MER A GUET-N'DAR

N'avez-vous jamais été en villégiature estivale à Guet-N'Dar? Non? C'est dommage. Au reste, vous n'y perdez pas grand'chose, non, pas grand'chose. Il y a cependant dans ce faubourg de Saint-Louis une plage fort belle, s'étendant au loin, interminable, avec, droit devant soi, la grande bleue ; derrière, des paillottes de pêcheurs ; et çà et là, tout à l'entour, sur le rivage, des coquilles affectant des formes diverses, des mollusques variés, des seiches notamment, — des crabes d'une espèce particulière à foison, vulgairement nommés *tourlourous*, et combien utiles, Dieu seul le sait ! — et des détritus d'animaux aquatiques jetés par les vagues hors de leur élément.

Ce qui la différencie peut-être de nos plages d'Europe, c'est, outre les nombreuses pirogues de pêcheurs rangées sur la grève avec plus ou moins de symétrie, l'abstention quasi-complète de baigneurs, de baigneurs européens, s'entend, car il ne saurait être question des naturels irrévérencieux habitant la rive; et cette abstention du public sélect, de la *gentry* sénégalaise, est d'autant plus incompréhensible, du moins *a priori*, que la plage se trouve située à une portée de fusil de la capitale, en ligne directe. Personnellement, s'il nous est permis de nous mettre en cause, nous y fûmes une couple de fois, faisant montre d'un courage héroïque, mais nous dûmes, comme les camarades et de guerre lasse, abandonner la partie.

Que si maintenant l'on nous demande d'où provient la cause d'une désertion semblable, ce qui peut bien provoquer cet éloignement voulu, systématique, pourquoi, en un mot, les bains de mer de Guet-N'Dar sont si peu fréquentés (car vous nous recevriez comme un chien dans un jeu de quilles, et nous ferions d'ailleurs preuve d'un *illogisme* rare, si nous affirmions après coup... Eh bien! oui, tant pis! nous l'affirmons et honni soit qui ne nous comprend pas!... si nous affirmions après coup qu'ici « la saison bat son plein » avant le lever de l'aurore et après le coucher du soleil), alors surtout, disions-nous, qu'une température ultra-caniculaire incite doucement l'Occidental à se dévètir et lui fait regretter de n'avoir point de nageoires, ou de n'être pas mollusque, crabe ou galet, nous répondrons tout simplement que la faute en est à cette pauvre de plage qui, ne sachant point s'affranchir d'une tutelle indiscrète pour ne pas dire encombrante au premier chef, ni même se défendre contre les attaques à main armée... de menus morceaux de bois (voir note, page 235), se voit gardée à vue par une horde de troupes recrutées on ne sait où, mais à coup sûr dans la lie des divers peuples, tels que les pêcheurs de Guet-N'Dar en tête, les Maures, les Laobés, les Toucouleurs, etc., sans préjudice du marché qui est proche et qui fournit de nombreux recors des bataillons d'Afrique, quoi! troupes placées sans ordre, mais qui, par leur désordre même, rendent la station absolument inabordable au commun des mortels. Ici, c'est un savant déploiement en tirailleurs ; là, une marche rampante hors ligne, à moins que les turcos ne se suivent en file indienne, à la queue leu leu... Mais quels que soient ces exercices, qui sont en quelque sorte mathématiques,

Aspect de la plage, à Guet-D'Nar.

tout marche à souhait, ce qui s'explique d'autant mieux qu'il n'y a pas dualité dans le commandement. Point d'à-coups, ni de heurts, ni de faux mouvements tournants... Chacun (ou chacune), avec une prescience infinie — le génie de la stratégie ! — s'insinue dans les moindres crevasses, les plus petites excavations, se dissimule en un mot, dans cette petite guerre, un peu partout, mais de préférence toutefois aux alentours des pirogues où l'abri est plus sûr et où le baigneur innocent, victime toute prête se livrant aux sacrificateurs, va sans songer à mal poser ses vêtements et procéder à sa toilette. Et ne venez point nous objecter qu'il choisisse un autre endroit : où ?

A l'aspect imprévu de ce nombre incalculable de sentinelles... perdues, et d'un modèle particulièrement bizarre (car, vous le faut-il dire ? il en est dans le nombre de toutes jeunettes, sachant à peine se tenir au port d'arme, qui semblent vaciller sur leur pivot, — de nouvelles recrues sans doute : comme il s'en rencontre d'autres, au contraire, solidement campées sur leurs assises, — des soldats de la classe apparemment, — qui montent la garde d'un air désabusé, mais qui, malgré leur belle indifférence, n'en constituent pas moins un danger permanent pour les animaux sans plumes de Platon qui se berçaient du fallacieux espoir de respirer les effluves salines), à cet aspect saisissant, disions-nous, les plus intrépides violateurs de la quarantaine reculent interdits, les narines agitées de frémissantes titillations ; ou bien si, dépourvus de quelques lueurs de raison, ou décidément aveugles, ou tout à fait insensibles aux avis réitérés des nerfs olfactifs, ils franchissent malgré tout la ligne, que d'aucuns appellent cordon antisanitaire, en évitant soit de bond ou de vol, et avec des ruses d'Apache, les obstacles amoncelés à l'envi pour aller se précipiter tête basse dans les flots, ils ne se doutent point, les imprudents, à quels dangers ils s'exposent, qu'ils vont, c'est-à-dire, et sur-le-champ, se trouver face à face, corps à corps, avec l'ennemi, alors qu'ils croyaient bénévolement s'en écarter !

En effet, dès que la mer dans son mouvement rythmique et lent s'avance sur le sable humide que l'écume lèche dans son reflux, il se produit alors ce phénomène naturel, mais singulier, que la dernière des trois grandes lames, déferlant avec impétuosité sur le rivage qu'elle éclabousse de flocons neigeux, balaie comme un fétu de paille les sentinelles avancées, engloutit les avant-postes, ébranle le gros de l'armée qui ne tarde pas à osciller sur sa base, soulève en même temps l'arrière-garde qui se croyait retranchée sur des hauteurs inexpugnables, et, finalement, ne rentre en son sein, satisfaite, qu'en charriant toutes ces masses homogènes délogées de leurs positions respectives, tous ces corps renversés, culbutés, qui, au milieu des brisants, gigotent une dernière fois, dansent une sarabande diabolique, puis lentement se désagrègent et se liquéfient autour des baigneurs impénitents.....

Conclusion : Si le hasard de votre destinée vous conduit jamais sur les bords de la mer, à Guet-N'Dar, dans le but que l'on sait, regardez toujours à vos pieds (car nous vous savons assez perspicace pour avoir déjà compris que les musulmans en général n'ont aucune inclination pour les W.-C., et que nonobstant ce qui rentre par la flûte doit sortir par le tambour) ; et si, malgré les sens de la vue et de l'odorat conjointement et désagréablement affectés, vous persistez néanmoins à faire le plongeon... ma foi, nous dégageons notre responsabilité, si vous ne prenez le soin de fermer la bouche et de serrer les dents ! (1)

---

(1) Mais, dira-t-on, les bords de la mer, dans ces parages, sont-ils habités à ce point, et sur une étendue telle, qu'on ne puisse découvrir une anse, une crique quelconque indemne de toute souillure où on puisse faire la planche sans courir aucuns risques ni périls ? A cela nous répondrons, avec notre logique habituelle, que, s'il faut ahaner plusieurs kilomètres durant pour aller prendre un bain, on risque fort de ne point se trouver au moment voulu dans les conditions requises, outre que, n'allant généralement pas au Sénégal pour enfiler des perles, on ne dispose point toujours du temps de reste, — et alors on reste chez soi tout court.. A la vérité, le moment le plus propice à la baignade serait vers une heure ou deux avant le chant du coq (et on en saisit facilement la raison), mais il est extrêmement rare qu'à ces heures indues, on ne se préfère pas dans son lit plutôt que sur les bords de l'eau, fussent-ils enchantés. Ajoutons enfin, que dans le centre même, face à l'allée des Cocotiers, par exemple, on pourrait à la rigueur obvier aux menus inconvénients précités en allant à un demi-mille au large piquer des têtes et se payer le luxe de nombreuses brassées, mais on courrait le risque, au beau milieu de ses intéressants exercices, de se faire happer par quelque squale malappris (et on sait que les eaux sénégalaises en fourmillent), toutes réflexions qui mettent la puce à l'oreille du baigneur le plus endurci et l'incitent à barboter plutôt dans sa baignoire.

ÉPILOGUE

Toute réflexion faite, n'avons-nous point quelque peu dépassé la mesure? Ne nous sommes-nous pas montré un peu dur pour le Sénégalais dans le cours de cet ouvrage, que nous venons de relire à tête reposée? N'avons-nous pas, subissant un entrainement irrésistible, sacrifié à la raillerie? Nous appartient-il d'insulter aux croyances, aux préjugés de ces malheureux? N'avons-nous pas les nôtres? Et ne sommes-nous pas en maintes circonstances tout aussi encroûtés que les nègres? « L'orgueil de la supériorité, écrivait-on, l'esprit de la domination, se font d'autant plus fatalement sentir, qu'ils ont moins de droits, moins d'occasions de s'exercer. Aussi les matelots marseillais, les soldats bas-bretons, les hommes les plus grossiers, les plus dépendants, sont surtout ceux qui abusent de ces préjugés antinaturels. J'ai remarqué avec un sentiment pénible que, dans une classe plus élevée, cette manière de voir était principalement caressée par les individus qui parlent le plus de liberté, d'égalité politique; comme si les véritables principes libéraux ne devaient pas avoir pour objet plus encore d'élever ceux qui sont au-dessous de nous que d'abaisser ceux qui se croient au-dessus. »

Tâchons donc d'examiner ces êtres avec un peu plus de sang-froid, d'impartialité, plus philosophiquement, si le mot ne vous parait trop prétentieux pour un sujet aussi futile.

Et d'abord, il faut bien reconnaître que, en bien des circonstances, abstraction faite de la couleur de leur peau, les noirs sont bien les mêmes hommes que les blancs, cette différence dans la couleur de l'épiderme, au surplus, n'est pas un symptôme de déchéance, n'implique nullement l'incapacité, et les nègres sont tout aussi fiers d'avoir la peau noire que nous de l'avoir blanche. Des mille sottes vanités qui font honte à la raison humaine, a justement dit le baron Roger, je n'en connais pas de plus ridicule, de plus méprisable, que celle qui juge et classe les hommes par la couleur de la peau. Cette extravagance, cette étrange maladie de l'esprit européen, à laquelle refuseront de croire les siècles à venir, ne peut être bien appréciée que par celui qui a pu, impartialement, de près, observer les blancs et les noirs. Ces espèces de sauvages, comme on les considère en Europe, parce qu'ils ne mangent pas de pain, et ne portent pas nos ridicules vêtements, ni nos ridicules épées, ne sont pas étrangers à la dignité, aux formes graves et régulières d'une ambassade ou d'un congrès. On serait étonné de leur attitude, de l'importance et des privilèges qu'ils attachent au caractère officiel dont ils sont revêtus. Là-bas, généralement, presque autant qu'en Europe, se discutent des questions de cérémonies, de préséance, de vanités nationales et individuelles.

Ainsi donc, voilà qui est clair, le noir n'est pas aussi abruti que nous nous l'imaginions de prime abord. Il observe, il réfléchit, il raisonne, il peut avoir de la dignité. J'ai entendu les opinions de chacun de vous, disait un chef indigène dans une assemblée, et il reste maintenant à ceux à qui l'union a été proposée pour leur propre avantage et celui de leur pays, à décider s'ils veulent prendre ce parti ou supporter les conséquences sans doute très funestes d'une scission des peuples du même État, mais je dois leur apprendre que le roi de... a fait connaître sa détermination (suivant la volonté de Dieu) de visiter leur contrée cette année. Certes, on avouera que pour un nègre illettré, le discours n'est pas trop mal tourné. On est même surpris de la profondeur et de la finesse des arguments invoqués. A niveau intellectuel égal, il est vraisemblable que peu d'Européens s'exprimeraient avec autant de facilité, de bon sens, de raison.

Dans le domaine des choses ordinaires de la vie, des connaissances usuelles, le nègre fait preuve d'un rare esprit d'observation. Nous le traitons d'âne et d'imbécile, mais il connaît des choses que nous ignorons. Positif avant tout, attentif à tout ce qui l'entoure, il s'attache à ce qui est pratique, utile; il a la vue courte, mais il y voit bien. Tandis que dans notre France orgueilleuse tel de nos beaux esprits qui se montre si fier de sa vie intellectuelle et morale, de son siècle de lumières, ne sait seulement pas discerner un prunier d'un cerisier... il connaît à fond, lui l'être inculte, les secrets de la nature; il a des notions très anciennes sur le règne animal et végétal; il connaît les amours des bêtes et sait que chaque plante est un monde animé. Parbleu ! s'exclamera-t-on, la belle malice! Le nègre vit face à face avec la nature, comment ne la connaîtrait-il? Nous vivons bien, nous, au milieu des hommes; les connaissons-nous?

En fait de superstition, de crédulité, est-ce toujours le noir qui l'emporte? Il croit aux diables, aux démons, aux sorciers, c'est vrai; il a foi, une foi aveugle dans les amulettes, c'est-à-dire qu'il est embabouiné de science divinatrice et prend pour de l'argent comptant toutes sortes de pronostics, c'est encore vrai : mais chez nous, combien n'y a-t-il pas d'hommes qui sont femmes en ce sens-là, pour qui la corde de pendu est un porte-bonheur sans pareil, qui se trouveront effrayés à l'idée d'entreprendre un voyage le vendredi, qui ne voudraient pour rien au monde se compter treize à table, qui portent des scapulaires sur la poitrine (des gris-gris, des blancs, en somme)? etc., etc. Voyez chez nous, du moins en Angleterre, on fait encore panser par un sorcier l'instrument avec lequel on s'est blessé espérant ainsi guérir la blessure. Et cela se voit de nos jours, chez un peuple éclairé! Autre rapprochement. Nous avons des plantes symboliques, comme le laurier; le gui était en vénération chez les Gaulois et a joué un certain rôle dans les cérémonies religieuses; nous respectons les hirondelles, sans trop savoir pourquoi, comme les Égyptiens respectent l'ibis, et les Hollandais la cigogne : de son côté le nègre a un culte véritable pour le *tob*, de la famille des loranthées, du même genre que le gui, qui végète sur les branches des arbres. Il a également d'autres végétaux sacrés, et il est certains oiseaux et animaux, tout comme nous, qu'il place sous la sauvegarde d'un sentiment de crainte et de crédulité superstitieuse.

Dans un autre ordre de faits, nous trouvons barbare chez ces peuples l'usage du serment par le feu, mais dans notre vieille France aussi, du temps de Clovis, la loi salique exigeait la preuve par l'eau bouillante, ce qui était bien à peu près la même chose. Dès que celui qui était tenu en suspicion avait plongé la main dans l'eau chaude ou s'y était appliqué un fer brûlant « on la lui enveloppait dans un sac que l'on cachetait : si, trois jours après, il ne paraissait plus de marque de brûlure, on était déclaré innocent ». Qui ne voit, ajoutait Montesquieu, que chez un peuple exercé à manier des armes, la peau rude et calleuse ne devait pas recevoir assez l'impression du fer chaud ou de l'eau bouillante pour qu'il y parût trois jours après? Et, s'il y paraissait, c'était une marque que celui qui faisait l'épreuve était un efféminé. Nos paysans, avec leurs mains calleuses, manient le fer chaud comme ils veulent. Et, quant aux femmes, les mains de celles qui travaillent peuvent résister au fer chaud.

*　*

Chez nous les bonnes vieilles (et nous disons les bonnes vieilles pour borner là la citation) clouent au-dessus des portes de leurs appartements certaines plantes bénies, en forme de croix, sous le prétexte ou avec la conviction secrète que cette pratique doit leur porter bonheur ou tout au moins les garer des malins esprits, du démon : de même les indigènes de l'Afrique accrochent au-dessus de leurs cases ou de leurs baraques, suspendus par une ficelle, plusieurs talismans (des écrits libellés par le marabout) ayant chacun des vertus particulières, qui contre le feu, qui contre les maladies, qui contre les sorciers ou le diable; qui aussi pour attirer les acheteurs, si l'habitation est occupée par des noirs commerçants.

Tout comme en Europe, lorsqu'une marchande ne réussit point dans ses affaires de la journée, elle ne manque pas d'en rejeter la faute sur la personne qui l'a étrennée, prétextant qu'elle devait avoir la *main mauvaise*, tout aussi bien cette croyance se retrouve identique chez les Sénégalais, qui attribuent le bon ou le mauvais état de leurs recettes à ce que, la baraque ouverte, ils ont commencé à vendre à telle ou telle personne, à un homme ou à une femme. « C'est moi qui t'étrenne, vous dira un naturel ; ta journée sera aujourd'hui lucrative. » Bien entendu que sa prophétie, qui n'est par paroles d'Evangile, se réalise ou ne se réalise point.

Accaparés comme nous le sommes par nos affaires ou nos plaisirs, ou parce qu'il ne nous convient pas de savoir ce qui nous attend là-bas sous le porche, il ne nous vient pas à l'idée un seul instant, à moins que nous ne soyons souffrants, de songer aux mystères de l'au-delà ; le nègre lui non plus, qui n'a rien de stoïque sous son fatalisme outré, affecte de ne point penser à ce problème redoutable ; il l'écarte, le repousse, bien que les loisirs ne lui manquent certainement pas pour y réfléchir à tête reposée.

Nous pourrions citer encore de nombreux points de ressemblance entre nos croyances et celles des noirs, prolonger le parallèle à l'infini, mais ce serait inutilement fatiguer l'attention, et nous nous en tenons à ces quelques exemples.

En quoi peut-être nous sommes quelque peu différents du nègre, c'est que, sans détester le plaisir, les distractions, nous aimons avant tout notre chez nous, notre *home*. Ce désir, à vrai dire, est inné chez tous les hommes à un degré quelconque, et on le retrouve même chez la bête; mais nulle part ailleurs il n'est aussi développé que chez l'Européen : c'est-à-dire que notre vie — le meilleur de la vie — se passe en dedans, tandis que chez l'autre, chez le noir, elle s'écoule toute en dehors.

On accuse aussi ces pauvres diables — nantis de tous les péchés d'Israël — de choquer la décence. Serait-ce dans leur maintien, dans leurs faits et gestes? Reste à savoir s'ils y attachent l'intention dépravée que nous leur supposons. Quant à leurs discours, ils ne les émaillent pas évidemment de fleurs de rhétorique, et pour eux un chat est un chat. Nos pères étaient tout aussi crus, et personne ne songeait à s'en scandaliser, à part les prudes et les sots. La vérité perd de son charme lorsqu'on l'affaiblit par des détours. D'ailleurs partout l'homme est dépravé, fourbe et vicieux, et ces défauts sont d'autant plus invétérés chez lui, qu'il se trouve plus éloigné de la nature, la civilisation n'ayant que trop de penchants à développer ses vices primitifs.

Le propre de l'homme policé est de mentir aux autres et à lui-même. Il s'imagine d'essence supérieure parce qu'il a le talent de tout farder. Ce qui précisément nous chiffonne chez l'Africain, c'est que, au moins le plus souvent, il parle comme il pense, il pense comme il parle. Dans notre sot orgueil, nous ne pouvons admettre qu'il soit homme différemment que nous ne le sommes (1), et c'est vraisemblablement ce qui a donné naissance à notre antipathie — réciproque.

Sommes-nous bien fondés à ne voir en lui qu'un barbare sous le prétexte qu'il refuse de s'associer à nos idées, de suivre notre mouvement, parce qu'il a une manière de voir diamétralement opposée à la nôtre, et des croyances et des traditions que le temps ne parviendra jamais à déraciner?

Sommes-nous bien fondés à l'honorer du titre de sauvage parce que ses idées ne sont point étendues, que ses besoins sont relativement peu nombreux par rapport aux nôtres, et qu'ils s'obstinent à ne vouloir point

---

(1) « Chascun appelle barbare ce qui n'est pas de son usage. Tout ce qui nous semble estrange, nous le condemnons, et ce que nous n'entendons pas. J'ay veu aultrefois parmy nous des hommes amenez par mer de loingtains païs, desquels parce que nous n'entendions aulcunement le langage, et que leur façon, au demourant, et leur contenance et leurs vestements, estoient du tout esloignez des nostres, qui de nous ne les estimoit et sauvages et brutes ? Qui n'attribuoit à stupidité et à bestise de les veoir muets, ignorants la langue françoise, ignorants nos baisemains, et nos inclinations serpentées, nostre port et nostre maintien sur lequel, sans faillir, doibt prendre son patron la nature humaine ? »

percer le voile épais de l'ignorance? Certes, oui, le nègre est réfractaire à toute idée de civilisation, mais il n'en est pas moins pour cela très sociable. C'est un rétrograde, un misonéiste, soit; mais voyez parmi nous si nous manquons d'arriéristes. Dans les profondeurs ancestrales de l'homme — de tous les hommes — il y a quelque chose d'irraisonné, goût ou tradition, qui lui représente tout ce qui est nouveau sous un jour défavorable. C'est d'ailleurs le propre de tout être organisé d'avoir horreur de tout ce qui peut troubler sa quiétude; il écarte, il repousse instinctivement, sans examen, tout ce qui est susceptible de modifier ses habitudes. En cela même les blancs sont un peu noirs.

Est-il donc à louer ou à blâmer le nègre pacifique, gardien respectueux des coutumes anciennes, qui s'entête à vivre dans son ornière, qui prend *l'horizon de ses yeux pour les bornes du monde?* Faut-il plaindre ou approuver le novateur ingénieux dont l'esprit fertile fait crouler comme un château de cartes les idées de nos pères, et ébranle la conviction des plus timorés?

Que d'autres répondent, s'ils l'osent.

FIN

TABLE DES MATIÈRES

Chapitres.		Pages.
	Au lecteur.	
I.	Le Sénégal (Précis écourté).	1
II.	Noires et noirs.	16
III.	Le griot.	35
IV.	Le marabout	43
V.	Des divertissements	54
VI.	Chef de village	67
VII.	Des traitants noirs.	82
VIII.	L'Aspasie noire.	105
IX.	La grotte de Sor	118
X.	Le naturel chez lui	123
XI.	Deux mots sur la traite dans le Cayor.	140
XII.	Du mariage sous l'équateur.	158
XIII.	De la circoncision.	174
XIV.	Des employés de commerce au Sénégal.	178
XV.	Le nègre considéré dans ses rapports avec l'Européen.	199
XVI.	Us et coutumes.	210
XVII.	De l'âge, des noms propres, etc.	223
XVIII.	Les nuits dans la brousse.	238
XIX.	Des maladies du pays.	250
XX.	De l'instruction chez les nègres	264
XXI.	Une leçon... d'arabe.	278
XXII.	Les bains de mer à Guet-N'Dar.	311
	Epilogue	318

Paris. — Imprimerie PAUL DUPONT, 4, rue du Bouloi.

Paris. — Imprimerie PAUL DUPONT, 4, rue du Bouloi.

www.ingramcontent.com/pod-product-compliance
Lightning Source LLC
Chambersburg PA
CBHW060510170426
43199CB00011B/1392

BOOK 1949 TOUR
BACKGROUND

T his is a story about a tour taken by the Yale Glee Club in the summer of 1949 as seen through the eyes of one of its members.

49 Yale Glee Club

The world had just emerged from the horrors of World War II, and hints of the coming Cold War with communism were on the horizon. One of our main goals was to spread a little goodwill in the areas we visited. The last two weeks of the tour was at the invitation of the U.S. government to give concerts in famous German Universities and meet with the students there.

My connection with the Glee Club came about almost by accident. In high school I was active in sports and music. I played both the violin and trombone. I did sing in the glee club, but never thought of it as significant. When I first went to Yale, there was much talk among my fellow students about extracurricular activities. We were warned not to be involved in more than one or two because the academic work was demanding.

My first choice was football. I had been the quarterback of our high school team, and we had a pretty good record. The first day of practice was a warm September afternoon. We had barely started when I fainted on the field. It turns out that less than a week before, I had received the required vaccination for smallpox. At the University Health Department, where I was taken, they told me not to practice football for another two weeks.

By the time the two weeks were up I was so deeply involved in my studies that I decided I had no time for football. I talked to two of my friends, Tom McAndrew and Len Richardson who were sophomores. Both had been in the Freshman Glee Club, and they encouraged me to try it out. I did so and was signed up as a baritone. We rehearsed once a week and sang a few concerts in nearby places.

The Yale Glee Club was made up mostly of seniors, with a few juniors. In between the YGC and the Freshman Club was the Apollo Glee Club, directed by Fenno Heath, a member of my class. We were the veterans' class, which started in the Fall of 1946. Yale had doubled its normal intake of students, in order to accommodate the returning veterans.

I tried out and was accepted into the Apollo Glee Club. Again, the rehearsals were one night a week, and we sang a few local concerts and some joint concerts with women's colleges. Fenno Heath's